苏州大学文学院学术文库

本书系江苏省社科基金青年项目"现代汉语动作动词及其动作性研究"（15YYC004）结项成果

江苏高校优势学科建设工程项目资助

现代汉语动作动词及其动作性研究

何 薇 / 著

苏州大学出版社
Soochow University Press

图书在版编目(CIP)数据

现代汉语动作动词及其动作性研究 / 何薇著. —苏州：苏州大学出版社，2020.12
（苏州大学文学院学术文库）
ISBN 978-7-5672-3431-4

Ⅰ.①现⋯ Ⅱ.①何⋯ Ⅲ.①现代汉语—动词—研究 Ⅳ.①H146.2

中国版本图书馆 CIP 数据核字（2020）第 261112 号

书　　　名：现代汉语动作动词及其动作性研究
　　　　　　XIANDAI HANYU DONGZUO DONGCI JIQI DONGZUOXING YANJIU
著　　　者：何　薇
责任编辑：杨　柳
装帧设计：刘　俊
出版发行：苏州大学出版社（Soochow University Press）
社　　　址：苏州市十梓街 1 号　邮编：215006
网　　　址：www.sudapress.com
邮　　　箱：sdcbs@suda.edu.cn
印　　　装：苏州工业园区美柯乐制版印务有限责任公司
邮购热线：0512-67480030　销售热线：0512-67481020
网店地址：https：//szdxcbs.tmall.com/（天猫旗舰店）

开　　本：700 mm×1 000 mm　1/16　印张：14　字数：229 千
版　　次：2020 年 12 月第 1 版
印　　次：2020 年 12 月第 1 次印刷
书　　号：ISBN 978-7-5672-3431-4
定　　价：58.00 元

凡购本社图书发现印装错误，请与本社联系调换。服务热线：0512-67481020

"苏州大学文学院学术文库"系列丛书
学术委员会

主 任

王 尧　曹 炜

委 员

(按姓氏笔画排序)

马亚中　刘祥安　汤哲声　李 勇
季 进　周生杰　徐国源

总　序

苏州，江左名都，吴中腹地，自古便是"书田勤种播"之地。文人雅士为官教谕之暇，总爱闭户于书斋，以留下自己若干卷丹铅示于时贤后人自娱。这种风雅传统至今依然延续在苏州大学文科院系，自其他大学文学院调至苏州大学文学院执教的前辈学者不免感叹"此地著书立说之风甚浓"了。

苏州大学文学院"中国语言文学"为省优势学科，建设的内容之一是高水平学术著作的出版，"苏州大学文学院学术文库"（以下简称"文库"）便是学科建设的成果。出版文库的宗旨是：通过对有限科研资助经费的合理调配使用，进一步全面地展示与总结文学院教师的学术研究成果，以推进和强化学科建设，特别是促进学院新生学术力量的成长——这些目前尚属于"雏鹰"的新生学术力量便是文学院的未来。

文库的组织运行工作自2019年9月启动，第一批文库书籍在三个月内已先后同苏州大学出版社签订了出版协议。由于经费有限，在张罗文库之初，文库学术委员会明确：学术委员会成员的学术成果暂不列入文库出版阵容；首批出版的学术文库向副教授、青年讲师以及刚入职的青年教师倾斜，教授的学术研究成果往后安排。文库的组织出版应该是一项常态工作，每年视经费情况，均会推出一批著作。为贯彻本丛书出版宗旨，扩大我院学术影响，学院将对本丛书中已出版的各种成果加强宣传，推荐评奖，并对获得重大奖项者予以奖励。

为加强对文库出版工作的组织和领导工作，文库学术委员会设立了初审和复审小组，遴选学术著作。孙宁华、杨旭辉、王建军、吴雨平、王耘和张蕾等参加初审工作，王尧、曹炜、马亚中、汤哲声、刘祥安、季进、徐国源、李勇和周生杰等参加复审工作，袁丽云、陈实、周品等参与了部分具体事务。现在，经学院上下一起努力，文库第一批书籍付梓在即，这无疑是所有参与者心血的结晶。我们希望,借助这个平台,进一步激发文学院教师的科研热情,并为所有研究人员学术成果的及时面世创造条件。

为了文库出版工作的持续顺利运行,为了文学院学术影响力的不断提升,让我们全体同人携起手来!

王 尧　曹 炜

2020 年 4 月 28 日

目 录

上编　动作动词的动作性及语法特点

第一章　关于动作的分析　　　　　　　　　　　／003
　　一、动作的重要性　　　　　　　　　　　　　／003
　　二、有关动作、动作动词的分析意见　　　　　／004
　　三、动作的语义描述　　　　　　　　　　　　／006

第二章　动作动词的语法特点分析　　　　　　　／021
　　一、赵元任论动词的特点　　　　　　　　　　／021
　　二、动作动词的主要语法特点　　　　　　　　／022
　　三、动作动词特点概述　　　　　　　　　　　／040

第三章　动作动词的原型范畴分析　　　　　　　／042
　　一、不同平面的动作与动作动词　　　　　　　／042
　　二、动作动词（义项）是原型范畴　　　　　　／048
　　三、动作动词（义项）的发展是历史发展的投影　／056

第四章　动作动词动作性概观　　　　　　　　　／061
　　一、单音节动作动词　　　　　　　　　　　　／061
　　二、双音节动作动词　　　　　　　　　　　　／063
　　三、非自主动作动词　　　　　　　　　　　　／081

下编　动作动词运用中动作意义的显隐

第五章　动词动作意义的影响因素　　　／ 087
  一、动词的释义与使用　　　／ 087
  二、动词组合与动作意义的显隐　　　／ 092

第六章　时间范畴对动词动作性的影响　　　／ 096
  一、时间范畴的研究　　　／ 096
  二、汉语语法里的时间范畴及其表现形式　　　／ 099
  三、时间范畴表示法与动词动作性（上）：语法手段　　　／ 107
  四、时间范畴表示法与动词动作性（下）：词汇手段　　　／ 120
  五、不同时间范畴下动词动作意义的表现　　　／ 128

第七章　动词句法位置及动词结构类型对动作性的影响　　　／ 133
  一、句法位置对动词动作性的影响　　　／ 133
  二、句法结构对动词动作性的影响　　　／ 137

第八章　语气、口气对动词动作性的影响　　　／ 162
  一、句子语气对动词动作性的影响　　　／ 162
  二、口气与动词动作性表现的关系　　　／ 170

结语　　　／ 173

参考文献　　　／ 175

附录　现代汉语动作动词表　　　／ 182

后记　　　／ 213

上编

动作动词的动作性及语法特点

第一章

关于动作的分析

动词研究历来是语法研究的重点。我们一般说，动词表示人或事物的行为、动作、变化、心理活动、存在、判断等。其中，动作动词在整个动词中所占的比例最大，很多语法现象也是基于动作动词的。但是，并不是所有的动词都表示动作，具有动作性。

动作、动词、动作动词，这些都是语法分析中常见的术语，但具体细辨的话，还有很多含糊之处。什么是动作？动作与行为应该怎样划界？这个问题还没有确切的答案。迄今为止，我们没有见到给"动作"下的一个简短确切的定义，也没有见到给动作动词划定的一个清晰的范围。

本章中，笔者首先对"动作"进行语义描写，勾画出"动作"意义的轮廓，在找出动作特征的基础上列举动作动词。

一、动作的重要性

人的各种动作，都是为了维护生存和发展，为了满足各种需要。从最基本的需要，到高级别的需要，各种需要是分层级的。

恩格斯在阐明马克思主义历史发展观时的经典表述非常深刻：

正像达尔文发现有机界的发展规律一样，马克思发现了人类历史的发展规律，即历来为繁芜丛杂的意识形态所掩盖着的一个简单事实：人们首先必须吃、喝、住、穿，然后才能从事政治、科学、艺术、宗教等等；所以，直接的物质的生活资料的生产，从而一个民族或一个时代的一定的经济发展阶段，便构成基础，人们的国家设施、法的观点、艺术以至宗教观念，就是从这个基础上发展起来的，因而，也必须由这个基础来解释，而不是像过去那样做得相反。[1]

人最基本的需求是吃、喝、住、穿。随着社会的进步，人们的活动在扩大，需求也增加扩展到政治、科学、艺术、宗教等领域。

要获得吃、喝、住、穿最起码的物质条件，就需要通过肢体动作向自然界索取。要满足更广范围的需求，就要有扩大了的、更复杂的动作[2]，需要有工具、手段的改进与提高，或者需要近年提出的所谓"人类增强"[3]。

一般来说，关于"动作"的认识和解释，最基本的动作（手、脚、身躯等的肢体动作，借助工具增强的人类动作）容易确定；发展了的动作与经工具改进、手段增加等进一步增强的动作，因为涉及的方面越来越多，进入更精细、更微妙的领域，一定程度上带有抽象性，要加以解说则有一定的不确定性。

二、有关动作、动作动词的分析意见

动作、动词、动作动词，这些语法分析中经常用到的术语，它们的定义、范围还不是十分明确。下面所说的是已有一部分意见的列举。

（一）语言学词典

戴维·克里斯特尔解释"动词"时说道：

verb（al）（V）动词［动词（性）的］　语法给词分类的术语，指一类传统上定义为表示"动作"或"行动"的词（这种描写在语言学中遭到批评，主要是许多动词并不明显表达"动作"含义，例如 seem "看来"、be "是"）。动词的形式定义指一个成分有时、体、态、语气、人称、数等形态对立。功能上动词定义为一个成分单独或与别的动词结合（即"动词短

---

[1] 恩格斯. 在马克思墓前的讲话［M］//马克思，等. 马列著作选编（修订本）.北京：中共中央党校出版社，2011.
[2] 关于动作的分析，将在上编第三章展开讨论。
[3] 冯烨在《人是什么？——"人类增强"技术引发的伦理思考》中指出："'人类增强'是人为了获得'超越'能力而对正常的或健康的人体某器官进行的技术改造。……其目的不是'治疗'疾病、帮助人们恢复健康，也不是'修复'人体残缺、使其完整，而是增加、提高人的能力，……'人类增强'是人类自产生以来一直渴望提升自己能力的愿望以及实现其愿望的技术。"（引自《中国社会科学报》，2014 年 4 月 28 日 A06 版）

语")用作句子的最小谓语，与主语同现，例如 she wrote "她写"。如果谓语还包括其他成分（例如宾语、补语、状语），那么是动词而不是任何其他成分影响这些成分的选择和范围；例如，动词 put "放"带一个宾语和一个处所状语，如 he put the book on the table "他把书放在桌上"。因此在许多语法理论中动词被视为句子结构最重要的成分。[1]

戴维·克里斯特尔的这个解释注意到了"时、体、态、语气、人称、数等形态"，自然是着眼于印欧语动词的特点。在这个词条的解释中，他明确断言许多动词并不表示动作，这个意见非常精辟。也就是说，尽管动作动词是动词的主要部分，但除动作动词以外，还有其他各类动词。把动作动词与其他动词划分开来，对于认识动词很有必要。

（二）语法学专著

汉语语法学专著讨论动词时代表性的说法有以下几种。

李临定认为：

在汉语中，动词是表示动作、行动、活动、变化、状态（具有"时""体""量"形式）、关系（句子平面上实词之间的）等的词类。[2]

李临定对动词的表述比较简单，也比较笼统。在解释每一类时都列举了一两个动词，但是很难用这些表述给所有动词分出小类，很难把动作动词划分出来。一般的语法学论著大多如此，并不注重动作动词的划分。

赵元任试图把动作动词作为一个类与其他类动词分开，他出版了唯一的汉语语法学专著《汉语口语语法》。赵元任列出了 12 个作为分类标准的语法特点，并指出了不及物动作动词和及物动作动词适应各种标准的状况，其中标准（g）可用于表示尝试的重叠式，标准（k）可用于命令式，这是动作动词很典型的两个语法特征。[3] 但赵元任关于动作动词的分析包罗太广，按他所说的特点也很难划定动作动词的确切范围，不能完全排除非动作动词。这一点，我们在下面还要具体讨论。

---

[1] 戴维·克里斯特尔. 现代语言学词典 [M]. 沈家煊, 译. 北京：商务印书馆, 2000：379.
[2] 李临定. 现代汉语动词 [M]. 北京：中国社会科学出版社, 1990：1.
[3] 赵元任. 汉语口语语法 [M]. 吕叔湘, 译. 北京：商务印书馆, 1979：292-296.

（三）语法教科书

教科书关于动作动词的描述，反映了这方面的研究水平。比如黄廖本《现代汉语 下册》（增订六版）中提道：

> 动词表示动作、行为、心理活动或存现等。[1]

北京大学中文系现代汉语教研室编的《现代汉语》中提道：

> 动词表示动作、行为（包括心理活动和感觉活动）或事物的存现、变化。前者如"借、喂、洗、学习、批判、游行"（以上指具体的动作、行为）以及"同意、喜欢、看见、听见"（以上指心理活动或感觉活动）；……[2]

把动作、行为放在一起提及，并且"包括心理活动和感觉活动"，这样说，没有分清动作和行为，也没有分清心理活动、感觉活动与动作、行为。这样的表述很具有代表性。说法比较含混，反映的是语法学界对动作和动作动词研究不够充分。

综上所述，几乎所有汉语语法论著和教科书在分析动词时都首先提到表示动作，但都比较笼统，只列举很少几个用例，甚至有些例子严格说来并不是真正的动作动词。而对动作和动作动词进行研究，把动作动词划分出来，是本书想要解决的问题。下面我们就从语义、句法特征等方面来具体分析动作动词。

三、动作的语义描述

鉴于给"动作"下一个准确的定义有一定的难度，笔者在这里先对"动作"进行描述，希望通过描述，捕捉"动作"的关键部分，最后总括起来说明"动作"的含义。

关于词（包括动作动词）的语义分析、语义特征分析一度广受推崇。符淮青赞同美国语言学家莱昂斯（J. Lyons）的意见，不认同流行的词义构成成分分析（即义素分析），而要走一条词义分析的新路，"试图从对表动作行为的词的意义分析，在这方面作一些探索"[3]。他把与动作动词相关的成分

---

[1] 黄伯荣，廖序东. 现代汉语：下册 [M]. 增订六版. 北京：高等教育出版社，2017：10.
[2] 北京大学中文系现代汉语教研室.现代汉语：增订本 [M]. 北京：商务印书馆，2012：279.
[3] 符淮青. 词典学词汇学语义学文集 [M]. 北京：商务印书馆，2004：11.

分为以下各因素:"原因条件"(A)、"施动者"(B)、"施动者的各种限制"(b)、"动作"(D/D_1、D_2)、"动作的各种限制"(d/d_1、d_2)、"关系对象或关系事项"(E)、"E的各种限制"(e)、"目的结果"(F)。他根据《现代汉语词典》的释义,分析了6组42个动词,以此来说明他的分析方法。他分析的最简单动词是"捏":<u>用拇指和别的手指</u>(d)<u>夹</u>(D);最复杂的动词是"谢幕":<u>演出闭幕后</u>(d_1)<u>观众鼓掌时</u>(d_2),<u>演员</u>(B)<u>站</u>(D_1)<u>在台前</u>(d_1)<u>向观众</u>(d_2)<u>行礼</u>(D_2),<u>答谢观众的盛意</u>(F)。这种做法是对动作动词词义构成分析的新尝试。我们受到其启发,对动作的语义进行描写,当然,具体的分析和结论不完全一样。

《现代汉语词典》(第7版)对"动作"的释义是[1]:

> [动作]①名全身或身体的一部分的活动:这一节操有四个~|~敏捷。②动活动;行动起来:弹钢琴要十个指头都~。(第314页)

《现代汉语词典》关于"动作"释义的义项①,指明"动作"作为一个概念,是人的一种肢体的运作,或是多种肢体的协同活动,或是全身的活动。下面各句分别体现肢体动作的意义[2]:

(1) 河边的男孩把书包狠狠地**扔**在地上,又**走**上去**踢**一脚,然后才**跑**向同伴。(余华《在细雨中呼喊》)

(2) 她端端正正地**坐**着。右手**捏**一节蔗根**放**在嘴边使劲的**咬**,……(俞平伯《湖楼小撷》)

(3) 说着说着,康天成就用头往张有义身上**撞**。(马峰《吕梁英雄传》)

(4) 女人走路都是照电视屏幕上介绍的时装模特儿的规格,一手**叉腰**,一手**摆动**,**扭身转腰**,其实人各有形,人各有貌,都要顺其自然,落落大方才好。(1994年报刊精选)

(5) 艺术体操也称韵律体操,是女子特有的竞技性体操项目。它以富有女性自然健美的形体动作、舞姿和造型作为内容。全套动作包括:**摆动、绕**

---

[1] 以下动词的释义引自《现代汉语词典》(第7版),动词放在方括号内,最后圆括号里标注的是这个条目在词典里的页码。词的释义,只引一个义项的,不标义项序号;引两个或多个义项的,标原有的义项序号。全书同。

[2] 本书语料主要来自笔者平时积累和北京大学中国语言学研究中心现代汉语语料库(CCL语料库)。

环、屈伸、波浪、转体、跳跃、平衡、滚动、抛接和优美的**舞蹈**步法，并和音乐密切配合。(《中国儿童百科全书》)

以上各例里的"扔、走、踢、跑、坐、捏、放、咬、撞、叉腰、摆动、扭、转"都是动作，而且是最基本的动作，"摆动、绕环、屈伸、波浪、转体、跳跃、平衡、滚动、抛接、舞蹈"也是基于人身体或身体相关部分共同配合的动作组合。

不过，动作远不止全身或身体一部分的活动这么单纯。请看：

(6) 今后五年要在以下四个方面有**大的动作**：开展群众性的农田水利基本建设、大力改造中低产田、加大农业综合开发力度、加快支农工业发展和科技、储藏、运输等基础设施建设，提高农业的装备水平和现代化水平。(1996年《人民日报》)

(7) 伴随家电市场旺销季节"金九银十"的到来，国内 DVD 行业三巨头之一广东金正（集团）电子有限公司却将眼光投注到未来国际市场的定位。这家公司在资本市场和品牌打造上的**组合动作**显示出博弈国际市场的雄心及韬略。(新华社 2001 年 9 月新闻报道)

所谓"大的动作""组合动作"并不限于肢体或全身的活动，而是为达到某种目的所采取的行动。这个行动可以很概括、很抽象，基于肢体运作但又很难确指具体为何种肢体的运作，在范围、规模、力度、方式上都远远超出单一肢体的动作，与肢体的具体活动有一定的距离。

《现代汉语词典》给"动作"的释义及举例，以及对两个义项的排列顺序表明，词典对于"动作"的描述基于最基本的人的肢体或全身的活动，即使进一步引申，逐步超出人的具体的肢体活动，但仍以肢体运作为基础，所以义项②中的用例仍然选了一个具体的肢体动作。因此，我们下面对动作的描述，主要是以肢体动作为起点，寻找动作的基本特征。

动作的语义特征可以归结为以下几点。

(一) 主体是人[1]

动作当然都是人发出的。这从词典的释义可以看得很清楚。比如：

---

[1] 我们的研究专注于人的动作，所以本书所说动作不包括动物的情况。

［唱付］营业员找钱给顾客时大声说出所找的钱数。（第151页）

"唱付"是一种动作，是"营业员"这个主体发出的。

［插班］学校根据转学来的学生的学历和程度编入适当的班级。（第134页）

"插班"是"学校"发出的动作，机构的主体当然还是人。

有些动词的释义，并未明确列出动作的主体。比如：

［摆布］①安排；布置。②操纵；支配（别人行动）。（第30页）

对两个义项进行的解释都没有说出主体，其实不言自明，不仅"摆布"是人作为主体的动作，释义所提到的"安排、布置、操纵、支配"也都是人的动作。

有些动作会涉及多个主体，比如：

［邮购］通过邮递购买（售货部门接到汇款后把货物邮寄给购货人）。（第1583页）

"邮购"首先是购货人的动作，接着是邮递员的动作，再就是售货部门的动作；回过来，又是邮递员的动作和购货人的动作。

还有些动词不仅体现人的动作，也体现动物的动作，甚至是其他自然力量的表现。比如：

［吼］①（猛兽）大声叫。②发怒或情绪激动时大声叫喊。③（风、汽笛、大炮等）发出很大的响声。（第544页）

义项②表示人的动作。义项①是动物的动作，不在本书的讨论范围内。至于义项③"风声"是自然现象，但"汽笛、大炮"能发出声音实际是人的作为。

纯粹动物的动作，例如"鸣叫（鸟、昆虫等）叫"当然也是动作。但这里讨论只涉及人的动作，不涉及动物的动作。

（二）肢体或全身运作是基本动作

这里说到的肢体或全身，指的是人。凡可以由人的肢体发出或全身运作的，都是动作。比如：

［推］向外用力使物体或物体的某一部分顺着用力的方向移动。（第

1330 页）

（8）林刚用胳膊**推**了**推**王洪生……（余华《夏季台风》）

［端］平举着拿。（第 325 页）

（9）桂花一手抱着孩子，一手**端**着个小瓢……（冯德英《迎春花》）

［搀］搀扶（用手轻轻架住对方的手或胳膊）。（第 141 页）

（10）金秀**搀**着父亲……（陈建功、赵大年《皇城根》）

［唱］口中发出（乐音）；依照乐律发出声音。（第 150 页）

（11）一想到回家，他就开口**唱**了几句大戏。（萧红《马伯乐》）

［说］用话来表达意思。（第 1232 页）

（12）刘立本嘴**说**如今世事不同以往，主意得由女子拿，可他心里有数。（路遥《人生》）

［走］人或鸟兽的脚交互向前移动。（第 1746 页）

（13）木地板……可以光着脚**走**……（王海鸰《新结婚时代》）

［踹］脚底向外踢。（第 199 页）

（14）他奔了她去，一脚**踹**在小肚子上……（老舍《骆驼祥子》）

［顶］②用头支承。……④用头或角撞击。（第 305 页）

（15）小曼……用头**顶**住她的肚子直哼哼……（雪克《战斗的青春》）

［挤］在拥挤的环境中用身体排开人或物。（第 613 页）

（16）她拿身子**挤**他。（老舍《四世同堂》）

［穿］把衣服鞋袜等物套在身体上。（第 199 页）

（17）我……一边心满意足地回想着那令人愉快的梦境，一边动手**穿**衣服。（礼平《晚霞消失的时候》）

以上各动作，"推、端、搀"主要是手和胳膊的动作，"唱、说"是嘴的动作，"走、踹"是下肢动作，"顶"是头部动作，"挤"主要是身躯的动作，"穿"则是肢体和全身多个部位的共同动作。

这些肢体或全身的直接动作是最基本的动作，可以不借助任何工具；但实际上，作为身外之物的工具不过是肢体的延长。肢体动作的特点是具体，直观性强，多数有位置变动，可以看见、听见，容易感知。

（三）怀着特定的目的，为特定的动机所驱使，进而得到预想的结果

为了生存、发展而驱动肢体进行动作都是主体有意识发出的；无意识的、身不由己的动作虽然也有,但不是典型的动作。

人类活动,都有特定的目的,为特定的动机所驱使。比如:

(18) 为了便于记忆,人们**编**了一首二十四节气歌。(《中国儿童百科全书》)

(19) 在1月上旬把草莓苗从畦里挖出,**装**入塑料袋,在0℃—2℃的冷藏库内贮藏,抑制其生长。(《中国儿童百科全书》)

(20) 卖排骨,售货员顺手给**剁**几下等等,都是惠而不费、方便顾客的好事。(1994年《人民日报》)

(21) 双黄旗**摆动**时,除告诫车手前方赛道有事故或危险外,还意味着赛道因事故被部分或全部阻挡。(新华社2004年新闻稿)

(22) 很多伤员只能撕下身上的衣服紧急**包扎**自己的伤口……(新华社2004年新闻稿)

例(18)"编"二十四节气歌,是为了帮助记忆;例(19)把草莓苗"装"入塑料袋里,是为了抑制其生长;例(20)把排骨"剁"几下是为了方便顾客;例(21)"摆动"黄旗是告诫车手赛道有危险;例(22)"包扎"是保护伤口。

某些复杂的动作,其目的性都很明显。比如:

[捆扎] 把东西捆在一起,使不分散。(第766页)

[打桩] 把木桩、石桩等砸进地里,使建筑物基础坚固。(第238页)

[摊牌] ①把手里所有的牌摆出来,跟对方比较大小,以决胜负。(第1267页)

[拍手] 两手相拍,表示欢迎、赞成、感谢等;鼓掌。(第972页)

[铺砌] 用砖、石等覆盖地面或建筑物的表面,使平整。(第1016页)

动作的目的性,决定了主体进行动作时的主观能动性。这是多数动作动词的语义特点。当然,也有少量动作(直观性很强)是不由自主地发出的,甚至是某些无法抗拒的消极意义的动作。比如:

[咬牙] ①由于极端愤怒或忍住极大的痛苦而咬紧牙齿:恨得直~。(第1524页)

[打战] 发抖:冻得直~。(第237页)

[打滑] ②地滑站不住,走不稳:走在冰上两脚直~。(第234页)

[打转] 绕圈子；旋转：急得张着两手乱~。（第237页）

当然，有些本来目的性很强的动作，也可以在没有明确目的或淡化目的的情况下发生。比如：

(23) ……两位主人公，还丝毫意识不到这一棍子的意义，只是继续没有任何目的地**捣**着……（2000年《人民日报》）

尽管这里说的是"没有任何目的地捣着"，并不能否定"捣"作为动作动词一般是带有目的的。

(四) 使用肢体、工具、方式方法、手段

动作主体总要力求达到目的，获得最好的效果，为了强化效果，就必须使用工具，进一步采取特定的手段和方式。工具—手段—方法，这些增强肢体、全身功能的东西，从辅助肢体、全身开始，到具有更强大的功用，再到肢体、全身无法取代它们，是逐步发展起来的，是人的肢体功能的延伸、拓展、深化，是精细化和精密化的产物。工具是机械性的，也可以是智能化的。

1. 肢体

基本动作直接用肢体进行，这些动作有时也可以同时借用工具，但有时放下工具、动用肢体，反而觉得更得心应手。比如：

扒抓着（可依附的东西）/刨；挖；拆/拨动/剥（bāo）；脱掉｜**拔**把固定或隐藏在其他物体里的东西往外拉；抽出｜**把**用手握住/从后面用手托起小孩儿两腿，让他大小便｜**掰**用手把东西分开或折断｜**背**用脊背驮｜**踩**脚底用力接触地面或物体｜**拱**用身体撞动别的东西或拨开土等物体｜**嚼**上下牙齿磨碎食物｜**挎**胳膊弯起来挂住或钩住东西/把东西挂在肩头、脖子上或腰里｜**抡**用力挥动/挥动胳膊抛出去；扔｜**摸**用手接触一下（物体）或接触后轻轻移动/用手探取｜**拿**用手或用其他方式抓住、搬动（东西）｜**捏**用拇指和别的手指夹/握；攥/用手指把软东西弄成一定的形状｜**踢**抬起腿用脚撞击｜**握**用手拿或攥｜**吸**食用嘴或鼻吸进（某些食物、毒物等）｜**抓**手指聚拢，使物体固定在手中。

2. 工具

肢体的作用毕竟有局限性，于是我们就要借助工具。首先是肢体和工具并用，工具具有辅助功能。比如：

捶用拳头或棒槌敲打｜堆用手或工具把东西堆积起来｜抠用手指或细小的东西从里面往外挖｜搂用手或工具把东西聚集到自己面前｜扒用手或用耙子一类的工具使东西聚拢或散开｜拍用手掌或片状物打｜扑用力向前冲，使全身突然伏在物体上/扑打；拍打｜掐用指甲按；用拇指和另一个指头使劲捏或截断/用手的虎口紧紧按住｜拤用两手掐住｜挖用工具或手从物体的表面向里用力，取出其中一部分或其中包藏的东西｜耙用耙子聚拢和散开柴草、谷物等或平整土地｜包用纸、布或其他薄片把东西裹起来｜穿刺为了诊断或治疗，用特制的针刺入体腔或器官而抽出液体或组织｜钉把钉子捶打进别的东西里；用钉子、螺丝钉等把东西固定在一定的位置或把分散的东西组合起来/用针线把带子、纽扣等缝住｜飞利用动力机械在空中行动｜量用尺、容器或其他作为标准的东西来确定事物的长短、大小、多少或其他性质｜劈用刀斧等砍或由纵面破开。

当然，使用工具进行的动作，操作工具的仍是人的肢体（首先是手）。凡使用工具的，都是工具与人体相关部分的共同作用，越是简单的初始的工具越是如此。

3. 方式方法

方式方法比工具抽象，是进行某些动作、取得预想效果的必不可少的要素。比如：

拔取用拔的方式取出｜搀扶用手轻轻架住对方的手或胳膊｜打靶按一定规则对设置的目标进行射击｜镀用电解或其他化学方法使一种金属附着到别的金属或物体表面上，形成薄层｜夹从两个相对的方面加压力，使物体固定不动/胳膊向胁部用力，使腋下放着的东西不掉下｜哭诉哭着诉说或控诉｜炼用加热等办法使物质纯净或坚韧｜炼油用加热的方法从含油的物质中把油分离出来｜谩骂用轻慢、嘲笑的态度骂｜盘存用清点、过秤、对账等方法检查现有资产的数量和情况｜碰杯饮酒前举杯轻轻相碰，表示祝贺或欢迎等｜奇袭出其不意地打击敌人（多指军事上）｜抢夺用强力把别人的东西夺过来｜小跑快步走，接近于跑；小步慢跑｜织补用纱或线仿照织布的方式把衣物上破的地方补好｜壮行用举行仪式、宴饮等方式为肩负重任而远行的人送行，以鼓舞其气势｜追逼用强迫的方式追究或索取｜作弊用欺骗的方式做违法乱纪或不合规定的事情。

方式方法多是有意识采用的，也有无意识的，比如"哭诉"的释义中，"诉说、控诉"是动作，"哭着"成为方式，不排除有意这样做，但一般是情不自禁的感情流露。

4. 手段

手段是伴随着动作进行的，也比工具抽象。比如：

操纵用不正当手段支配、控制｜拆台比喻用破坏手段使人或集体垮台或使事情不能顺利进行｜篡改用作伪的手段改动或曲解（经典、理论、政策等）｜拐带用欺骗手段把妇女或小孩儿携带走｜裹胁用胁迫手段使人跟从（做坏事）｜扣留用强制手段把人或钱财、物品留住不放｜骂用粗野或恶意的话侮辱人｜买通用金钱等收买人以便达到自己的目的｜虐待用残暴狠毒的手段对待｜排挤利用势力或手段使不利于自己的人失去地位或利益｜漂白通过某些手段，把非法所得变成合法所得｜掩护对敌采取警戒、牵制、压制等手段，保障部队或人员行动的安全｜中饱经手钱财，以欺诈手段从中取利。

工具、方式方法、手段，就具体对象来说，有时不容易分清，有时交织在一起。比如：

［撬］把棍棒或刀、锥等的一头插入缝中或孔中，用力扳（或压）另一头，使东西移动或分开。（第1054页）

棍棒或刀、锥是工具，把这些工具插入缝中或孔中，然后用力是方式方法，扳（另一头）是具体的动作。

［试探］用含义不很明显的言语或举动引起对方的反应，借以了解对方的意思。（第1196页）

［讨好］迎合别人，取得别人的欢心或称赞。（第1278页）

［洗钱］把非法得来的钱款，通过各种手段掩饰、隐瞒其来源和性质，使其在形式上合法化。（第1405页）

［挟持］②用威力强迫对方服从。（第1449页）

用言语或举动引人注意，迎合别人以取得欢心，处置非法所得的做法，用威力强迫人，都是一种手段，也可视为一种做法、一种方法。

工具多用于处置具体对象，手段多用于处理人际关系，而方式方法应对的范围则很宽广。

从直接用肢体或身躯，到使用身外工具，到采用特定的方式方法，再到采用特定的手段，表明动作的拓展和深化，动作的目的越宽广深邃，所涉及的动作也越来越复杂、越来越精细微妙。动作越具体，越是接近最基本动作，越是倚重肢体或简单工具；而特定方式方法和手段的采用，反映了动作的深化、细化、复杂化。

（五）涉及外部对象

作为人的动作，除了必须与动作的发出者（施事者）联系以外，还总要影响特定的对象，或利用特定对象来促成动作有效进行。下面主要讨论与动作相关的受事、结果以及原材料成分。

1. 受事

受事是动作直接影响的对象。当然，动作的方式和力度不同，作为受事的对象不同，受事受"影响"的方式和程度也不一样。比如：

（24）生活书店……从来没有**安插**过一个**私人**。（张仲实《生活书店的宝贵传统》）

（25）138 位竞投者中的 68 位中国大陆买主**战胜**了 70 位**外商**。（1994 年报刊精选）

（26）他一**闻**烟，乌世保就**刮**烟壶。（邓友梅《烟壶》）

（27）**这口剑**，他天天**握**着，总觉得有一分生疏。（《汪曾祺小说集》）

（28）她跳下车，**小挎包**被后面的乘客**夹**在门里，用力一扯才**拽出来**，她再一次**看到**了那个男人的**脸**。（王朔《刘慧芳》）

2. 结果

结果是动作的成果。比如：

（29）他们也……**编织**一些**小手工艺品**。（新华社 2004 年 3 月新闻报道）

（30）**折子写**好了没有？（郭宝昌《大宅门》）

（31）回到定州后，沈括要木工用木板根据他的模型，**雕刻出木制的模型**，献给宋神宗。（《中华上下五千年》）

（32）大姑！给我**编**一个大**蝈蝈笼子**！（郭宝昌《大宅门》）

（33）在当今的文学艺术作品中，**塑造**出了不少"大任在肩，慷慨激昂"的**形象**……（胜利《理想主义的负面》）

3. 原材料成分

原材料是动作对它进行加工的成分。比如：

（34）沟里的**榆树条**，用来**编筐**，**榆树干**，用来**做扁担**、**做工具把**，榆

树下一丛丛的**骆驼刺**，经过粉碎加工，**制成**"莫合烟"，又解决了香烟奇缺的困难。(1995年《人民日报》)

(35) 高贵的妇女，穿着用最值钱的**料子裁剪成**最时新款式的黑礼服，走过了光洁的地板。(《安徒生童话故事集》)

(36) 她特别爱吃鱼头，过去生活困难，买点小鱼，**鱼头**舍不得扔掉，她便**拿来熬汤**喝。(《给老爸老妈的100个长寿秘诀》)

(37) 抄录者用一种坚硬的**苇管削成**的苇笔蘸着黑墨水书写。(王以铸《再谈古罗马的书》)

与动作联系的名词性词语，作为受事、结果、原材料成分等的角色地位是确定的，但是有时候也会出现难以确定的情形，比如：

(38) 为什么**雕佛像**的会把**木头雕成人形**，所贴的金那么薄又用什么方法作成？(沈从文《我读一本小书同时又读一本大书》)

"把木头雕成人形（佛像）"，"木头"是雕佛像的材料，但从程序上看，"木头"首先是"雕刻"的受事。因为各种语义角色成分都是由动作指派的，不同的语义角色之间互相促成、互相制约。动作都由施事者发出，多数情况下直接作用于受事；当作用于原材料时，顺理成章地会制作出特定成果（结果）。

(六) 在特定时间里展开，在特定空间里进行

所有动作都发生在特定空间里，在特定时间里延续。

1. 关于时间

关于"时间"的意义（包括人关于时间的主观经验），是哲学、心理学长期探讨的问题。时间表现为过去、现在、将来。"现在"指什么？有没有长度？一种看法认为，"'现在'，是一个无长度的时间界线，向着'将来'移动，或者说'将来'通过这个界线不断地流向'过去'"[1]，"'现在'这个东西……只是起分隔的作用而已。……只存在着'过去'和'将来'"[2]。

德国心理学家恩斯特·波佩尔转述了圣·奥古斯丁《忏悔录》第二卷关

---

[1] 恩斯特·波佩尔. 意识的限度：关于时间与意识的新见解 [M]. 李百涵，韩力，译. 北京：北京大学出版社，2000：42.

[2] 恩斯特·波佩尔. 意识的限度：关于时间与意识的新见解 [M]. 李百涵，韩力，译. 北京：北京大学出版社，2000：43.

于"现在"的意义的描述:

> 时间有3要素:过去、现在和将来。或者确切地说:一个过去的现在,一个现在的现在,一个将来的现在。它们三位一体存在于意识中,而不是在别的什么地方。所谓过去的现在,就是回忆;所谓现在的现在,就是眼下;所谓将来的现在,就是期待。[1]

恩斯特·波佩尔关于时间的研究,值得注意的有两点:

第一,"现在"如何存在。

"现在"作为一种存在,不仅是过去与将来的分隔,而且是有长度的。

恩斯特·波佩尔认为,人的意识中存在一种整合机制,能使一系列事件融合成完整的知觉单元。"现在"是我们关于时间的主观经验。按照他的观察结果,在主观经验中,"现在"大致存在3秒:

> 人脑配备有一个整合机制,它将系列事件组成一个个单元,每个整合单元的时间上限约为3秒钟。……这个整合过程在客观上是有着时间长度的,从而是我们关于"现在"的经验的基础,其最大时限为3秒钟。[2]

自然语言反映的动作,其重要特征是时间意义。此时此刻正在进行的动作,存在于作为眼下的"现在"之中;既往的、作为回忆的动作已经是"过去";未来的、作为期待的动作则是"将来"。

第二,"现在"的主动性特征。

对于时间的流逝,我们只能被动地感知,但是,一到"现在"这个阶段,就有了对时间整合的主观支配的知觉过程。"主动整形不仅仅见于知觉过程,也见于其他方面,尤其是在思考和解决问题的时候。"[3]

恩斯特·波佩尔给予我们的启示之一是,所谓动作都是"现在"呈现的,是"现在"进行的。过去留下的回忆,是既成事实,无法改变,无法施加影响。未来是一种期待,可以做好动作的准备。但真正表现为强烈意义动

---

[1] 恩斯特·波佩尔. 意识的限度:关于时间与意识的新见解 [M]. 李百涵,韩力,译. 北京:北京大学出版社,2000:44.

[2] 恩斯特·波佩尔. 意识的限度:关于时间与意识的新见解 [M]. 李百涵,韩力,译. 北京:北京大学出版社,2000:53.

[3] 恩斯特·波佩尔. 意识的限度:关于时间与意识的新见解 [M]. 李百涵,韩力,译. 北京:北京大学出版社,2000:58.

作的，是与"现在"联系着的行动、举动。古人主张的"成事不说，遂事不谏，既往不咎"（《论语·八佾》），"往者不可谏，来者犹可追"（《论语·微子》），都包含着对过去、未来这些不同时态中主体作为的深刻理解。

恩斯特·波佩尔认为"现在"是关于时间的主观经验。事实上，我们日常所理解的"现在"不限于意识领域的3秒。

《现代汉语词典》（第7版）关于"现在"的释义是：

[现在] 名 时间词。这个时候，指说话的时候，有时包括说话前后或长或短的一段时间（区别于"过去、将来"）。（第1424页）

《现代汉语词典》从1965年的"试用本"到目前的第7版，对"现在"一词都维持这样的释义，可见这是确切的解释。请看下面的例子：

(39) **现在**，我，殷大奎，代表卫生部宣布：1994年10月10日为中华人民共和国"世界精神卫生日"，并将予以全力支持，以达到上述目标。（1994年报刊精选）

(40) **现在**，我坐在府南河畔读《成都通览》。（1998年《人民日报》）

(41) **现在**，我国正在建立和健全社会主义市场经济新体制。（1994年报刊精选）

(42) **现在**，我们的国家正处在一个非常重要的历史时期。（1993年《人民日报》）

(43) **现在**，我军已经在相对和平的环境中生活了几十年。（1993年《人民日报》）

以上用例显示，从殷大奎宣布"世界精神卫生日"到"一个非常重要的历史时期"以及"在相对和平的环境中生活了几十年"，都被说成"现在"，其时间的长度是不等的。具体说，例（39）中"现在，我……宣布"，话音一落，说这一句话的动作已经成了过去，而例（43）中"现在"是"几十年"。这些"现在"都不是恩斯特·波佩尔说的仅仅3秒钟。

恩斯特·波佩尔给予我们的启示之二是体现动作的"现在"是人在动作中表现出主动性的时刻。上面说到，动作是受特定目的、动机驱使的。真正带有主动性，能显示动机驱动作用的是"现在"，或长或短的"现在"。事实上，越是短暂的运作，动作性越强。延续的动作，或是简单动作的重复，或是多种简单动作的复合。这样的动作,动作性常常很不显著。这些,下文还要具体论述。

2. 关于空间

动作在时间里展开,动作存在于特定的空间,时空是紧密相连的。这一点,朱德熙关于介词"在"及其所形成的介词结构的分析[1]很有启发意义(我们列成下表,然后做些说明,只表述朱德熙先生的意思):

A "在"后有处所词语	B "在"后换成"那儿"	C "在"后略去"那儿"
他在床上躺着呢（A₁）	⟶他在那儿躺着呢	⟶他在躺着呢
他在黑板上写字呢（A₁）	⟶他在那儿写字呢	⟶他在写字呢
他在床上咳嗽呢（A₂）	⟶他在那儿咳嗽呢	⟶他在咳嗽呢
他在河里游泳呢（A₂）	⟶他在那儿游泳呢	⟶他在游泳呢

按朱先生的意思,A里包含方位词语,表示空间。把这些方位词语换成"那儿"形成B,整个句子就明显出现了歧义:既可以理解为空间概念,也可以理解为表示持续的状态(即时间概念)。再略去"那儿"形成C,句子主要表示时间,其实仍然表示空间。回过去看,即使是A,"在"后面用表示处所的词语,也是特定时间的状况。这说明,动作存在于一定的时间和空间,时间和空间是密切相连的。比如:

(44) 宽敞的**客厅里**摆着一台木制编织机,上面有半张**正在编织的花色地毯**。(1994年《人民日报》)

(45) **第二天一清早**,刘邦带着张良、樊哙和一百多个随从,到了**鸿门拜见项羽**。(《中华上下五千年》)

(46) 根据游园指挥部的计划,**这八个公园将**摆设大型植物花坛25个,使用各种花卉15万盆;……(1994年《市场报》)

(47) **很久以来,藏族地区**就实行封建农奴制,占人口95%的农奴被剥夺了一切生产资料,过着奴隶的生活,**经常**遭到鞭打、体罚,有些甚至遭到砍手、抽足筋、剥皮等酷刑折磨。中华人民共和国成立以后,西藏地区实行了民主改革,废除了农奴制,百万农奴翻身作了主人,开始了民族的新生。(《中国儿童百科全书》)

---

[1] 朱德熙. 语法讲义 [M]. 北京:商务印书馆,1982:184-185.

(48) 搬运一套大型空分设备需要50节左右火车车皮。(1994年报刊精选)

例（44）的空间为"客厅里"，时间为现在（由"正在"暗示）；例（45）空间为"鸿门"，时间为"第二天一清早"（过去）；例（46）空间为"这八个公园"，时间为"将"（将来）；例（47）空间为"藏族地区"，时间为"很久以来""经常"（过去，多次）；例（48）为泛说，空间不确定，时间也不确定，不是没有时空，只不过表示任何时候、任何地方都需如此。

动作存在于特定空间，连带着产生了动作可见性的特点。只不过不同动作可见程度不一样。就肢体动作来说，胳膊挥动可见程度很高；耳朵听、眼睛看，从另一个主体来说，可见程度要低得多。下面是由"拔"构成的几个复合词，可以看出不同动词表示的动作的可见程度不一样。

拔河一种体育运动，人数相等的两队队员，分别握住长绳两端，向相反方向用力拉绳，把绳上系着标志的一点拉过规定界线为胜｜拔脚拔腿｜拔锚起锚｜拔腿迈步/抽身；脱身。

拔除拔掉；除去｜拔高提高：～嗓子唱/有意抬高某些人物或作品等的地位｜拔取用拔的方式取出/选择录用/获取；得到｜拔营指军队从驻地出发转移｜拔擢提拔。

"拔河、拔脚、拔锚、拔腿"这些动作具体，可见程度比较高，其余几个词表示的动作，其可见程度就大大降低了。

就一个词来说，"拔取"表示"用拔的方式取出"，动作行迹还能看到；表示"选择录用""获取，得到"，则很难明显看到动作的行迹。

综上所述，我们从几个侧面对动作做了描写，现在，尝试着对"动作"做一个综合描述：

动作是作为主体的人发出，为一定动机和目的所驱使并指向一定客体的运动系统，是发生于特定的空间，在时间这个向度上推进的。动作通过运动来实现，可以是动弹、行动、劳作、活动。基本的、简单的动作由人的肢体、躯体运动实现，不同程度上复杂的、组合的动作则要借助工具、采用特定的方式方法和手段。就动作的目的以及对后果的意识程度而言，人的动作分为意志动作和冲动动作两种，都是主体的自主动作（产生意志动作时，这方面的意识程度较高；产生冲动动作时，意识程度较低，甚至处于意识阈下）；有少量动作是身不由己的，或无意识的。

第二章

动作动词的语法特点分析

动作动词的语法特点,与动作的语义描述密切相关。当然,主要从语法角度入手,较多地注重形式方面。动作动词的语法特点与语义描述也不是简单重合的。

动作动词数量很大,不同的动词的动作性也不完全相同。动作动词是一个原型范畴,很难依据有限的特点把所有动作动词确定下来。[1] 下面的讨论,着重依据典型的特点,仅仅把握住典型的动作动词。

一、赵元任论动词的特点

迄今为止,只有赵元任先生专门讨论到"动作动词"(不及物动作动词、及物动作动词),分小类举了动作动词的例子,指出动作动词带宾语的情况、动作动词与其他动词的跨类、动作动词的意义(表处置非处置)等。最值得推崇的是他提出了动作动词的特点。

赵元任讨论到"动作动词",他用 a(不)、b(没)、c(很)、d(别)、e(数词+名量词)、f(数词+动量词)、g(重叠)、h(进行时态"着")、i(无定过去时态"过")、j(完成时态"了")、k(命令句)、l(构成"V不V"问话形式)这12个语法特点把动词列为9类:

不及物动词:1.动作(Vi),2.性质(A),3.状态(Vst);

及物动词:4.动作(Vt),5.性质(VA),6.分类(Vc),7."是",8."有",9.助动(Vx)。[2]

---

[1] 这个特征,笔者将在下一章展开讨论。
[2] 赵元任.汉语口语语法[M].吕叔湘,译.北京:商务印书馆,1979:293-331.

赵先生提出的划分动词小类的12项特点，撤除用来确定一般谓词的a、b、l；撤除确定形容词的c；其余的d（别）、e（数词+名量词）、f（数词+动量词）、g（重叠）、h（进行态"着"）、i（无定过去时态"过"）、j（完成时态"了"）、k（命令句），一定程度上对确定动作动词都有作用，只是要慎重操作，注意选择和调配。

但是，赵先生所列动作动词特点还不完善，根据这些特点不能应有尽有地列举动作动词，也不能据此排除非动作动词。而且赵先生提到的动词也并不都是动作动词，比如表存在或静态位置的"活着、醒着"，表出现的"出现"，表消失的"死"，以及表其他意义的"完"，在比较动词之处置与非处置时列举的"下雨、湖南出米"中的"下、出"，说明动作方向不能确定的"风浪平了"的"平"，这些都不能说是动作动词。这就说明，这12项特点还不够严谨。

二、动作动词的主要语法特点

动作动词的语法特点，是上一节动作动词语义描述的延伸。笔者主要借鉴赵元任先生的分析，确定鉴别动作动词的形式标准。

（一）人作为施事

动作动词必须有相应的施事，这个施事必须是人：从单个的人到群体，甚至以人或群体为基础的组织、社会力量等。比如：

安安装；设立｜打听试探着询问｜喊叫大声叫｜独唱｜跑腿 为人奔走做杂事｜逃跑为躲避不利于自己的环境或事物而离开｜追追赶/追究/追求｜贴近紧紧地挨近；接近｜抓手指聚拢，使物体固定在手中｜捆绑｜捆扎。

有些动作是人或动物都有的，这样的动词可以由人作为施事。比如：

舔用舌头接触东西或取东西｜走人或鸟兽的脚交互向前移动｜捉捕捉｜叫人或动物的发音器官发出较大的声音，表示某种情绪、感觉或欲望｜抓人用指甲或带齿的东西或动物用爪在物体上划过/捉拿；捕捉｜跳腿上用力，使身体突然离开所在的地方。

找不到人作为施事，或只表示动物发出的动作的，是广义的动作动词，不在本书的讨论范围内。比如：

鸣（鸟兽或昆虫）叫：鸟～｜吼（猛兽）大声叫：狮子～｜蛰蜂、蝎子等用毒刺刺入人或动物。

（二）多表示主动动作，具有可控性

动作动词表示的动作是有目的、为特定动机所驱使的。这决定了动作动词可以分布于"别"之后。

《现代汉语词典》（第7版）对于"别"的解释是：

[别]⁴ 副①表示禁止或劝阻，跟"不要"的意思相同。（第89页）

"别"所劝阻或制止的，是主动动作。这是鉴别动作动词的一个手段。

动词（首先是动作动词）与"别"的连接比较复杂。下面进行分析。

1. 动作动词一般可以用"别"限制

下面是在CCL语料库里以"别"为线索搜索到的一些例子：

别动｜**别**往下再说啦｜**别**深谈啦｜**别**笑｜**别**管｜**别**玩魔术了｜**别**来炫耀你那丑史｜**别**扯远了｜**别**绕弯子｜**别**找借口｜**别**睡觉了｜**别**汇报了｜**别**去兼并人家｜**别**去｜**别**吹｜**别**笑话我｜**别**给我送东西｜**别**问｜**别**添乱｜**别**瞎胡说｜**别**再拉她了｜你**别**在家待着｜**别**拦我｜**别**走｜**别**上了｜**别**把我牵扯进去｜**别**问我叫什么｜**别**回来了｜**别**捣乱｜**别**闹｜**别**把眼睛瞪那么大｜**别**卖了｜**别**拦着我｜**别**跟我狡辩｜**别**逗我了｜**别**念了。

既然动作是带一定目的、为主观动机驱使的作为，用"别"限制就是对主体主动性的劝阻。比如：

（1）我劝你**别**做这个生意了。（1994年报刊精选）

（2）谁也**别**给我送东西。有人问我家庭地址，你**别**问，问我不告诉。（1994年报刊精选）

（3）可**别**把我牵扯进去，你**别**问我叫什么。（1994年报刊精选）

（4）你**别**打听这种事。（1994年报刊精选）

（5）你**别**去招他……（陆天明《苍天在上》）

例（1）至例（5）都是劝阻主体可控的做法，而且多出现在祈使句里。

"别"限制的也不一定就是动词本身，有时是重点限制动作动词前后的成分。这样形成的"别+状语+动词"或"别+动词+宾语/补语"，就不是简单地劝阻动作，而是劝阻进行动作时采用的方式，制止进行涉及某个对象的动作。比如：

别在屋子里打，这样我们受不了｜**别**在电话上问，我不好说｜**别**空着手去，买点东西。

别说我这院子不好｜**别**看表面这样粗糙，它的内部却非常密实｜**别**扯远了。

上述各用例，都不是简单地劝阻"打、问、去、说（发议论）、看、扯（说话）"这些动作，而是要求听话人不要在某个场所进行某种动作，或不要涉及某个内容，不要采用某种方式。从结构层次上说，"别"修饰的是动词结构，而不是简单的单个动作动词。

2. 某些非动作动词，以及非自主动词也有受"别"限制的用例

第一，有些能受"别"限制的动词，不一定是动作动词。比如：

别轻视努尔哈赤｜**别**以为我不懂行｜**别**怕｜**别**误会｜**别**把我们当傻瓜｜**别**担心。

"轻视、以为"等动词表示的都不是动作，而是心理活动或认识活动。

第二，某些无意识动作，身不由己的动作也可以受"别"限制。

(6) 当着人别抓脑袋，别别指甲，**别**打嗝儿；喝！规矩多啦！(老舍《二马》)

(7) 打村后背静小道儿走，**别**咳嗽，脚步放轻，处处是眼。(刘绍棠《运河的桨声》)

(8) 吃，吃吧，吃吧。……没关系，全是你的。啊。诶，**别**噎着。(《编辑部的故事·人工智能人》)

(9) 咱们是中国乡下婆婆，就安了分罢，**别**出丑啦。(钱锺书《围城》)

(10) 你呀，看着点道儿走出去，**别**摔跟头！(老舍《女店员》)

"打嗝儿、咳嗽、噎着、出丑、摔跟头"表示人的动作，但都是身不由己的动作，不是主体主动进行的。但是，放在"别"之后，是敦促主体控制自己，不要出现此类动作。这里凸显了"别"的作用。

所以，"别+动词/动词短语"表示劝阻，劝阻某些主动动作出现；劝阻某些自主的思想活动；提醒主体调动主观能动性，注意控制，防止某种消极

状况出现。

3. 动作动词受"别"限制是有条件的

"别"的作用是提示主体控制自己的动作，按说应该所有的动作动词都可以受"别"限制，然而却常常有一些条件。

归结起来有两种情况。

第一，有的动作动词不能受"别"限制。比如：

把牢扶住；握紧/坚守；管好｜扳倒使倒下/比喻战胜；击败（实力比较强大的对手）｜办结（案件、议案等）办理并了结｜驳倒提出理由否定对方的意见，使站不住脚｜查获侦查或搜查后获得（赃物、违禁品、犯罪嫌疑人等）｜查结审查并了结｜查明调查清楚。

以"获"开头的动词（获救、获取、获释、获悉、获选、获知、获致、获准、获罪）一般也不能受"别"限制。

以上这些词之所以不能受"别"限制，是因为这些词表示动作获得了结果。有了结果，一般表示动作完成。已经完成了的动作是无法进行调节的。

不能受"别"限制的还有以"饱"开头的动词（饱读、饱览），以"畅"开头的动词（畅谈、畅叙、畅饮、畅游），以"敬"开头的动词（敬告、敬贺、敬候、敬礼、敬献、敬赠、敬祝），等等。

这样的词，起头的语素表示动作的方式。劝阻这样的动作，通常用"别读""别谈""别告"，动作的方式、状态不在劝阻之内。

按捺向下压，多比喻控制（情绪）不能受"别"限制，又是另一类情况。这个词多用作"按捺不住"，这个组合形式是主观上不能控制的。

第二，可以受"别"限制的动作动词，接受这种限制的程度也有高有低。我们用"拔、拆、搞、换、跑、拔取、拜访、拨打、改口、直击"这10个词在CCL语料库里检索，前面出现"别"的是（按用例数多少排列）：

跑（57）、搞（48）、拆（7）、换（4）、拔（3）

"拔取、拜访、拨打、改口、直击"这5个双音节词没有搜索到前面加"别"的用例。"拔取、拜访、直击"没有受"别"限制的用例，原因已经在前面说到。可是按照语感，"改口、拨打"用在"别"的后面，还是可以接受的。之所以语料库里未见此类用例，原因之一是观察的范围小，难免有偶然性。其次，这两个词用在"别"之后的概率较低，也是一个原因。

概括起来，"别"对动作动词有一定的鉴别作用。一般说来，动词表示的动作越具体，受"别"限制的概率越高；动作越空泛、阔大、抽象，则受"别"限制的概率就越低，甚至认为不能。

从另一方面说，并非所有的动作动词都可以受"别"限制；可以受"别"限制的也不都是动作动词，甚至不一定是动词，如：

别高兴得太早｜**别**心烦｜**别**伤心｜**别**难过｜**别**太伤感｜**别**太紧张｜**别**太自信｜**别**得意。

上列各例都从 CCL 语料库检索而来，"别"后面都是形容词性词语。

用"别"确定动作动词有一定作用，也有局限。"别"不是必要条件（动作性相对减弱的动作动词，很难用到"别"的后面），更不是充分条件。

(三) 可以直接与表示工具的词语组合，或通过介词引进表示工具的词语

1. 表示肢体或工具的名词直接出现

引进工具，可以直接把表示肢体或工具的词语放在动词前。比如：

(11) 有人**肩**挑，有人**背**扛，看样子带了不少东西。(徐贵祥《历史的天空》)

(12) **脚**踢天下好汉，**拳**打五路英雄！(老舍《断魂枪》)

(13) **头**撞墙，**刀**砍肚皮不流血。(桑晔《国人梦已醒》)

(14) **手**撕，**牙**咬，疯了似的，把绳子终于扯断。(老舍《猫城记》)

(15) **刀**削**斧**劈般的悬崖上硬凿出一条二级公路。(1996年《人民日报》)

(16) 山外的货物全是**扁担**挑进来的。(1998年《人民日报》)

(17) 看这一小方草地生受这暴雨的侵凌，**鞭**打，**针**刺，**脚**踹，可怜的小草，无辜的……(徐志摩《浓得化不开》)

(18) 他用海绵做材料，**一把小剪子**剪出一个个栩栩如生的人物来，鲁迅、高尔基……(1994年报刊精选)

2. 利用介词等引进工具、方式方法或手段

引进工具、方式方法或手段，最常见的语法形式是用介词"用（具体的）、拿（具体的）、以（手段，抽象虚化的工具）"等。比较抽象的动作，由工具推广到手段。比如：

（19）我把红薯**用纸**包起来放进了口袋，想等风沙过去再吃。（卞庆奎《中国北漂艺人生存实录》）

（20）在这个中间，就有这个，**用大车**来运。（1982年北京话调查资料·冯振）

（21）团长三下两下把介绍信、报纸撕烂，喝令手下把两个奸细推出去，**拿刀**砍了。（陈世旭《将军镇》）

（22）他要玩，我教他**用锤子**砸石头，或是**拿簸箕**搬煤，在游戏中老与实物相接触，在玩耍中老有实在的用处。（老舍《新爱弥耳》）

（23）学校创办期间，先后有100多家单位和个人**以多种不同的方式**捐款捐物，总折价计人民币200余万元。（新华社2001年6月份新闻报道）

3. 利用连谓结构，前一个动词结构表示工具、方式方法或手段

引进工具也可以采用连谓结构，通常由两个动作动词构成，前一个动词表示取得工具或操作工具的方式，后一个动词表示对工具的使用。比如：

（24）哥哥会和他的几个好哥儿们上树，**拿着**棍子**打**枣。（梁鸿《中国在梁庄》）

（25）说着也没敢抬头，**拿起**刀就**切**老伴优待自己的那半拉饼子。（茹志鹃《剪辑错了的故事》）

（26）马英……**拿起**锹就**挖**起来。（李晓明、韩安庆《平原枪声》）

（27）**借过**老乡手里的斧头**砍修**树上的枝条。（1993年《人民日报》）

（28）他的儿子**敲着**手鼓给他**伴奏**。（1995年《人民日报》）

引进工具的直接动作是"拿起"，用"借过、敲着"引进工具，更多地表现为动作的方式。

4. 利用其他词语的帮助引进工具、方式方法或手段

此外，还可以用其他形式引进工具、方式方法或手段。比如：

（29）自己**掏出烟袋**，用劲地抽了几口，提起了精神。（曲波《林海雪原》）

（30）狗急跳墙的歹徒**掏出刀子**，对着史苍的右腹、右臂、后腰等处连捅4刀。（1998年《人民日报》）

（31）有几个士兵走过来，**举起鞭子**，在人们头上乱抽。（梁斌《红旗谱》）

（32）各家媒体**采用种种手段**，千方百计刺探内情。（新华社2004年4月新

闻报道）

（33）一切文明最终都只有**通过印刷、出版**才能长远保存下来；还没有印刷术的时代，就要**通过种种火烫、雕刻、手书等方式**，才能保存起来。（曾彦修《出版印刷是积累和传播人类文明的一个基本方式》）

与简单地表述借助某种工具、手段等进行某种动作相比，采用分句引进工具、方式方法、手段，表示使用工具等的意义更明显。

（四）动作动词结合名词的能力：与表示受事、原材料、结果的名词结合

动作动词表示动作，多数要指向外在的事物。下面用动词能够与名词结合的情况来叙述。

1. 一价动词

少量的动作动词除施事以外，不与其他名词性词语结合。双音节动作动词不能与受事结合的主要是述宾式的动词。比如：

昂首仰着头｜把舵掌舵｜把酒端起酒杯｜把门把守门户/把守球门｜把盏端着酒杯｜扳道扳动道岔使列车由一组轨道转到另一组轨道上｜办罪给犯罪的人以应得的惩罚｜包工按照规定的要求和期限，完成某项生产或建设任务｜闭眼闭上眼睛/婉辞，指人死亡｜闭嘴住口｜表态表示态度｜踩道盗贼、劫匪等作案前察看地形/泛指为将要进行的活动做准备而事先到某一地点了解情况｜踩水一种游泳方法，人直立深水中，两腿交替上抬下踩，身体保持不沉，并能前进｜尝鲜吃时鲜的食品；尝新｜尝新吃应时的新鲜食品｜撑腰比喻给予有力的支持｜瞪眼睁大眼睛/指跟人生气或耍态度｜反身转过身子；转身｜挺身直起身子。

上面这样的动作动词，深层也可以有受事，它的受事就在后一个语素上。比如，"昂首"的"首"是受事；"把门"的"门"是受事；"踩水"的"水"是受事；"尝鲜"的"鲜"是受事。

有时还可以通过扩展，把受事凸显出来。比如：

（34）"瞪眼"～你瞪什么眼？

（35）"办罪"～办他的罪。

（36）"把关"～把好产品质量关。

此外，一般不能与对象结合的双音节动作动词较特别，差不多是下列词语。

　　板书在黑板上写字｜**把玩**拿着赏玩｜**奔跑**很快地跑；奔走｜**吵闹**大声争吵/扰乱，使不安静｜**抽噎**抽泣｜**抽咽**抽泣｜**出没**出现和隐藏｜**打闹**争吵；打斗｜**斗殴**争斗殴打｜**独舞**单人表演的舞蹈。可以单独表演，也可以是舞剧或集体舞中的一部分｜**发作**（隐伏的事物）突然暴发或起作用/发脾气｜**付排**把稿件交给排印部门排版｜**分餐**大家共同进餐时，把菜肴分到各自的碗碟中吃｜**过继**把自己的儿子给没有儿子的兄弟、堂兄弟或亲戚做儿子；没有儿子的人以兄弟、堂兄弟或亲戚的儿子为自己的儿子｜**缓步**放慢脚步｜**缓行**慢慢地走或行驶/暂缓实行｜**内应**隐藏在对方内部做策应工作｜**枪战**互相用枪射击交战｜**去就**担任或不担任职务｜**去留**离去或留下｜**伸缩**引长和缩短；伸出和缩进/比喻在数量或规模上做有限的或局部的变动｜**挺举**一种举重法，双手把杠铃从地上提到胸前，再利用屈膝等动作举过头顶，一直到两臂伸直、两腿直立为止｜**偷渡**偷偷通过封锁的水域或区域，现多指偷越国境｜**团拜**（机关、学校等集体的成员）为庆祝新年或春节而聚在一起互相祝贺｜**团聚**相聚（多指亲人分别后再相聚）｜**退却**军队在作战中向后撤退/畏难后退｜畏缩｜**退让**向后退，让开路/让步｜**退缩**向后退或缩；畏缩｜**玩耍**做使自己精神愉快的活动；游戏｜**玩笑**玩耍和嬉笑｜**妄为**胡作非为｜**瞎闹**没有来由或没有效果地做；胡闹｜**药检**对药品的质量进行化验检查/对参加体育比赛的运动员进行是否服用违禁药物的检测｜**野餐**带了食物到野外去吃｜**野炊**在野外烧火做饭｜**野营**到野外搭营帐住宿，是军事或体育训练的一种项目｜**野泳**在没有防护设施的自然水域游泳｜**硬拼**尽全力拼搏/只凭力气或实力不顾一切地干｜**硬挺**勉强支撑｜**争吵**因意见不合大声争辩｜**争斗**打架/泛指对立的一方力求战胜另一方｜**争拗**争论双方各执己见，互不相让｜**仲裁**争执双方同意的第三者对争执事项做出决定，如国际仲裁、海事仲裁、劳动仲裁等。

　　2. 二价动词

　　二价动词，除了与施事结合之外，后面多与受事成分结合，有的与结果成分结合。比如：

　　搬运把物品从一个地方运到另一个地方｜**办**办理；处理；料理/创设；经营；采购；置备/惩治｜**包抄**绕到敌人侧面或背后进攻｜**鞭策**用鞭和策赶马，比喻督促｜**鞭笞**用鞭子或板子打｜**鞭打**用鞭子打｜**鞭挞**鞭打，比喻谴责、抨击｜**表示**用言语行为显出某种思想、感情、态度等｜**表述**说明；述说｜**补办**事后办理（本应事先办理的手续、证

件等）| 补报事后报告；补充报告/报答（恩德）| 捕获捉到；逮住 | 捕捞捕捉和打捞（水生动植物）| 捕杀捕捉并杀死 | 采办采购，置办 | 采编采访并编辑 | 采伐在森林中砍伐树木，采集木材 | 采访调查访问/搜集寻访 | 采摘摘取（花儿、叶子、果子）| 指摘挑出错误，加以批评 | 加重增加重量 | 撕毁撕破毁掉/单方面背弃共同商定的协议、条约等 | 畅谈尽情地谈 | 畅叙尽情地叙谈 | 吃透理解透彻。

二价动词后面带受事，会激活动词的动作性。比如：

(37) 成本降低～降低成本

(37-1) 宏观结构与微观组织的优化（系统整合高），意味着个人或角色间的关系亦有可能优化（不完全是正比关系），从而摩擦、冲突、紧张、内耗减少，合作**成本降低**，合作效益则成倍提高。（王宁《整合与克服拜金主义》）

(37-2) 国内企业应尽快集中开发技术，**降低成本**，翻新花样，努力搞好售后服务，发挥价格和服务的优势，勇敢投入竞争。（1993年《人民日报》）

(38) 产量提高～提高产量

(38-1) 1993年与1949年相比，粮食总产量增长7.6倍，平均亩**产量提高**8.5倍；棉花和油料产量分别增长3.5倍和24.5倍。（1994年报刊精选）

(38-2) 为实现石油市场的稳定，**提高产量**是十分必要的。（新华社2004年9月新闻报道）

(39) 支出减少～减少支出

(39-1) 去年城镇居民衣着消费**支出减少**了。全年人均消费328元，比上年减少1.3%。（1998年《人民日报》）

(39-2) 要发扬勤俭建国、勤俭办一切事业的优良传统，齐心协力，同舟共济，千方百计增加收入，**减少支出**，为更好地实现1994年国家预算而努力。（1994年《人民日报》）

表示结果的配价成分也有相似的作用。比如：

(40) 饺子包（　　）～包饺子

(40-1) 刘东北用筷子夹一个饺子放进嘴里，而今那**饺子包**得，味道比他妈妈的一点不差。（王海鸰《中国式离婚》）

(40-2) 回来后，4人分工，冯军和女儿**包饺子**，李桂霞和儿子做菜，很快就都完成了任务。（1994年报刊精选）

(41) 标本制作～制作标本

(41-1) 历时一年多的**标本制作**终于在日前完成。(新华社 2002 年 11 月新闻报道)

(41-2) 他利用待业的空闲时间，不是外出捕捉蝴蝶，就是在家**制作标本**，阅览科普书籍，作专业笔记。(1994 年报刊精选)

"饺子包得、标本制作"说的都是事实，"包饺子、制作标本"则表示动作进行。

3. 三价动词

三价动词可以分为两类。

第一，给予义动词。

三价动词，学界一致认可的是能带双宾语的给予义动词。比如"送"，涉及予者和受者，涉及予、受的对象，涉及给予的动作和接受的动作。给予和接受的具体动作隐藏在后面，而凸显的是物品让渡的转移过程。给予和接受都是动作，高一层说，让渡也是动作，只是比较抽象一点，不易看出其行迹。

第二，加工制作义动词。

这类动词除必须有施事以外，还可以有结果、工具、原材料这些语义角色中的两个角色。下面是主语为原材料的用例。

(42) **生米**已**做**成**熟饭**。(尤凤伟《石门夜话》)

(43) **几根篾棍**，一上一下的**编**出多少样**物事**，更是令人叫绝。(梁实秋《女人》)

(44) **同样的材料**谁也**炒**不出他的**味道**。(1996 年《人民日报》)

(45) **芹菜**王师傅**包饺子**了。[1]

(46) **那袋米**田大爷**煮**了**一锅粥**。

以上各例的"熟饭、物事、味道、饺子、一锅粥"都表示结果。

表示加工制作意义的动词，作为动作动词，表现出很强的动作性，除涉及施事以外，还涉及工具、原材料、结果。表示原材料的词语常见的是作主

---

[1] 例(45)和例(46)引自陈平. 试论汉语中三种句子成分与语义成分的配位原则[J]. 中国语文，1994 (3)：161-168.

语，在主谓谓语句中，可以是大主语，也可以是小主语。

（五）用于祈使

祈使是发出指令，要求对方行动，或按某种方式行动；劝阻一种行动，或劝阻某种行动方式。祈使是激活主体的主动作用，对动作或动作方式进行有选择的控制。动作动词用于祈使句，有一定的条件。

1. 直接用于祈使

第一，表示肢体动作的动词，可以独立形成祈使句。比如：

（47）邱建伟得意洋洋地大喝一声："**拉**！"（李佩甫《羊的门》）

（48）**举**！好，再**举**！再**举**！好极了，运行正常，陛下，这个门部件叫或门。（刘慈欣《三体》）

（49）康伟业说："**走**！回房间去。"（池莉《来来往往》）

（50）亏你还是个演员呢！怕什么，**跳**，**跳**！（顾也鲁《"干净"的英茵》）

（51）外赞礼官高声唱道："**跪**！"（姚雪垠《李自成》）

（52）"老三，**听**！"瑞宣以为是重轰炸机的声音。（老舍《四世同堂》）

（53）哎哟，李先生，可有阵子没见啦，您坐，**坐**！（苏叔阳《咖啡炸酱面》）

（54）马英跑上前喊道："**冲**！"（李晓明、韩安庆《平原枪声》）

以上各例分别是手部、腿部、耳朵、全身的动作，动词单独用作祈使。

第二，借助身外之物作为工具的，也可以独立构成祈使句。比如：

（55）用新手绢给这儿擦玻璃，才更够劲儿，来！**擦**！（老舍《女店员》）

（56）许百顺：我那叫全民皆兵！（动作）预备！用枪！防左，**刺**！防右，**刺**！（兰晓龙《士兵突击》）

（57）只听一阵轻轻的枪栓响，雷石柱又喊了声："**打**！"（马烽、西戎《吕梁英雄传》）

（58）"**砍**！"军官对龙骑兵的说话声几乎是耳语，于是，一个士兵突然恶狠狠扭曲着脸，举起一把钝马刀砍向韦列夏金的头部。（列夫·托尔斯泰《战争与和平》）

（59）不卖力者，**打**！放跑脱者，**杀**！皮鞭呼啸，刀光血影，好一派"忠贞不贰"的架势！（冯萱植《雪驹》）

"擦、刺、打、砍、杀"都须借助工具形成祈使，是命令采用特定工具进行某种动作。

2. 组成动词结构用于祈使

上面列举的动作动词，用于祈使的概率都很高。除此之外，有很多动词也可以用于祈使。比如：

(60) 你去**打听一下**，我什么时候吹过牛！（新华社2001年3月新闻报道）

(61) 让我把它干净利落地**捆扎起来**……（卡尔文《大脑如何思维》）

(62) 让我来给你**按摩一下**胳膊和后背吧。（石楠《生为女人》）

(63) 请江苏省委、淮阴地委、淮安县委负责同志认真**阅读一下**，坚决照中央文件精神办！（1998年《人民日报》）

(64) 老林，你**支持一下**。（1996年《人民日报》）

"打听、捆扎、按摩"等动作动词一般不单独用于祈使，"打听一下、捆扎起来、按摩一下"等用于祈使就很常见。"阅读、支持"等动作意义很不具体，但是组成动词结构就可以用于祈使。可见，组合成动词结构用于祈使，可以适用于较多的动作动词。

3. 非自主动作只能用于劝阻

非自主动作本身是无法控制的，不能用于祈使句。比如，下面这些动词就不能进入祈使句。

打晃儿（身体）左右摇摆站立不稳｜打转绕圈子；旋转｜跌摔｜跌跤摔跟头｜抖颤动；哆嗦｜抖颤发抖；颤抖｜抖动颤动｜发颤颤动｜发呆神情呆滞，或因心思有所专注而对外界事物完全不注意｜发抖由于害怕、生气或受到寒冷等原因而身体颤动｜发疯精神受到刺激而发生精神病的症状/比喻说话、做事出于常情之外。

这些动词只能用在"别、甭、不要"等后面进入劝阻的语境，才能表示制止某种情况出现。这在本章前面已经讨论过。

4. 祈使是动作动词的必要条件但不是充分条件

祈使句，表示促令一种动作开始进行，或引起主体注意控制自己的做法，不要做某个动作，或不要以某种方式做某个动作。祈使句表示的是对动作的期待，在这一点上，能进入祈使句凸显了动作动词的动作性。

上面的分析表明，动作动词进入祈使句，有的比较常见，有的却有一定的条件。越是肢体动作，用于祈使的概率越高；反之，动作越是远离最基本的生活需要，往往越要组成短语进入祈使句。越是口语词、常用动作动词，用于祈使的越多；反之，书面色彩浓的词，用于祈使的概率就低。

另一方面，表示心理活动的动词也可以进入祈使句。比如：

(65) 你想想，真到了那一天，我们这一代商人，我们，你和我，会做出怎样的成就！(朱秀海《乔家大院》)

所以，进入祈使语境的尽管基本是动作动词，但还不能说都是动作动词。

(六) 重叠

把重叠确定为动作动词的特点，也有覆盖面的问题。

1. 动作动词重叠是有条件的

朱景松先生对动词重叠式的语法意义的研究、对动词重叠的条件的系统考察形成的分析可供本书研究参考。根据朱景松先生的研究，动作动词中的自主动词重叠能力很强。[1] 朱文分析了《正红旗下》《编辑部的故事》(部分篇目)、《人到中年》以及《20世纪中国名家散文200篇》(下册)四种文本中动词重叠的情况。四种文本中出现重叠使用的动词有108个，下面都是其中的动作动词。[2]

看$_{80}$、想$_{24}$、点(头)$_{14}$、说$_{13}$、望、问、听$_{12}$、摇(头)$_{10}$、谈$_6$、拍$_5$、笑、写、翻(书)$_4$、帮、歇、找、玩、尝、瞧、摸、眨眼、帮忙$_3$、走、吃、动、洗、卖、掸、聊、过、凑$_2$、闻、睡、踢、敲、抓(头)、坐、指、站、穿、逛、做、闯、求、学、抢、劈、拉、数 shǔ、等、碰、斗、开(眼界)、蘸、改、称(重量)、转(身)、转 zhuàn、卷、遛、扳、散步、呕摸、打听、耸肩。

朱文认为，即便是动作动词，重叠仍然是有条件的：动词表示的动作必须表现为一个同质的过程，整个过程分不出更小的片段，或者整个过程由若干相同动作片段构成。

一个动词表示的动作能否表现为过程，有时与宾语有关。比如，"建立外交关系"是一个完结性行为，而"建立友谊"则可以通过不断努力来进

---

[1] 朱景松. 动词重叠式的语法意义 [J]. 中国语文, 1998 (5): 378-386.
[2] 词后面的阿拉伯数字下标表示四种文本中所见该词重叠的次数。

行，表现为过程。前一个短语中的"建立"不能重叠，后一个短语中的"建立"可以重叠。

动作动词重叠使用的概率与词义轻重也有关联。如果动作意义较轻，也没有庄重色彩，这样的动词往往可以重叠。例如：

帮忙、打听、调查、分析、割、鼓励、焊、化妆、看、劳动、请、扫、说、跳、听、问、洗、想、修理、休息、宣传、研究、栽、走、住、坐、做。

相反，词义较重，或具有景仰、庄严、尊崇、郑重等色彩的词，一般不能重叠。例如：

安葬、剥夺、查禁、缔造、奉劝、管辖、敬贺、抗议、铭刻、扭送、抨击、强攻、严惩、镇压。

下面是"起"打头的几个动作动词：

起兵 出动军队；发动武装斗争 | 起床 睡醒后下床（多指早晨）| 起飞（飞机、火箭等）开始飞行/比喻事业开始上升、发展 | 起哄 胡闹；捣乱（多指许多人一起）/许多人向一两个人开玩笑 | 起跑 赛跑时按比赛规则在起点做好预备姿势后，听到发令开始跑 | 起身 动身/起床/身体由坐、卧状态站立起来 | 起跳 跳高、跳远、跳水时开始做跳跃动作 | 起运（货物）开始运出（多指运往外地）。

"起哄"可以说成"起起哄"，"起床、起身"偶尔也可以重叠，但是其余的就不大能重叠了。

下面也是些动作动词，重叠能力也有差别。

游荡 闲游放荡，不务正业/闲游；闲逛 | 游逛 游览；为消遣而闲走 | 游击 流动作战，分散而灵活地袭击（敌人）| 游街 许多人在街上游行，多押着犯罪分子以示惩戒，有时拥着英雄人物以示表扬 | 游览 从容行走观看（名胜、风景）| 游水 在水里游；游泳 | 游玩 玩耍/游逛 | 游行 行踪无定，到处漫游/广大群众为了庆祝、纪念、示威等在街上结对而行 | 游泳 人或动物在水里游动/体育项目之一，人在水里用各种不同的姿势划水前进或进行表演。

上面这些动词，"游荡、游逛、游览、游水、游玩、游泳"重叠的可能性比较大。而"游击、游行"是很郑重的动作，不大说"游击游击、游行游行"；"游街"一般表示沉重的话题，重叠使用的概率也较低。

2. 少量非动作动词可以重叠

一部分不表示动作而表示消极后果（包括带宾语以后表示消极后果）的动词，可以进入表示重叠的句子。比如：

吃亏、出丑、跌、丢丑、丢脸、丢面子、丢人、害怕、碰壁、碰钉子、上当、委屈、知道（厉害）、走（弯路）。

另一部分不表示动作而表示变化、表示无法控制现象的动词，有时也可以重叠。比如：

（风）吹、（风）刮、（雪）化、回升、咳、烂、流、漂、（太阳）晒、淌、吐 tù、退化、锈、演变、演化、氧化、涨。

下面是一些动作动词重叠的用例。

(66)《园艺史话》恰恰在"史料""常识""逻辑"三方面都出现了不少的错谬。贾老发现了它，满腔热情地加以指正，有理有据，令人信服。难道是为了让编著者**出出丑**吗？我相信不会的。(戎椿年《关痛痒的品书录》)

(67) 瑞丰扬着小干脸，走几步便伸开胳臂，使凉风**吹吹**他的夹肢窝，有点飘飘欲仙的样子。(老舍《四世同堂》)

(68) "如果我通情达理的话，就应该像许许多多的人一样，为了你们的'好意'，**委屈委屈**自己。可我，办不到……"(陈建功、赵大年《皇城根》)

(69) 这个宇宙最初的可能就是从一个原始的原子诞生的，然后这个原子**演变演变**最后演变成现在的宇宙。这就符合这个物理规律，这个熵是不断增加的。(何香涛《宇宙是从大爆炸中诞生的吗》)

(70) 他并没成心背地里给白巡长使坏，可他得让日本人**知道知道**，他是真想帮他们拉朋友的。(老舍《四世同堂》)

综上，虽然多数动作动词可以重叠，而且，动作性强弱与重叠的概率平行，但也确有一些动作动词不能重叠，或重叠使用的概率较低。相反，某些非动作动词，也有重叠用例。因此，用重叠作为标准，只能确定一部分动作动词。不能因为可以重叠一概分析为动作动词，也不能因为不能重叠或重叠能力不强而排除出动作动词的范围。

(七) 时态

动作动词的特点突出表现在时态上。动词与"在、正、正在"或"着"

结合表示此时此刻（现在）进行的动作，与"已经、曾经"或"了、过"结合表示过去已经完成的动作，与"马上、将（要）"等结合表示未来的动作。最能体现动作特点、具有最强动作性的动作是此刻进行的。动作动词的一小部分，即瞬间动作动词表现严格意义上"现在"的动作，时长最接近恩斯特·波佩尔所说的"现在"（3秒），因而最能显现动作动词的动态特点。

下面是瞬间动作动词的例子。为了便于分析，分 A、B 两组列举。

A组：扳使位置固定的东西改变方向或转动｜拌搅拌；搅和｜簸把粮食等放在簸箕里上下颠动，扬去糠秕等杂物｜擦把瓜果等放在礤床儿上来回摩擦，使成细丝儿｜抽打（多指用条状物）｜捶用拳头或棒槌敲打｜刺尖的东西进入或穿过物体｜捣用棍子等的一端撞击｜瞪用力睁大（眼）｜掂用手托着东西上下晃动来估量轻重｜剁用刀向下砍｜擀用棍棒来回碾（使东西延展变平、变薄或变得细碎）｜掼握住东西的一端而摔另一端｜砍[1] 用刀斧等猛力切入物体或将物体断开｜抠雕刻（花纹）｜挠（用手指）轻轻地抓｜刨 páo 使用镐、锄头等向下、向里用力｜敲击打物体，使发出声音｜弹用手指、器具拨弄或敲打，使物体振动｜踢抬起腿用脚撞击｜舔用舌头接触东西或取东西。

B组：按用手或指头压｜按压向内或向下压｜摁（用手）按｜揪紧紧地抓；抓住并拉｜举往上托；往上伸｜噘翘起（嘴唇）｜掐用手的虎口紧紧按住｜抬往上托；举｜托手掌或其他东西向上承受（物体）｜握五指拳曲聚拢或用手指把东西固定在手里｜捂遮盖住或封闭起来｜衔用嘴含｜压对物体施压力（多指从上到下）｜扬高举；往上升｜指（手指头、物体尖端）对着；向着。

瞬间动作动词表示的动作不能持续，但可以重复。与 A 组不同的是，B 组动词表示的瞬间动作一旦进行即造成一种动作的状态，类似一种造型。

A、B 两组动词的差异，在动态上也有不同的表现。

1. 关于"在、正、正在"和"着"的理解

一般的工具书，解释动词后面的"着"和动词前面的"正/正在"，都持表示"正在进行"的主张。相比而言，《现代汉语词典》（第 7 版）的解释更确切一些：

［在］⑧副 正在：风～刮，雨～下｜姐姐～做功课。（第 1629 页）

［正］⑱副 表示动作的进行、状态的持续：～下着雨呢。（第 1670 页）

［正在］副 表示动作在进行或状态在持续中：～开会｜温度～慢慢上

升。(第1673页)

[着]〔助〕①表示动作的持续：他打～红旗在前面走｜他们正谈～话呢。②表示状态的持续：大门敞～｜茶几上放～一瓶花。(第1661页)

《现代汉语词典》对4个词的释义，都特别指明动作或状态在持续。这样解释十分精细、准确。

2. 瞬间动作动词的动态表现

第一，"在、正、正在"与瞬间动作动词的组合。

"在、正、正在"都含有"持续"的语义因素。上面列举的A类瞬间动作动词表示的瞬间动作与"在、正、正在"表达的意义正好相背，是不持续的。语言事实正是这样。当它们组合的时候，不是A类瞬间动作动词本身单独一次动作的持续，而是这个动作重复多次形成的持续。下面看这类瞬间动作动词与"在、正、正在"组合的用例。

(71) 韶华用右手**在戳**自己左边肩下的手臂，身体摇晃，前后摇晃……(三毛《滚滚红尘》)

(72) 胡同里，每家都**在剁**饺子馅儿，响成一片。(老舍《正红旗下》)

(73) 河南妈从后园子里割了韭菜回来，见媳妇**正剁**肉，忙夺过刀来说……(浩然《新媳妇》)

(74) 两腮一凸一凹的大概是**正嚼**着东西。(老舍《二马》)

(75) 屏幕上，一群手执红旗的舞蹈者**正在蹦来蹦去**。(礼平《晚霞消失的时候》)

(76) 一位**正在捻**羊毛的大约60岁的老人见了穿军装的我，嘴里不住地发出"金珠玛米"之声，惊喜非常，给我敬青稞酒。(曾有情《无人区神秘"烈士"的传奇》)

"在戳、在剁、正剁、正嚼、正在蹦来蹦去、正在捻"表示的都是连续动作，是瞬间动作的重复。

第二，瞬间动作动词与"着"的结合。

A类瞬间动作动词形成的"V+着"表示动作重复，不是一次性动作。比如：

(77) 他一路**吹着**口哨，吹的是四季相思调。(陆文夫《人之窝》)

(78) 仿佛胸际有些疼痛、窒塞，她轻轻地**捶着**胸，从桌上拿起那本《日出》，在沙发上睡下。(曹禺《日出》)

(79) 祁老人用颤抖的手指**戳着**自己的胸口。(老舍《四世同堂》)

(80) 她不笑了，话也不甜了，像菜刀**剁着**砧板似的笃笃响着说："不管你什么时候来，横竖到今午十二点为止，都收一天钱。"(高晓声《陈奂生上城》)

(81) 王金娣得意洋洋地**啃着**苹果。(张克辉《云水谣》)

"吹着、捶着、戳着、剁着、啃着"都不是瞬间即停的动作，而是动作的持续进行。换句话说，如果 A 类真正表示一次性的瞬间动作，就不能形成"V+着"。

B 类瞬间动作动词形成的"V+着"是另一种情形。必须重申，这些确实是瞬间动作动词，可以经受"下$_1$"（表动量）的检验：

(82) 再用手指**按压**几下……(郑悠然《It Girl 身体保养 100 分》)

(83) 仅仅**比划**几下，就轻而易举地把最令大家看中的第一块金牌装进了自己的口袋。(1994 年报刊精选)

(84) 迅速用双手向其腹腔猛**压**：一下，两下，三下——"卟"的一声，那块软骨终于从菲尔德嘴里喷了出来。(刘小狄《海姆里西救生术》)

(85) 用手往里面一间房间**指**了两下。(白先勇《孽子》)

与 A 类瞬间动作动词不同，这一类瞬间动作动词形成的"V+着"不表示动作重复，而表示一次动作状态的延续。

(86) **按着**心口窝说胃不舒服。(权延赤《红墙内外》)

(87) 他来了，胳臂底下**夹着**一本书。(吕叔湘《语言作为一种社会现象》)

(88) 对方**举着**枪，瞪红了眼睛。(冷夏《澳门首富何鸿燊》)

(89) 一句话说得叶民主和小邨都**捂着**嘴笑了……(方方《埋伏》)

(90) 张店风一听，咬牙切齿地**指着**张家玉说……(陈桂棣、春桃《中国农民调查》)

"按着、夹着、举着、捂着、指着"都是一次形成的状态，是动作的姿态。

B 类瞬间动作动词表示的动作造成特定状态的，不仅可以与"着"组合

形成"V+着",也可以同时使用"正"形成"正+V+着"。比如:

(91) 舒云**正扶着**于青跨过一断倒下的木头,说……(白帆《寂寞的太太们》)

(92) 梁大牙**正举着**驳壳枪朝枪口上哈气。(徐贵祥《历史的天空》)

(93) 几个士兵**正握着**话筒,用不熟练的汉语喊话。(党自强《中越"梁祝"生死情》)

(94) 她停了下来,见四周同学**正捂着**嘴笑。(铁凝《大浴女》)

(95) 工匠打扮的丈夫刚刚进门,**正指着**老婆在发难。(黄梅《女人与小说》)

"正扶着、正举着、正握着、正捂着、正指着"都是一次性的瞬间动作动词,表示的动作一旦开始便可以用特定姿态持续,不改变状态,成为一种定型。换句话说,B类瞬间动作动词形成的"V+着"或"正+V+着"表示的是一次性瞬间动作形成的状态的持续,不是动作的重复进行。

按照一般语感,带"着"的动词,与"在、正、正在"组合的动词表示的都是动作此时此刻在进行。而以上分析表明,瞬间动作是严格意义上此时此刻的动作,是动作性最强的。一旦推进到与"在、正、正在"组合的语境,推进到带"着"的语境,都在不同程度上把"现在"从严格心理学意义上的时长拉向一般自然语言意义上来理解,其动作意义(强度)是逐步稀释的。

邵敬敏说道,"'动量'是一个十分重要的语义范畴,它是动词的动作性的一种具体表现。动作越具体,动作性越强"[1]。瞬间动作动词动态折射出来的特点表明,动作经历的时间越短暂,动作也就越具体,动作性也就越强。瞬间动作具有动作动词的最基本特点。

三、动作动词特点概述

现在笔者可以对动作动词做一个概括叙述:

动作动词必须由作为主体的人充当施事,一般可以与表示受事/与事/原材料/结果等的名词组合。可以是肢体直接运作,也可以通过介词"用"引进工具、方式方法或手段(有时这些成分可以直接与动词结合)。动作动

---

[1] 邵敬敏.动量词的语义分析及其与动词的选择关系[J].中国语文,1996(2):100.

一般是自主动词，所以重叠能力强，可以用于祈使句；一部分动作动词是非自主的，这样的动词用于祈使句主要采用否定形式，告诫主体加强控制，避免某种情况发生。动作动词都能在"现在"这个时间维度展开。"现在"的长度不等，经历的时间越短，所表现的动作越接近人的肢体动作，表现的动作性越强。动作动词作为一个集合，是基于原型成员的大家族。

第三章

动作动词的原型范畴分析

从上文的分析中我们可以看到,用动作动词各项语法特点来对照,不同的动作动词存在明显的差异。有的重叠能力很强;有的重叠能力较弱,需要在特定语言环境下才能重叠使用。有的出现在"别"的后面很常见,有的则要在特定语境下才能这样用。所以,动作动词这个集是一个原型范畴。在这个集中,体现动作意义最明显的是动作动词的原型;而动作意义比较模糊的动词则是外围成员。从典型的动作动词,到最外围的成员,有一个过渡地带。

一、不同平面的动作与动作动词

最基本的动作是最简单、最起码的动作,是肢体、躯干乃至全身的运作。随着人类能力的增长、需求的多样和应对外部世界手段的增多,动作也趋于复杂、深广、精细和种类繁多;与这种情况平行,动作动词逐步发展,不仅数量增加,动词的表意范围也逐步推广、深化和细化。不过,无论是表示简单动作的动词,还是表示复杂动作的动词,说到底,都是以人的肢体乃至身体动作为基础的。以复杂动作为内涵的动词,表示的是简单动作的组合、概括或抽象化。如果着眼于动作动词表示的动作与肢体、身体这些动作的关联,那么与动作有关因素的关联,大致有以下的情形。

(一) 基本动作动词

基本动作都是简单动作,由肢体或身体其他部位直接地自动运作(有意的,甚至是本能的),以维系最基本的生存需要,不借助身外之物的工具。比如:

(1) 因此饮食要慢,慢慢嚼、慢慢咽,宁可少量多餐,也不可暴饮暴

食。(《给老爸老妈的100个长寿秘诀》)

(2) 小贩走后,我**掏**出烟**叨**一支,让老邱和燕生自己**拿**,一边又随意**看**了眼小贩匆匆而去的背影,……(王朔《橡皮人》)

(3) 虚弱的小何被高建成猛地一**推**,**抓**住树枝得救了,高建成却被洪流挟卷而去……(1998年《人民日报》)

(4) 那些跑来稍迟的,看不清闯王的面孔,有的用力往前**挤**,有的**踮**着脚尖拉长脖子**望**,有的**爬**到大的石头上。(姚雪垠《李自成》)

(5) 小顺儿和妞子都用双手**捧**着那块点心,小妞子乐得直**吸气**。小顺儿已经**咬**了一口,才问:"这是五毒饼呀!有毒啊?"(老舍《四世同堂》)

基本动作动词反映人的活动最低限度的需求,离不开肢体直接动作,显得动作性很强、很具体。

(二)拓展动作动词

拓展动作是指借助工具或其他对象,或展现动作状态及相关条件的动作,是在人类基本动作之外"增益其所不能"的动作,增添了完成基本动作的相关要素。拓展了的动作加在基本动作之上的是工具、方式方法、涉及对象等要素。表示拓展动作的动词反映了人类需求的增长,也反映了人类相关能力的增长。

1. 拓展到工具:绑

[绑] 用绳、带等缠绕或捆扎。(第40页)

"绑"主要是主体的手部动作,但仅仅用手是无法"绑"的,需要工具,而且这样的工具必须是长形的、软的、可以缠绕的,绳子、带子是进行捆绑的典型工具。工具融入了词义之中。

2. 拓展到原材料:编

[编] 把细长条状的东西交叉组织起来。(第76页)

"编"也是手部动作。但是,这是一个加工的过程,手部动作加于原材料之上,才能施行编的动作。"编"这种动作暗含着使用某种工具,只是不那么直接。

3. 拓展到方式:静坐

[静坐] ①排除思虑,闭目安坐,是气功疗法采用的一种方式。②为了

达到某种要求或表示抗议安静地坐着。(第695页)

"静坐"无论是一种健身方式,还是一种斗争手段,首先是"坐"着,是身体的基本动作。"静"作为状态方式,融入这个动词里。

4. 拓展到结局:割断

[割断] 截断;切断。(第438页)

"割断"中的"割"是动作,"断"表示"割"的结局。当然,"割"本身已是拓展动作动词,是手部动作借助工具(刀具)进行的。

(三)协同动作动词

协同动作比基本动作要复杂。所谓"协同"可以是肢体几个相关部位的配合动作,也可以是多个主体共同进行的动作。

1. 口部动作协同:吃

[吃]¹①动 把食物等放到嘴里经过咀嚼咽下去(包括吸、喝)。(第171页)

摄取食物是人类维持生命的最重要条件之一。"吃"看上去是上文分析的基本动作,其实是口腔内多部位协同运作的结果,粗略说由手和口、牙齿、咽部协同进行:

过程1:把食物放到嘴里(往前延伸,还得突破口部,先用手拿起来)。

过程2:咀嚼。

过程3:咽下去。

2. 全身动作协同:追捕

[追捕] 追赶捉拿。(第1726页)

"追赶"首先是人位置的改变,靠腿脚奔跑,或借助交通工具。而"捉拿"主要是手部动作。

3. 双方协同:买

[买] 拿钱换东西。(第870页)

"买"作为交易过程,至少由交易双方完成。买方表达购进的意愿,并支付一定的价值,获得所购之物;卖方愿意让渡,交出出售的物品,获得货币。

4. 多方协同：合奏

［合奏］几种乐器或按种类分成的几组乐器，分别担任某些声部，演奏同一乐曲，如管乐合奏。（第525页）

释义字面说的是几种乐器，或几组乐器的"合奏"，实际是多个演奏家弹奏各自的乐器，多个主体协同，共同演奏同一乐曲。

（四）组合动作动词

组合动作是几个动作先后进行的。

1. 抄报

［抄报］把根据原件抄录或复制的副本报送给上级有关部门或人员。（第151页）

"抄报"由两个动作合成：一是"抄"，即制作副本；二是报送。再往前追溯，"抄"和"报"又是通过基本动作来完成的。

2. 飞吻

［飞吻］先吻自己的手，然后向对方挥手，表示吻对方。（第375页）

"飞吻"分几个过程完成：吻自己的手，向对方挥手，中间还包含着看着对方，加上面部的善意的表示。

3. 点击

［点击］移动计算机鼠标，把鼠标指针指向要操作的地方并用手指按动鼠标上的按键。（第292页）

"点击"这种动作，操作过程之一是移动鼠标，过程之二找到显示屏特定地方，过程之三鼠标箭头移到特定地方，过程之四按键。

4. 缂丝

［缂丝］我国特有的一种丝织手工艺。织时先架好经线，按照底稿在上面描出图画或文字的轮廓，然后对照底稿的色彩，用小梭子引着各种颜色的纬线，断断续续地织出图画或文字，同时衣料或物品也一起织成。（第742页）

"缂丝"作为一种工艺，需要经过多个步骤，也就是要由多个过程的动作组成。简化了说，步骤之一是架好经线，步骤之二是描出图画或文字轮廊,步骤之三是引纬线织。每一个步骤,或通过基本动作,或通过拓展动作,或通过协同动作来进行。

(五) 综合动作动词

表示综合动作的动词,本身并不是具体动作,而是指一组相关动作,或者体现为相关的几种动作,可以分别成为几个具体动作。

1. 推拿动作:按摩

[按摩] 用手在人体的一定部位上推、按、捏、揉等,以促进血液循环,增加皮肤抵抗力,调整神经功能。(第10页)

试观察一个例句:

(6) 用双手拇指、食指循耳郭自上而下**按摩**20次(拇指在耳郭后,食指在前);再用同样方法**按摩**耳垂30次,以耳部感觉发热为度。(《养生与健美方法100例》)

"按摩"是"推、按、捏、揉"等多种具体动作的综合表达。而用拇指、食指对耳郭、耳垂进行操作,仅仅是"捏"或"揉",不可能同时进行"推"和"按"。这是"按摩"的部分操作。

2. 农业劳动:耕作

[耕作] 用各种方法处理土壤的表层,使适于农作物的生长发育,包括耕、耙、锄等。(第446页)

"耕作"是对耕、耙、锄等农活的综合表达。仅仅"耕地"也可以称耕作。"耕作"并不是一种具体的农事操作。

3. 人际交往:行礼

[行礼] ①致敬礼,如鞠躬、举手、作揖等。(第1466页)

向人鞠一个躬是行礼,作一次揖是行礼。"行礼"通过多种表示敬意的具体操作体现出来,是多种动作的概括表达。

4. 工程:掘进

[掘进] 在采矿等工程中,开凿地下巷道,叫作掘进。通常包括打眼、爆破、通风、清除碎石、安装巷道支柱等。(第714页)

"掘进"包括多种具体操作，每一个动作都是"掘进"的组成部分。

(六) 概括动作动词

"办、干、搞、弄、做"这些动作动词，可以代替多个具体的动作动词。下面是这些词的释义和一些用例。

1. 办

[办] ①办理；处理；料理。②创设；经营。③采购；置备。④惩治。（第 36 页）

办户口｜办教育｜办小学｜办初中｜办好高等教育｜把学校办成一个"雏形社会"｜办好一批重点大学｜人民教育人民办｜义务教育政府办｜办刊物｜办招商局｜在大沽口办交涉｜两大新政都是应该早办的｜现在没时间去办｜办更多的实事｜明知道不好办，但也得勉强办｜事情就更不好办了｜什么事都依法办｜用这笔钱办了一些企业｜办不到｜可以办到｜不容易办到｜把该所办成东西方马克思主义的联结点｜工作都已办妥了。

2. 干

[干]² ①做（事）。③担任；从事。（第 426 页）

真抓实干｜干什么｜到实践中干｜一干就是 30 年｜他们干他们的事｜干不正当的事情｜干好每一件事｜快一点干完｜和黑格尔对着干｜你用原子弹去干什么｜有些事情就不能干｜决不会这样干｜扫地挑水也干过｜地方政治干得好，天下就太平｜向他建议干个体｜干什么事都应坚持｜踏实肯干｜干得好不如嫁得好｜木匠问侯爷看书干什么｜这家伙干了错事｜拿多少钱干多少活｜审计到底是干什么的｜干审计的叫会计师。

3. 搞

[搞] ①做；干；从事。②设法获得；弄。（第 435 页）

搞政治｜搞哲学｜搞历史｜搞语言学｜搞科学｜搞工程｜搞方言调查｜搞科学社会史｜搞农业｜搞导弹｜搞宗教改革｜搞活动｜搞好服务｜搞激励机制｜搞风水迷信｜搞特殊化｜搞好学习｜搞素质教育｜搞数学推导｜搞发展｜搞储蓄大搬家｜搞"一刀切"｜搞因材施教｜大搞题海战术｜搞毁林开荒｜搞清楚｜搞明白｜搞懂｜你搞不好｜搞得很郁闷。

4. 弄

[弄] ②做；干；办；搞。③设法取得。④耍；玩弄。（第 962 页）

弄饭吃｜弄清史学研究的特点｜太监就慢慢地弄了权｜弄脏双手｜为我弄书｜弄错｜

弄懂｜弄清楚｜弄明白｜弄坏了｜弄糊涂了｜弄来了｜弄不到｜弄不来｜弄通其前因后果｜弄清许慎六书说的原意｜弄成薄父母而厚别人｜弄得更惨｜弄坏身体｜弄颠倒了｜弄得有名无实｜弄得不可收拾｜怎么弄到的｜弄湿了的羽毛｜弄得精疲力竭｜弄晕了头脑｜弄不好会带来重大政策失误。

5. 做

[做] ①制造。②写作。③从事某种工作或活动。④举行庆祝或纪念活动。⑤充当；担任。⑥当作。⑦结成（某种关系）。⑧假装出（某种模样）。（第1759—1760页）

做作业｜做实验｜做笔记｜做人｜做项目｜做文章｜做报告｜做贡献｜做合理安排｜做进一步的改进｜做总体设计｜做如下概括｜做深度研究｜做工作｜做不到｜做出反应｜做好工作｜做出判断｜做出贡献｜做出违背常理的事情｜做好教育工作｜做出突出贡献｜做出积极回应｜做出适度的反应｜做出良好范例｜做得得心应手｜做到胜不骄、败不馁｜做到在科学性上准确无误｜你会怎样做？｜对教学目标做统一要求｜人们常说"做人"，说明人是在"做"中才成就为人的｜应该做的事情｜做事求好、求精。

"办户口"就是登记户口；"扫地挑水也干过"，"干"就是做扫地挑水的事；"弄饭吃"，"弄"就是做（饭）；"搞哲学、搞历史、搞语言学、搞科学"，"搞"是指"研究"；"做作业"就是写作业，"做实验"要进行多种操作；等等。比较起来，"登记户口、扫地、挑水、写"都是非常具体的动作，"研究"的意义相对还算具体。可见，"办、干、搞、弄、做"这些动词虽然也表示动作，但是所表示的动作都比较宽泛，能替代许多动作动词，表示的具体动作不十分确定。

综上，所有动词表示的动作，其底层都是肢体、躯体或全身动作，都建立在基本动作之上。动作逐步复杂，是动作有关要素的积累，是基本动作的叠加，这就使基本动作一步一步被覆盖。

二、动作动词（义项）是原型范畴

不同的动词，动作性有强有弱；同一个多义动词，不同义项显现的动作性有强有弱。基于这一状况，我们说动作动词（义项）是原型范畴。

（一）词与词之比较

通过上文的分析，表示基本动作的动词无疑是动作性最强的动词，在此基础上形成的动词,其动作性相对较弱,或逐步减弱。

1. 单音节动词与双音节动词之比较

单音节动词多表示基本动作,比较起来,相应的双音节动词动作性要弱一些。下面是几组词的比较。

第一组:"背 bēi"与"背负"

［背］①(人)用脊背驮。②负担;承担。(第 53 页)

［背负］①用脊背驮。②担负。(第 53 页)

"背①"与"背负①"意思差不多,但"把柴火背回家"比说"把柴火背负回家"要自然。我们可以说"背!""别背!""背背",但不大说"背负!""别背负!""背负背负"。

"背②"与"背负②"意思差不多。但是,"背负"的宾语所指比较广泛、比较抽象,"重任、使命、理想、风险、痛苦"等这些宾语就不大能用在"背②"的后面。

第二组:"蹦"与"蹦跶"

［蹦］跳。(第 65 页)

［蹦跶］蹦跳,现多借指挣扎。(第 65 页)

"蹦"可以是一次性动作,可以用不同姿势进行;"蹦跶"多指挣扎,意义要宽泛得多,不能指一次性动作。

第三组:"催"与"催产/催眠/催熟"

［催］叫人赶快行动或做某事。(第 223 页)

［催产］①用药物或其他方法使母体的子宫收缩,促使胎儿产出。②促使事物发生或形成。(第 223 页)

［催眠］对人或动物用刺激视觉、听觉或触觉来引起睡眠状态,对人还可以用言语的暗示引起。(第 223 页)

［催熟］①用物理、化学等方法促使植物果实加快成熟。②指使人或事物过早地成熟。(第 224 页)

"催"主要用言语,必要时辅以某些肢体动作,可以说"催!""催催他!""别催!"等。"催产、催眠、催熟"都不是简单的肢体动作能够奏效的，得采用特殊的措施，这三个双音节动词很难简单地用于祈使，很少重叠。

第四组："掺"与"掺杂"

[掺] 把一种东西混合到另一种东西里去。（第140页）

[掺杂] 混杂；使混杂。（第140页）

"掺"是手部动作，辅以必要的工具，涉及的都是具体的物件，是主动动作。"掺杂"表示主动动作时，涉及的可以是具体物件，也可以是抽象的东西。比如：

华裔科学家用氯化碘**掺杂**碳-60，制成空气稳定的超导体｜在交售的棉花中，故意**掺杂**使假｜在他的爱里已经**掺杂**着某些自私和虚构的成分。

双音节的"掺杂"还可能越出主体的范围，表示非主体控制的情况，不再表示具体动作。比如：

熬得稀烂的蚕豆和土豆泥**掺杂**着一些煮得半生不熟的鸡块｜大量的工业废水**掺杂**着有毒物质。

2. 不同单音节动词之比较

不同的单音节动词，其动作性也有强有弱。

基本动作中，与人其他器官的动作相比，肢体动作更明显，比如四肢的动作、躯干的动作、头部动作，直观性强；而"说、看、听"等由于缺少明显的位移特征，直观性较差；更不要说进行思考的动作，别人是无法看到的。所以，表示肢体舞动的动词，动作性较明显；表示听说的动词，动作性不怎么明显；表示思考的动词，动作性最不明显。

就肢体动作而言，用身外之物作为工具的动作，动作性较强；而采用某种手段、方法进行的动作，动作性相对较弱。

下面是几组单音节动词的比较。

第一组："掰"和"摆"

[掰] 用手把东西分开或折断：～玉米｜～成两半儿｜～着手指头数数儿。（第23页）

[摆]¹ 安放；排列：把东西～好｜河边一字儿～开十几条渔船。（第30页）

"掰、摆"都与手部动作有关,但是"掰"是单一肢体(手)的动作,涉及的对象都比较具体。"摆"既有手部动作,也有人体其他部位的协同;涉及的对象可以是单一的具体物件,也可以是大型的对象。

第二组:"做"和"办"

[做]①制造:～衣服。②写作:～文章。③从事某种工作或活动:～买卖。④举行庆祝或纪念活动:～生日。⑤充当;担任:今天开会由他～主席。⑥当作:这篇文章可以～教材。⑦结成(某种关系):～朋友。⑧假装出(某种模样):～样子。(第1759—1760页)

[办]①办理;处理;料理:～公｜～交涉｜～入学手续｜这些事好～。②创设;经营:～工厂｜勤俭～一切事业。③采购;置备:置～｜～货｜～嫁妆｜～了几桌酒席。④惩治:～罪｜严～｜首恶必～。(第36页)

相比而言,"做"从肢体动作开始向外引申,可以表示比较具体的动作,涉及比较具体的对象。"办"的词义起点就是组合动作,从而引申到涉及范围较广、比较抽象的对象。

3. 有相同单音节形式的双音节词之比较

举例来说,多个双音节动词都包含同一个单音节形式时,因为单音节动词各义项的动作性有差异,取单音节动词不同义项构成双音节动词的动作性就有差异。

例一,由"编"构成的双音节动词。

单音节动词"编"有5个义项:①把细长条状的东西交叉组织起来。②把分散的事物按照一定的条理组织起来或按照一定的顺序排列起来。③编辑。④创作(歌词、剧本等)。⑤捏造。(第76页)

义项①是手部动作,以下几个义项都逐渐远离手的具体动作,动作对象更加多样,"编"的动作性也逐渐减弱。下列由"编"打头的双音节词,依次取"编"的各个义项构成,动作性也依次减弱。

"编织、编结、编制①、编缀①"用"编"的义项①。

"编程、编次、编队、编列①、编排①、编遣、编号、编码、编目、编年、编造①、编组"用"编"的义项②。

"编订、编发、编辑、编校、编列②、编录、编审、编写、编修、编选、编译、编制②、编缀②、编纂"用"编"的义项③。

"编创、编导、编绘、编剧、编排②、编舞、编演、编造②、编著、编撰"用"编"的义项④。

"编派、编造③"用"编"的义项⑤。

粗略地说，以"编"的义项①组成的双音节动词更近于肢体动作，动作性相对较强，以其他义项组成的双音节词动作性逐渐减弱。

例二，由"采"构成的双音节动词。

单音节动词"采"有4个义项：①摘（花儿、叶子、果子）；②开采；③搜集；④选取，取。（第119页）

义项①是手部动作，以下几个义项都是逐渐远离手的直接动作，动作对象也逐步扩大。双音节词里表现的"采"的手部动作也逐步减弱。

"采收、采撷、采摘、采制、采种"用"采"的义项①。

"采伐、采掘、采矿、采油"用"采"的义项②。

"采办、采编、采访、采风、采光、采集、采景、采录、采写、采血、采样"用"采"的义项③。

"采购、采买、采纳、采暖、采取、采认、采信、采用、采择"用"采"的义项④。

与第一例类似，以"采"的义项①组成的双音节动词基本体现手部动作，动作性相对较强；以"采"的其他义项组成的双音节动词，动作性逐步减弱。

不同双音节动词动作性的比较还有更多情况，这在上编第四章再具体讨论。

（二）动作动词义项之间的比较

1. 单音节词里的义项比较

现代通用的词典虽然不是词源性词典，但是一部好的词典通常都把一个词较早的意义放在前面，然后依次列举后起的意义。只要看词典对单音节词释义时义项的排列，就可以见到各义项动作性的差异。下面是《现代汉语词典》（第7版）对"安、按、拔、扳、推"这几个词的释义（取动作义）。

[安]¹⑥动安装；设立：～电灯。⑦动加上：～个头衔。⑧动存着；怀着（某种念头，多指不好的）：你～的什么心？（第6页）

［按］[1]①动用手或指头压：～电铃。②动压住；搁下：～下此事不说。③动抑制：～不住心头怒火。（第10页）

［拔］①动把固定或隐藏在其他物体里的东西往外拉；抽出：～草。②动吸出（毒气等）：～罐子。③挑选（多指人才）：选～。④动向高提：～嗓子。⑥动夺取；攻克（据点、城池等）：连～敌军三个据点。⑦动把东西放在凉水里使变凉：把西瓜放在冰水里～一～。（第18—19页）

［扳］动①使位置固定的东西改变方向或转动：～着指头算天数。②把输掉的赢回来：客队经过苦战，～回一球，踢成平局。（第32页）

［推］①动向外用力使物体或物体的某一部分顺着用力的方向移动：我～了他一把。②动（推磨）磨或（推碾子）碾（粮食）：～了两斗荞麦。③动用工具贴着物体的表面向前剪或削：～头。④动使事情开展：～广。⑤动根据已知的事实断定其他；从某方面的情况想到其他方面：～己及人。⑥动让给别人；辞让：既然大家都选你，你就别～了。⑧动推迟：开会日期往后～几天。⑨推崇：～重。⑩动推选；推举：大家～老张担任小组长。（第1330页）

上面5个单音节动词的释义表明，每一个词的几个义项，从前往后，动作性逐渐减弱。各义项的动作性是不完全一样的。

2. 双音节词里不同义项的比较

词典关于双音节动词的释义，同样保留了上述特点。比如：

［锤打］①用锤子敲打：～铁钉。②锤炼①：要经得起艰苦生活的～。（第208页）

［打造］①制造（多指金属器物）：～农具。②创造或造就：～优质名牌。（第237页）

［掂量］①掂：他～了一下西瓜，说有八斤来重。②斟酌：事情就是这些，各组回去～着办得了。（第290页）

［攻击］①进攻：～敌人阵地。②恶意指责：进行人身～。（第455页）

［轰击］①用炮火等攻击：～敌人阵地。②用质子、中子、α射线或阴极

射线等撞击元素的原子核等。(第537页)

上面这5个双音节动词,义项①都是这个词的最早用法,其意义中体现了靠近基本动作,义项②则是义项①的引申意义或比喻意义。

标示比喻意义的义项,相对于本来意义而言,其动作意义的减弱还可以拿明白标示比喻意义的例子来说明。比如:

[洗牌]①玩牌时,每轮开始前把牌原来的顺序打乱,重新加以整理。②比喻打乱旧局面、旧秩序,重新整合。(第1404页)

[烧香]①信仰佛教、道教或有迷信思想的人拜神佛时把香点着插在香炉中,叫烧香。②比喻给人送礼,请求关照。(第1149页)

上面两个词,义项①是本义,都是肢体或全身动作;义项②是比喻义,离肢体或全身动作较远。比喻的要领是比喻义与本义有极高的相似性。相似点是通过联想提取出来的,越是抽象、概括,相似的特点才越能显现。"洗牌"两个义项的相似性表现在"重新组合","烧香"两个义项的相似性表现在"恭敬地无偿奉献"。比喻意义不在肢体动作这个具体层面。

3. 同一个义项中,释义语言的比较

即便是归并在一个义项之中,释义的话语后面与前面显现的动作性也有差异。

第一,释义话语的前面是本来意义,后半截是比喻意义。比如:

[追溯]逆流而上,向江河发源处走,比喻探索事物的由来。(第1727页)
[伸腰]挺直身体,比喻不再受人欺侮。(第1158页)
[上阵]上战场打仗,比喻参加比赛、劳动等。(第1148页)
[交棒]接力比赛时,先跑的队员在规定的地段把接力棒交给接着跑的队员。比喻原任者将职务、权力等交给继任者。(第648—649页)
[斧凿]用斧子和凿子加工,比喻雕琢诗文词句,致使显得造作,不自然。(第404页)

"追溯"等5个词语的释义,都分两个部分,前一部分更接近肢体动作,后半截指出还有比喻意义,比喻意义与基本动作的距离是显而易见的。

第二,在释义的话语里虽然没有标明有本义和比喻意义之别,但在举例时,用"◇"表示的却是比喻用法,动作性有明显减弱。

［把门］把守门户：这里门卫～很严，不能随便进去◇这个人说话嘴上缺个～的。(第20页)
　　［编织］把细长的东西互相交错或钩连而组织起来：～毛衣◇根据民间传说～成一篇美丽的童话。(第77页)
　　［承载］托着物体，承受它的重量◇～人口压力。(第168页)
　　［掂量］掂：他～了一下西瓜，说有八斤来重◇你好好儿～～老师这句话的分量。(第290页)
　　［发掘］挖掘埋藏在地下的东西：～古物｜～宝藏◇～潜力｜～人才。(第350页)

　　上面5个词语释义之后的举例都列了标有"◇"的语料，实际也是比喻意义。"◇"后面用法表现的意义，自然比前面一例用法体现的意义动作性要弱。
　　第三，体现泛指意义的，比具体所指的动作性要弱。
　　有的义项释义分两部分，前面特指，后面泛指，泛指比具体所指动作性要弱。如：

　　［捧场］原指特意到剧场去赞赏某位戏曲演员的表演，今泛指特意到场对别人的某种活动表示支持，或对别人的某种活动说赞扬的话。(第989页)
　　［发轫］拿掉支住车轮的木头，使车前进，泛指新事物或某种局面开始出现：～之作｜新文学运动～于五四运动。(第351页)

　　一个义项，后面表示泛指的意义反倒是常用意义，相比而言，前面的特指显得具体，后面的泛指动作性要弱一些。
　　上面所列，有把比喻等意义与本义视为不同义项的，也有视为同一个义项，但只在释义时做出说明，或用例加以显现。这些是词典编写者所做的不同处理。请看《现代汉语词典》(第7版)和《现代汉语规范词典》(第3版)对"抛锚"的处理：

　　［抛锚］动①把锚投入水中，使船停稳。汽车等中途发生故障而停止行驶，也叫抛锚。②比喻进行中的事情因故中止。(《现代汉语词典》第7版，第980页)
　　［抛锚］①动把锚抛入水底，使船停稳。②动比喻机动车等因故障而停在中途。③动比喻事情在进行中因故中止。(《现代汉语规范词典》第3版，第986页)

《现代汉语词典》"抛锚"的义项①被《现代汉语规范词典》处理为两个义项。无论是把"抛锚"的比喻意义归并在一个义项里，还是分开单列义项，都显现比喻意义是被动的，驾驶人员不得不停止行驶，动作性（主动控制的特点）极其微弱。两部词典关于此类语义现象的处理是等价的。

《现代汉语词典》本身也有对义项分合做出调整的。从1965年试用本、送审稿本到1996年7月的第3版，"堆砌"只有一个义项，释义是：累积砖石并用泥灰黏合，比喻写文章时使用大量华丽而无用的词语。从2002年5月修订第3版（增补本）起，"堆砌"分成两个义项：①垒积砖石并用泥灰黏合：～假山。②比喻写文章时使用大量华丽而无用的词语：～辞藻。《现代汉语词典》对于"堆砌"义项的调整并不影响词义本身。

综上，不同的动作动词，动作意义有差异。同一个动词的不同义项，动作意义有差异。同一个动词的义项用于不同语境，动作意义也有差异。动作动词这个集合，就是以肢体动作、身体动作为中心而逐渐向外围推进的原型范畴。

三、动作动词（义项）的发展是历史发展的投影

动词的发展，首先表现为动词数量增加，单音节发展为双音节是动词数量增加的主要途径。动词的义项也在不断增加，这与人类生存需要不断拓展、生存能力不断增强是平行的。动词发展的历史，又使动作相关因素越来越多地在词义中积累，使动词表示的基本动作意义越来越处于深层。因而，后起的动词或义项的动作意义越来越模糊。这样，人类的发展，动词或义项的增加，与动作动词（义项）的动作性变得模糊是一个同步的过程。

（一）双音节动词的发展

王力指出：

汉语构词法的发展是沿着单音词到复音词的道路前进的。历代复音词都有增加。鸦片战争以后，复音词大量增加。现代汉语词复音化的趋势并未停止。[1]

---

[1] 王力.汉语语法史［M］.北京：商务印书馆，1989：165.

第三章
动作动词的原型范畴分析

词汇量的增加，表现在双音节词的增加上。反映基本动作的动词数量有限，但是，动作的拓展、组合、结合、综合不断发生。这种情况一方面表现在单音节动词义项增多，但更多的是表现为双音节动词不断增多。

《现代汉语词典》（试用本）1965年问世，到《现代汉语词典》（第7版）经过了约50年。词典两个版本进行比较，双音节动词增加是明显的。下面是近些年收录的新出现的一部分双音节动作动词。

播报通过广播、电视播送报道｜插播临时插进已经编好的节目中间播放｜插队插进队伍中去／指20世纪六七十年代城市知识青年、干部下到农村生产队劳动和生活｜炒股指从事买卖股票活动｜撤资撤销投资；撤出资金｜冲扩冲洗并扩印（照片）｜打车乘坐出租车｜斗富凭借财富争胜｜恶搞恶意损害，现多指恶意搞笑，把正面或严肃的事物丑化、庸俗化｜扶贫扶助贫困户或贫困地区发展生产，改变穷困面貌｜复印照原样重印，特指用复印机重印｜搞定把事情办妥；把问题解决好｜夯实用夯砸实（地基）／比喻把基础打牢；把工作做扎实｜航拍利用航空器（如飞机、直升机、气球等）对地面进行拍摄｜加密给计算机、电话、存折等的有关信息编上密码，使不掌握密码的用户无法使用，达到保密的目的｜键入按动计算机、手机等键盘上的键输入（文字等）｜解码用特定的方法把数码还原成它所代表的内容或将电脉冲信号转换成它所表示的信息、数据等的过程｜经纪筹划并管理（企业）；经营｜竞标（投标者）互相竞争以争取中标｜竞聘通过竞争得到聘任｜举报向有关单位检举报告（坏人、坏事）｜开标把投标文件拆封，通常由招标人召集投标人当众举行｜开槌指拍卖会开始｜考量考虑；思量｜录入把文字等输入计算机里｜录像用光学、电磁学等方法把图像和伴音信号记录下来｜旅游旅行游览｜落槌拍卖物品时，拍卖师最后用槌敲一下台子表示成交｜盲打打字时眼睛不看键盘敲击按键｜美发梳理修饰头发，使美观｜摸奖从许多奖券中摸取一张或几张，根据票面所示确定是否中奖｜碰硬指与强硬的对手进行较量（多指对违法乱纪的有势力的人做坚决斗争或严肃处理）｜清盘企业由于某种原因不再继续经营时，变卖资产以偿还债务、分配剩余财产等，叫清盘／指将房屋、货物、股票等全部卖出｜热炒大事炒作｜扫黄扫除卖淫嫖娼等非法活动｜杀毒用物理方法或化学药品杀死致病的微生物；消毒／用特别编制的程序清除存在于软件或存储载体中的计算机病毒｜上传将数据、信息等从某台计算机上传递到其他计算机或某些电子装置上｜上线把问题上升到政治路线的高度／网站等开始运营，接入互联网｜调频调整交流发电机等的输出功率，使电力系统等的频率保持在一定范围内，以保证用电设备正常工作／使载波的振幅保持不变，而它的瞬时频率依照所需要传递信号的变化规律而变化｜**洗钱**把非法得来的钱款，通过各种手段掩饰、隐瞒其来源和性质，使其在形式上合法化｜**戏说**附会历史题材，虚构一些有趣或引人发笑的情节进行创作或讲述｜**下浮**（价格、利率、工资等）向下浮动｜**下线**指汽车、电器等在生产线上组装完毕，可以出厂/网站等断开互联网，停止运营｜**下载**从互联网或其他计算机上获取信息并装入到某台计算机或其他电子装置上｜**卸载**把车、船等上面装载的货物卸下来/把计算机上安装的软件卸下来｜**选美**通过形体、素质等各方面表现选拔美女｜**摇号**用专用机械摇动带有号码的圆球，以随机弹出的圆球来确定中选的号码｜**遥感**使用空间运输工具和现代化的电子、光学仪器探测和识别远距离的研究对象｜**择校**（学生）选择学校入学｜**照排**用计算机照相排版｜**直播**广播电台不经过录音或电视台不经过录像而直接播送｜**直击**在现场亲眼看到，多指新闻媒体在现场进行直接报道｜**注塑**将熔化状态的塑料原料压注到模具内成型｜**注资**（为某个项目或某项事业）投入数量较大的资金｜**追星**极度崇拜迷恋影星、歌星、球星等｜**自驾**自己驾驶机动车｜**走秀**模特儿在T型台上进行服装表演｜**走穴**指演员为了捞外快而私自外出表演。

从1965年到2016年约50年间，《现代汉语词典》新增动作动词基本上都是双音节动词。上面所列是其中的一部分。这些动词表示的动作都是近年新出现的，这一点人们可以感知到。

（二）动作动词义项的增加

词典修订，新增义项通常是新出现的义项。把《现代汉语词典》（第7版）与《现代汉语词典》（试用本）比较，个别新增义项为本义的也有，如"加油"原来解释为"比喻进一步努力"，新增义项为"添加燃料油、润滑油等"；"正视"原来解释为"用严肃认真的态度对待，不躲避，不敷衍"，新增义项是"用正眼看；正眼对着看"。这两个词的新增义项都是本义，这是对原来词典的完善。但多数词新增义项都是后起义。现录20个双音节词新增义项[1]：

［包干儿］②指对某种工作全面负责，经费上的损益由自己承担。（第42页）

［包装］③比喻对人或事物从形象上装扮、美化，使更具有吸引力或商业价值。（第43页）

---

[1] 词的释义前的序号，为《现代汉语词典》（第7版）所标注的义项顺序号，是新增的义项。

〔冲洗〕②把已经拍摄的胶片进行显影、定影等。(第179页)

〔搭桥〕③用病人自身的一段血管接在阻塞部位的两端，使血流畅通。(第230页)

〔打印〕②打字油印。③把计算机中的文字、图像等印到纸张、胶片等上面。(第237页)

〔登陆〕②比喻商品打入某地市场。(第275页)

〔登台〕②比喻走上政治舞台。(第275页)

〔放血〕③比喻商家大幅度降价出售商品，也比喻单位或个人支出或花费大量钱财。(第373页)

〔回收〕②把发放或发射出的东西收回。(第581页)

〔开发〕②发现或发掘人才、技术等供利用。(第722页)

〔亮相〕②比喻公开露面或表演。③比喻公开表示态度，亮明观点。(第818页)

〔漫游〕②移动电话或寻呼机离开注册登记的服务区域而到另一个区域后，通过网络进行通信联络。这种功能叫漫游。(第876页)

〔下海〕⑤指放弃原来的工作而经营商业。(第1412页)

〔下课〕②指辞职或被撤换。(第1413页)

〔斩首〕②捉拿或杀死敌方首领。(第1645页)

〔掌舵〕②比喻掌握方向。(第1651页)

〔助攻〕②（球类比赛中）协助进攻。(第1713页)

〔注册〕②指计算机用户输入用户名和密码，以取得计算机网络系统的认可。(第1715页)

〔走板〕②（～儿）比喻说话离开主题或不恰当。(第1746页)

〔坐镇〕②泛指领导亲自到下面抓工作。(第1759页)

(三) 动作动词（义项）的发展与社会生活的发展

新增加的动词和义项，都是表现基本动作的动词（义项）的发展，是动作的拓展、协同、组合、综合、概括，是动作意义的泛化，是把基本动作置于底层的发展。后起的词或义项动作性大多相对较弱。动作动词是一个集。如果说基本动作动词或基本的动作意义是原型，处于动作动词集的中心，那么越是后起的词项或义项越处于集的外围。

后起的词项、义项，是社会发展、经济发展、人的观念发展、时代变化的结果。比如近几十年出现的双音节动作动词有以下几种主要内容：

"插队、打车、斗富、恶搞、举报、旅游、美发、摸奖、扫黄、戏说、选美、追星、走秀、走穴"等反映了社会生活的变化；

"炒股、撤资、扶贫、经纪、竞标、竞聘、开标、开槌、落槌、清盘、热炒、洗钱、下浮、下线、卸载、注资"等反映了经济生活的变化；

"播报、插播、冲扩、复印、航拍、键入、解码、录入、录像、盲打、杀毒、上传、上线、调频、下载、照排、直播、注塑"等词语则反映了生产、生活中采用新技术、新设备引起的变化。

又如义项的发展，"包干儿"表示新时期出现的经济活动方式；"下海"表示改而经商；"登陆"表示商品打入市场；"包装"表示对人或事物的形象进行美化以便推销；"放血"表示亏本甩卖或支出大量钱财；"漫游"用于表示通信技术；"打印"发展到用计算机进行文字、图像的处理，进而出现3D打印技术；"注册"表示计算机操作过程。这些新义项反映了经济的、技术的、时代的变化。

综上所述，新词或新义项的出现是社会发展的反映。新词、新义项的动作性不及早期出现的基本动作动词（义项）直接。越是早期的动词（义项）越接近基本动作，后起的发展了的动词（义项）把基本动作置于底层，而表示与动作相关的内容。在这个意义上说，动词（义项）动作性的强弱变化，与社会发展引起的词汇增加、义项增加同步，是社会生活发展的投影。

第四章

动作动词动作性概观

基于上文对动作意义和动作动词特点的理解,笔者对《现代汉语词典》(第7版)的动词进行甄别,编成《现代汉语动作动词表》[1]。这里以动作性强弱为中心,对动作动词进行描写。

一、单音节动作动词

单音节动作动词多表示基本动作。

(一) 举例

《现代汉语词典》部分单音节动作动词,按发出动作的部位分类,列举如下:

A. 头、颈部动作:昂、拨掉转、抻、低低头、点点头、掉掉头、顶、俯、梗梗着脖子、回回头、扭扭头、抬抬头、探、仰仰头、摇摇头。

B. 面部动作:板板着面孔、哭、笑、仰、皱皱眉头。

C. 眼部动作:瞪、盯、看、溜、眯、瞄、瞟、瞥、瞧、噙噙着眼泪、觑、望、眨、睁。

D. 耳部动作:抿²①、听、支。

E. 鼻部动作:闻、耸耸鼻子、嗅。

F. 口部(包括双唇、舌头、牙齿、咽部)动作:尝、唱、吵、吃、吹、叼、嘟、读、服服药、含、喊、呵、喝 hē、喝 hè、哼、呼、讲、嚼、叫、嚼、咳、啃、咧、骂、抿²①②、念、努、撇、亲、嚷、吮、说、谈、舔、

---
[1] 见本书附录《现代汉语动作动词表》。

吐 tǔ、吞、唾、吻、吸、衔、嘘、咽、咬、哂、嘬。

G. 上肢（包括手掌和手指、胳膊、肩部）动作：按、扒、拔、把、掰、摆、扳、搬、剥 bāo、抱、编、拨、擦、采、插、搭、拆、搀、扯、撑、抽、揣、穿、捶、戳、搓、戴、担、捣、掂、抖、端、夺、摁、扶、搁、给、拱、刮、挥、系 jì、夹 jiā、拣、捡、接、解、揪、举、卷、揩、砍、抠、挎、拉 lā、捞、拎、搂、捋、抡、抹、摸、拿、拈、捻、捏、拧、扭、弄、拍、抛、捧、劈、泼、铺、掐、抢、敲、取、绕、扔、揉、撒、拾、甩、撕、抬、掏、提、投、推、托、拖、挖、握、捂、掀、摇、摘、招、指、拄、抓、拽、揍。

H. 下肢（包括腿、脚）动作：蹦、踩、踹、登、蹬、跐、蹲、跺、跪、跨、遛、迈、爬、跑、骑、跷、踏、蹚、踢、跳、趿、走。

I. 全身（主要为躯干）动作：拜、背 bēi、伏、拱、滚、晃、靠、趴、爬、扑、欠、躺、挺、卧、直、坐。

J. 其他部位（难以确指，或多部位协同）动作：拔拔高嗓子、蹭、喘、拦、亮亮嗓子、挪、伸、缩、褪、弯、斜、压、张、转 zhuǎn、转 zhuàn、撞。

不同部位发出不同方式、不同种类的动作。大致说来，人体部位可以灵活调动的程度越高，这个部位形成的动作越是多样，与这个部位有关的动作动词的数目也越多。上肢是最易调动、最为灵活的，运作的直观性也强，因此，这个部位的动作种类繁多，人应对外部世界的多种方式首先也是手等发出的。

（二）分析

单音节动作动词多表示基本动作，也可以表示拓展动作、协同动作，甚至表示组合动作。

1. 表示基本动作

单音节动作动词，动作性相对较强，多为基本动作动词。

2. 表示拓展动作

单音节词也有表示拓展动作的动词。比如：

［擦］用布、手巾等摩擦使干净。（第117页）

不仅用手，还可以用"布、手巾"，这就拓展到了工具。

［写］用笔在纸上或其他东西上做字。（第1450页）

"写"是用手写字，这个动作拓展到工具（笔）、处所（纸上或其他东西上）、结果（字）。

3. 表示协同动作

［坐］把臀部放在椅子、凳子或其他物体上，支持身体重量。（第1757页）

"坐"表现为臀部落到坐具上（或停留在坐具上），包含躯干动作、下肢动作，是几个部分的配合。

［抬］共同用手或肩膀搬东西。（第1262页）

"抬"是几个主体协作进行的动作。

4. 表示组合动作

［安］[1] 安装；设立：～门窗｜～电灯｜～有线电视。（第6页）

以"安电灯"为例，至少要把电线的一端接到电源上，然后在另一端接上灯座，装上发光体。仔细追溯，它包含着几个基本动作。

［修］[1] 修理；整治。（第1474页）

比如"修鞋"，可以有贴补前掌、贴补鞋跟、楦鞋、换底、上胶、擦鞋等不同工序。无论哪一道工序，都是几种基本动作的组合。

二、双音节动作动词

双音节动词虽然是在单音节动词的基础上发展出来的，但是与单音节动词相比，表示动作的程度总要发生变化：有的有所增强，有的则有所减弱。双音节动作动词由两个语素构成[1]，有多种因素制约了双音节动词显现的动作意义。

---

[1] 双音节动词中有的是联绵词，如"绸缪、戏谑"等。参见王力. 汉语语法史［M］. 北京：商务印书馆，1989：169. 本论文下面的讨论不涉及这些形式。

(一) 语素的选择

1. 语素选择之一,基本动作义项与转义义项

作为双音节动词的构成成分,单音节语素(本来是单音节动词)是以基本动作义项出现,还是选用引申义义项、比喻义义项,对双音节动词的动作意义有决定性影响。下面举几个例子。

第一,以"拔"构成的词为例。"拔"有7个义项:

［拔］①把固定或隐藏在其他物体里的东西往外拉;抽出。②吸出(毒气等)。③挑选(多指人才)。④向高提。⑤超出;高出。⑥夺取;攻克(据点、城池等)。⑦把东西放在凉水里使变凉。(第18—19页)

义项①表示手部动作,动作性最强;以下各义项与具体的手部动作的关系逐渐拉远,动作性也随之减弱。这样由"拔"构成的词,动作性也呈现多种情况。

"拔除、拔河、拔脚、拔锚、拔丝、拔腿"中的"拔"基本体现四肢动作,动作性较强。

［拔除］拔掉;除去。(第19页)

［拔河］一种体育运动,人数相等的两队队员,分别握住长绳两端,向相反方向用力拉绳,把绳上系着标志的一点拉过规定界线为胜。(第19页)

［拔脚］拔腿。(第19页)

［拔锚］起锚。(第19页)

［拔丝］烹调方法,把油炸过的山药、苹果之类的食物放在熬滚的糖锅里,吃时用筷子夹起来,糖遇冷就拉成丝状。(第19页)

［拔腿］①迈步:他答应了一声,～就跑了。②抽身;脱身。(第19页)

"拔擢"采用"拔"的义项③,"拔营"采用"拔"的义项⑥,都不是简单的手部动作,动作性要弱得多。

［拔擢］〈书〉提拔。(第19页)

［拔营］指军队从驻地出发转移。(第19页)

"拔高"两个义项,"拔"都采用义项④"向高提"的意思:

［拔高］①提高。②有意抬高某些人物或作品等的地位。(第19页)

"拔取"的义项①采用"拔"的拉出、抽出义,基本是手部动作;后面两个义项采用"拔"的挑选义,动作意义相对较弱。

［拔取］①用拔的方式取出。②选择录用。③获取;得到。(第19页)

第二,以"编"构成的词为例。"编"有5个义项:

［编］①把细长条状的东西交叉组织起来。②把分散的事物按照一定的条理组织起来或按照一定的顺序排列起来。③编辑。④创作(歌词、剧本等)。⑤捏造。(第76页)

现代汉语中,"编"动作性最强的义项是义项①,至于其他义项,表示动作的程度依次减弱。[1]

这样,"编"构成"编织"这个双音节动词时,动作性最强。

［编织］把细长的东西互相交错或钩连而组织起来。(第77页)

而在构成"编列"这个双音节动词时,体现的是"编"的义项②。

［编列］①编排:把文章收集在一起,～成书。②制定规程、计划等,安排有关项目。(第77页)

"编制¹"两个义项,前一个义项采用"编"的义项①,后一个义项则采用"编"的义项②。

［编制］¹①把细长的东西交叉组织起来,制成器物。②根据资料做出(规程、方案、计划等)。(第77页)

除"拔、编"以外,我们还对"摆、拜、插、打、叫、举、跑、走"构成双音节动作动词时义项的选择进行了分析,下面是这10个单音节形式构成双音节动作动词时的情况统计(表1-1)。

---

[1]《现代汉语词典》把"编"的主要意义确定为"把细长条状的东西交叉组织起来",以下所列义项视为转义,是当代人的理解。就词源说,"编"指皮筋或绳子。《辞源》解释"编":"㊀串联竹简的皮筋或绳子。……㊁顺次排列。……㊂编结,编织。"参见商务印书馆编辑部.辞源:第3册[M].北京:商务印书馆,1981:2450.《王力古汉语字典》解释"编":"㊀连结竹简;也指作此用的绳子。……㊁一部书或书的一部分。……㊂连结,使成一体;编写。"参见王力.王力古汉语字典[M].北京:中华书局,2000:932.

表 1-1　构造双音节动作动词对单音节语素的选用

单音节动词(语素)	单音节语素位置	构词时所用语素意义	
		用本义	用转义
拔	在前	16	8	8
	在后	6	2	4
摆	在前	29	23	6
	在后	3	2	1
拜	在前	28	9	19
	在后	12	9	3
编[1]	在前	42	4	38
	在后	4	0	4
打	在前	113	28	85
	在后	16	10	6
插	在前	21	4	17
	在后	3	2	1
叫	在前	23	19	4
	在后	2	2	0
举	在前	17	3	14
	在后	9	1	8
跑	在前	11	2	9
	在后	6	6	0
走	在前	39	13	26
	在后	7	6	1

笔者进一步考察，认为单音节动作动词作为语素，在与别的语素构成双音节动词时，由于语素义项的选择不同，构词时在前、在后的位置不同，影响到所构成的双音节动词动作意义的表现。举例说，"拜"是行礼表示敬意，由"拜"构成的词，如跪拜旧时一种礼节，跪在地上磕头、交拜相对拜、叩拜叩头下拜、膜拜跪在地上举两手虔诚地行礼、团拜机关学校等集体的成员为庆祝新年或

---

[1] 表中，根据当代人的语感，"编"的本义姑且定为"把细长条状的东西交叉组织起来"。

春节而聚在一起互相祝贺。这些动词表示不同场合的"拜",作为特定方式(前一个语素表示)的动作,其动作意义是比较明显的。在拜佛向佛像行礼、拜会拜访会见,今多用于外交上的正式访问、拜客拜访别人、拜年向人祝贺新年、拜师认老师这些动词里,"拜"作为一种动作,还比较明显;可是,拜别告别、拜读阅读、拜访访问、拜托委托,多用于托人办事、拜谢感谢这些双音节动词都是敬辞,"拜"成为一种方式(表示敬意),而不是表示下拜的动作。"拜别"等词虽然表示告别、阅读、访问、委托、感谢意,但由于表示敬意这一层意思占主要地位,告别等意思反而有所削弱。

2. 语素选择之二,使用频率:常用与不常用

现在常用的动词性语素,人们很容易感受到它的动作意义的强弱,不常用的如文言形式由于日常用得相对较少,其中的动作性就不容易体会到。

例如,"呈"表示恭敬地送上去,一表示送,二表示恭敬,典雅庄重,文言色彩很浓。"呈"后面的动词性语素,或具体表示送的方式,或表示送的后续动作。"呈"的郑重意义会遮盖后面语素表示的具体动作意义。

呈报用公文报告上级 | 呈递恭敬地递上 | 呈交恭敬地交给 | 呈览呈阅 | 呈露呈现 | 呈请用公文向上级请示 | 呈送恭敬地赠送或呈递 | 呈献(把实物或意见等)恭敬地送给(集体或敬爱的人)| 呈阅送上审阅 | 呈正把自己的作品送请别人批评改正。

又如"擦拭"与"擦洗",都是以"擦"这个手部动作为基础。但是,"拭"远远不及"洗"常用,"擦洗"表示的动作,比"擦拭"表示的动作更容易为当代人所感受到。

[擦拭] 擦②:~武器。(第117页)
[擦洗] 擦拭,洗涤:~餐桌|这辆自行车该~~了。(第117页)

下面这些词,动作意义的强弱很容易感受到:

刮脸、刮痧、瞎掰、瞎扯、瞎吹、瞎闹、瞎说、瞎抓、滑冰、滑草、滑雪、话别、话旧。

这些词里的"刮、瞎、滑、话"等都是日常多用的单音节词,由它们构成的双音节词的动作性就很容易感受到。

再看下面这些词:

拜谒、殉国、殉节、殉难、殉情、下榻、下箸、濡染、祭拜、祭扫、规

谏、拊膺、拊掌、拂拭、拂袖、掂掇、拔擢。

这些词里的"谒、殉、榻、箸、濡、祭、谏、拊、拂、掇、擢"都是文言形式，由这些语素构成的双音节词的动作性就隐晦得多。

3. 语素选择之三，语义—语法作用：激活或削弱动作的能动成分

第一，语素激活其他形式的动作意义。

以"行"为例。"行"现在就是"进行"，表示进行某项活动。[1] 按照朱德熙先生的说法，这是虚化动词。"进行"（行）等虚化动词有激活后面动词的能动性、动作性的功能。这个功能"行"还保留着，比如：

行刺（用武器）暗杀│行贿进行贿赂│行劫进行抢劫│行乞向人要钱要饭│行窃进行偷窃│行善做善事│行使执行；使用（职权）│行销向各地销售│行刑执行刑罚，有时特指执行死刑│行凶指打人或杀人│行医从事医生的业务（多指个人经营）。

这些以"行"构成的双音节动词，动作性比较强。

第二，语素削弱其他形式的动作意义。

"发"有多个义项，其中：⑪因变化而显现、散发；⑫流露（感情）；⑬感到（多指不愉快的情况）（第349页）这些义项显现的"发"的语素意义都含有非人力所为、非主动控制的意思。这几个义项的"发"构成双音节动词，有的表示无法控制的强烈状态的作为。比如：

发火发脾气│发作发脾气│发疯精神受到刺激而发生精神病的症状/比喻说话、做事出于常情之外。

更多的是"发"构成无法控制的消极意义动作（详见本章之三"非自主动作动词"小节）。

（二）构词方式

按照汉语史研究者的描述，双音节词可以是两个单音节词构成的词组的凝固形式，或者是词组的缩略形式。两个语素的结合方式，制约着复合动词动作意义的表现。

双音节动词少量是联绵词，多数是复合词。联合、述宾、偏正、述补是双音节动词的主要构成方式，当然也有连谓结构和少量主谓结构的双音节

---

[1] "进行"的前身是"行"。参见朱德熙. 汉语 [C] //朱德熙. 语法丛稿. 上海：上海教育出版社，1990：206。

动词。

笔者对《现代汉语词典》(第7版) B、C、S、T、Z 五个字母的双音节动作动词进行分析,按照构成方式来说,构成的复合词数量多少依次为联合、述宾、偏正、连谓、述补;按述补式构成的动作动词相对较少;44个主谓结构的动作动词见于Z组(以"自"开头的),事实上,其他地方极为罕见(因为随机抽到Z字母,使所观察到的主谓式高于述补式,这是一种偶然)。

表1-2显示,动词(动作动词)从构造上说,以联合式、述宾式为主。如果把连谓式也并入联合式的话,两个语素并列复合构成的词占一半(50.5%)。

表 1-2 复合式动作动词构词方式比例

	联合	连谓	述宾	偏正	述补	主谓	合计	占比/%
B	65	7	38	46	7	0	163	23.3
C	74	20	39	10	5	0	148	21.2
S	39	12	36	15	5	0	107	15.3
T	50	6	30	11	6	0	103	14.7
Z	62	18	41	9	4	44	178	25.5
合计	290	63	184	91	27	44	699	
占比/%	41.5	9.0	26.3	13.0	3.9	6.3		100

下面具体讨论不同的构成方式制约动词动作意义的情况。

1. 联合

把两个语素连接成一个双音节词,是很早就出现的形式。王力说到,先秦时期,"动词也是有双音的"。他举了几个例子[1]:

(1) 为命,裨谌**草创**之,世叔**讨论**之,行人子羽**修饰**之,东里子产**润色**之。(《论语·宪问》)

(2) **殄灭**我费滑,**散离**我兄弟,**扰乱**我同盟,**倾覆**我国家。(《左传·成公·成公十三年》)

(3) 洪水横流,**泛滥**于天下。(《孟子·滕文公上》)

这里举例讨论的先秦双音节动词,除"润色"以外,都是联合式的,这

---

[1] 王力.汉语史稿[M].北京:中华书局,2004:399. 王力先生还举了"文公恐惧,绥靖诸侯(《左传·成公·成公十三年》)"一例。"恐惧"应为形容词,这里不列。

不是偶然。两个语素以平等的地位构成一个词，这是最容易出现的组合。

现在常见的双音节动词联合式的，很容易看出两个语素的平等地位。比如：

捕捞捕捉和打捞（水生动植物）｜测估测算估计｜测绘测量和绘图｜测控观测并控制｜擦洗擦拭，洗涤｜冲刷一面用水冲，一面刷去附着的东西/水流冲击，使土石流失或剥蚀｜查扣检查并扣留｜撤并撤销，合并（机构、单位等）｜撤离撤退；离开｜抽测抽取一部分进行测量或测验｜抽查抽取一部分进行检查｜穿戴穿和戴，泛指打扮｜吹打用管乐器和打击乐器演奏/（风、雨）袭击｜吹捧吹嘘捧场｜耕耘耕地和除草，泛指农田耕作，比喻辛勤地从事研究、创作等工作｜耕种耕地和种植｜呼吸生物体与外界进行气体交换。人和高等动物用肺呼吸，低等动物靠皮肤呼吸，植物通过表面的组织进行气体交换｜拼装拼合组装｜刻画刻或画/用文字描写或用其他艺术手段表现（人物的形象、性格）｜踢蹬脚乱蹬乱踢｜修造修理并制造。

解释以上这些双音节动作动词，主要是解释构成双音节词的语素意义。双音节动词一定程度上保留着单音节动词的意义，整个词义是两个单音节词意义的相加，动作性很强。

当然，动词的意义也有变化。比如"耕耘"，"耕"和"耘清除杂草"都是具体动作，可是"耕耘"一般泛指农田耕作，在泛指农田耕作的基础上，进一步比喻辛勤地从事研究、创作等工作。这些都是组合以后带来的语义拓展或抽象化提供的空间。同类的例子还有：

例一，把握。

"把握"，建立在语素意义之上的意思是"握，拿"。但组合成双音节词，动作意义泛化，深入到抽象领域。比如：

（4）能**把握**方向盘，却不能**把握**自己的命运……（吕雷《火红的云霞》）

（5）必须从哲学的高度主观地**把握**自己的存在和世界的存在……（舒芜《自我·宽容·忧患·两条路》）

例二，拨弄。

"拨弄"是指"用手脚或棍棒等来回地拨动"，组合以后，可以拓展到"摆布""挑拨"。比如：

（6）老人，年轻人，小孩都在这里**拨弄**电子计算机。（陈原《多伦多》）

(7) 他们是人生大舞台上，受人**拨弄**的木偶。(老舍《鼓书艺人》)

(8) 你这秀姑嘴也太碎了，到处**拨弄**是非……(王朔《修改后发表》)

例三，刻画。

"刻画"的意思是刻或画，组合以后可以表示用文字描写或用其他艺术手段表现（人物的形象、性格）。比如：

(9) 龙舟竞渡是一种超民族、地域的活动，很早就**刻画**于部落时代的铜鼓上。(阴法鲁、许树安《中国古代文化史》)

(10) 小说的着重点是人物，是对人物的**刻画**。(1993年《人民日报》)

例四，掩盖。

"掩盖"表示从上面盖住，组合以后表示隐藏、隐瞒。比如：

(11) 一些施工单位……将某些工程质量问题和缺陷用抹泥和装修**掩盖**起来，从而埋下安全隐患。(2000年《人民日报》)

(12) 蜜里调油的声音**掩盖**着剑拔弩张的态度。(钱锺书《猫》)

两个语素联合起来构成一个词时，两个语素相对独立，整个词多半保留着原来单音节形式的动作意义，但双音节组合形式产生了意义泛化、抽象化的条件。相对于构成双音节词的两个语素最初的意义，联合式的双音节动词表示的动作性是有变化的。

2. 连谓

研究构词法的著作，较少说到连谓式复合词。其实这一类复合词不算少，比如"抢答、抢渡、抢夺、抢攻、抢救、抢行、抢修、抢种"都表示"抢着"做某事。两个语素并不是简单的并列，而是有时间先后，类似句法里说的连谓结构。这类复合词分析为连谓式，比较符合两个语素之间的语义关系。

例一，把玩。

"把玩"表示拿着赏玩，以手部动作为主。比如：

(13) 徐焕章一直在**把玩**这烟壶……(邓友梅《烟壶》)

例二，扭打。

"扭打"表示互相揪住对打，主要是手部动作，也包括全身动作。比如：

（14）他们可以为一件小事**扭打**起来，却又能为救他人的危难牺牲自己的性命。（阎纲《姹紫嫣红又一年》）

例三，扭送。

"扭送"表示揪住违法犯罪分子送交司法机关，主要是手部动作，也有下肢乃至全身动作。比如：

（15）广大人民群众也积极参与"严打"斗争，检举、揭发违法犯罪线索940多条，将140名犯罪分子**扭送**公安机关。（新华社2001年9月新闻报道）

例四，卷逃。

"卷逃"表示（家里人或本单位的经营者、管理者）把全部钱财卷起，逃跑出去。这个词以手部动作为主，同时有全身的动作。比如：

（16）目前，一些地方已发生传销公司走私商品、欺骗用户、**卷逃**资金的现象，造成极其恶劣的影响。（1994年报刊精选）

例五，追问。

"追问"表示追根究底地问，咄咄逼人，主要是口部动作。比如：

（17）为了辨明真伪，值班干部继续**追问**："老街哪个地方的？"（2000年《人民日报》）

连谓式的复合动词，前一个语素多表示方式，后一个语素表示行动。两个语素互相激发，使整个动词动作性显著增强。

3. 述宾

与本书下编第七章要讨论到的述宾结构平行，述宾式这种组合方式表现出的动作意义很强。历史性地看，有些组合原本并不是述宾结构，可是语言使用者常常理解为述宾结构。下面举几个例子：

例一，出操。

《现代汉语词典》解释为"出去操练"，按说应该是连谓结构的复合词。可是，在接着举的例"他脚崴了，出不了操了"中明显是把"出操"理解成了述宾式。又如：

（18）我现在是妇女自卫队的队长，我们**出过操**，正月里，就成立识字班，我也要去上学。（孙犁《风云初记》）

例二，洗澡。

"澡"的意思是"洗（身体）"[《现代汉语词典》（第7版）第1635页]。而词典解释"洗澡"为"用水洗身体"。比如：

（19）我在她那里**洗了个热水澡**，吃了一顿饭。（王小波《未来世界》）

（20）走，**去洗洗澡**，我也去。（阿城《棋王》）

与此相关，"擦澡、冲澡、搓澡、泡澡"里的"澡"自然也都视为受事成分。

例三，慷慨。

"慷慨"本是双声联绵词、单纯词、形容词，但有时把它理解为述宾式复合动词，加以扩展。比如：

（21）要反对大吃大喝、大手大脚、讲排场、摆阔气、**慷国家之慨**的不良风气，提倡艰苦奋斗、勤俭建国的优良传统。（1993年《人民日报》）

例四，幽默。

"幽默"是音译的外来词，也是单纯词，可有时把它理解为述宾式复合动词加以扩展。比如：

（22）《沙田七友记》记七位文艺朋友，知人至深又时常**幽他一默**，亲切又不觉肉麻。（卢敦基《弹性、密度和质料》）

例五，提醒。

"提醒"是述补式复合动词，也表示人的做法，可是，有时被理解成述宾结构的复合词。比如：

（23）在这儿我先给读者**提个醒**：我这本书别当回忆录看……（王朔《看上去很美·自序》）

述宾关系是凸显主体动作意义的结构形式。现代汉语的述宾式复合动词大量的是动作性很强的动词语素后加表示受事意义的语素形成的。一个动作意义的形式，后面加上受事成分，往往会激活动作的主动意义，如把关、办案、办罪、查岗、查账、拆封、拆台、炒房、炒股、扯皮、扯腿、撤兵、撤诉、撑腰、出榜、出工、出力、出言、打靶、打岔、打非、打鼓、打铁、打援、带班、带头、担纲、动兵、动工、动怒、斗富、斗智、过户、过招、还价、还礼、揭底、揭牌、卖唱、卖命、摸彩、摸高、追逃、追星。

述宾式复合动词，也可以是动作性很强的语素后接表示结果的语素，如扯谎、打包、打钩、打叉、打眼、打字、做梦、作揖。

后接表示肢体（作为工具）的语素，如抄手、吵嘴、动笔、动手、动嘴、斗嘴儿、过目、还口、还手、还嘴、挥手、回手、咂嘴、振臂。

后接表示工具的语素，如打夯、打钎、打枪、过磅、过秤、扎针。

后接表示处所的语素，如出场、出轨、出国、出海、出境、出镜、出局、出列、出门、出山、出台、出阵、打场、登场、登程、登顶、登高、登陆、登门、登山、登台、过境、过路。

后接表示时间的语素，如查夜。

后接表示方式的语素，如抽成按一定比例抽取、动粗用粗野的形式行事。

上面列举的动作动词，其动作性都比较强，原因在于，一是出现在前面的动词性语素本身表示很强意义的动作，二是第二个语素都表示与动作密切相关的意义。

当然，述宾式复合动词也有动作性很弱的。比如：

［夺杯］夺取奖杯，特指夺取冠军。（第337页）

［夺标］①夺取锦标，特指夺取冠军。②承包人或买主所投的标在投标竞争中中标。（第337页）

［夺冠］夺取冠军。（第337页）

［夺魁］争夺第一；夺取冠军。（第337页）

以"夺"起头的动词，本来动作意义是很强的。但是"夺杯"等或者是表述愿望，或者表示已经取得的结果，都不能表示此时正在进行的动作，因此动作意义削弱。

4. 偏正

偏正式复合动词，后面的语素通常表示动作性较强的动作；前面的语素表示方式、程度、状态，引发动作的肢体或进行动作的工具。这样意义的语素表现的是进行动作的要素，对动作向一定方向发展，具有强化作用。

下面是对偏正式复合动词中前一个语素意义的归纳。

第一，前一个语素表示方式。比如：

哀告、哀号、哀求、哀叹、畅谈、畅叙、畅饮、畅游、对唱、对打、对歌、对话、对决、对抗、对酌、反驳、反讽、反攻、反扑、飞奔、浮报、干号、干洗、合唱、合击、合谋、合演、合照、合奏、哄抢、哄抬、谎报、谎称、回拜、回报、回访、回放、回购、回顾、回击、回迁、回请、回收、回赠、混战、活埋、活捉、夹攻、夹击、缕陈、缕述、缕析、轮唱、轮训、漫步、漫谈、漫游、盲打、密报、密告、密会、密谈、密召、面洽、面商、面谈、面谢、默读、默念、默诵、默算、默写、逆行、旁顾、旁观、旁听、齐唱、齐奏、清唱、清炒、清炖、清蒸、热炒、热处理、热敷、热捧、上报、上传、上访、上告、上交、上缴、上诉、上溯、上调、生擒、突查、突审、突袭、婉辞、婉谢、威逼、威吓、伪造、伪装、诬告、诬害、诬赖、诬蔑、诬栽、戏说、戏言、瞎掰、瞎扯、瞎吹、瞎闹、瞎说、瞎抓、下达、下放、下浮、下调、闲扯、闲逛、闲聊、闲谈、佯动、佯攻、佯狂、佯言、佯装、仰视、仰望、仰卧、遥测、遥感、遥控、遥望、野餐、野炊、野营、野泳、义捐、义卖、义拍、义演、义诊、幽会、预报、预付、预告、预购、预检、预考、预热、预赛、预演、预展、预支、远眺、专访、专卖、专修。

第二，前一个语素表示状态。比如：

恶补、恶炒、恶斗、恶搞、恶战、敬告、敬贺、敬候、敬献、敬赠、敬祝、静观、静坐、狂奔、狂欢、狂笑、美餐、猛进、凝视、凝望、怒叱、怒斥、怒目、怒视、强渡、强攻、强加、强奸、强身、强占、痛斥、痛打、痛击、痛哭、妄称、妄动、妄取、妄说、妄言、妄为、硬拼、硬挺。

第三，前一个语素表示程度。比如：

饱读、饱览、高昂、高歌、高估、高举、微缩、微调、微笑、小憩、小修、小酌、小坐、重办、重创、重奖、重赏、重用、重责。

第四，前一个语素表示肢体或工具。比如：

目测、目送、目验、血拼、血洗、血战、鞭策、鞭笞、鞭打、鞭挞、冰镇、板书、车裂、水发、水疗、水洗、水印、水运、水葬。

偏正式复合动词，前一个语素表示方式、状态、程度，或表示肢体、工具，都是以不同的角色出现，激发后面语素表示的动作。我们分上面的四种情况来讨论，其实四种情况中间也有相通之处。"恶补、恶炒、恶斗、恶搞、恶战"首先表示状态，也包含着程度较高的意思。"小憩、小修、小酌、小坐"表示动作的程度，其实这也是一种状态或方式。

另外，"误传、误读、误判、误杀、误伤、误诊"也都是偏正式的复合动词。"传、读、判、杀、伤、诊"都表示动作。这几个词表示动作发生了失误，整个词的动作性大大减弱。这是"误"作为修饰成分影响了词的意义。

5. 述补

述补式复合动词分两类，一类可以成为动结式（A），这种形式根据后一个语素表示动作（a）或表示性质（b）可分两小类；另一类可以成为动趋式（B），后一个语素表示运动趋向。比如：

Aa类：摆脱、拜倒、扳倒、驳倒、捕获、裁定、测定、策动、插入、查获、查截、拆除、拆穿、拆毁、拆解、拆散 chāisǎn、拆散 chāisàn、铲除、唱衰、撤除、撤销、冲决、冲破、抽取、抽逃、戳穿、凑近、摧残、摧毁、摧折、打动、打垮、打破、打通、打响、打住、带动、捣毁、点穿、点破、点燃、调离、订立、发动、缝合、改变、割除、割断、割裂、隔断、隔离、攻克、攻破、攻取、攻陷、归拢、归总、撼动、夯实、合拢、换取、汇拢、击败、击毙、击毁、击溃、击落、击破、缉获、集中、架空、键入、揭穿、揭露、揭破、揭示、截断、截获、截取、解除、解放、解决、掘进、考取、捞取、录入、掠取、买断、买通、拿获、判定、判决、骗取、剽取、扑空、扑灭、擒获、圈定、杀伤、删除、拾取、收拢、收取、说穿、说服、说合、说和、说破、撕毁、搜获、损毁、损伤、锁定、套取、提取、提升、提醒、调匀、推倒、推定、推动、推翻、吸取、降伏、降服、降顺、销毁、修复、选取、压服、压缩、战败、站住、侦结、侦破、诊断、震怒、征服、植入、指定、制伏、制服、铸就、抓获、走失。

Ab类：拔高、把牢、摆平、扳平、标明、表明、补足、查明、查实、扯平、吃透、吃准、冲淡、荡平、点明、扶正、改正、搞定、夯实、校正、扩大、抛光、跑偏、漂白、说明、损坏、抬高、誊清、提纯、提高、挑明、推广、削平、压低、张大、照明、指正、抓紧、抓瞎、走偏。

B类：驳回、撤回、出来、出去、打开、发出、发起、分开、滚开、回来、回去、迈进、撇开、上来、上去、收回、提起、退出、下来、下去、掀起、召回、折回。

述补式复合动词，以 A 类动结式居多，所谓动结是指动作取得了某种结果，从动态来说，就不表示动作的进行，而表示结果。这一类动词一般表示正在进行的动作的结果。B 类动趋式，概括地说也表示结果，这个结果就是某种趋向的实现。比如：

（24）新中国建立后，中国宗教界**摆脱**了外国教会的控制，实现了自治、自养、自传，成为中国人民自己的宗教事业。(中华人民共和国国务院新闻办公室《中国的人权状况》)

（25）多年来，他**瞄准**神经外科的高、精、尖难题，在颅脑禁区里忘我拼搏，攻克了我国颅脑外科医疗史上一个又一个难关。(1994 年报刊精选)

（26）建侯口述意见，颐谷记下来，整理，发挥，修改，直到淘气出乱子那天的午饭时，才**誊清**了给建侯过目。(钱锺书《猫》)

（27）这套装置不仅使兰州炼油厂效益大增，当年就**收回**了 4 000 多万元的投资，成了厂里的金罐子。(1994 年报刊精选)

（28）尚未摆脱困倦的清晨或是充满睡意的午后，坐在格子间里的你是否习惯性地想冲杯咖啡让自己**打起**精神来呢？(郑悠然《It Girl 身体保养 100 分》)

述补式动词作为补充的语素表示结果，复合动词主要表示完成，前一个语素的动作意义处于底层，处于被覆盖状态，动作意义极弱。

6. 主谓

我们见到的主谓式动作动词主要是以"自"起头的，不能排除还有其他的主谓式动作动词，但主要的都在这里：

自拔、自白、自便、自裁、自残、自沉、自称、自持、自筹、自肥、自费、自焚、自封、自供、自给、自驾、自荐、自尽、自经、自到、自咎、自救、自决②、自控、自夸、自立、自量、自律、自虐、自戕、自杀、自伤、自首、自述、自诉、自卫、自慰、自刎、自问、自销、自缢、自许、自诩、自责。

这些动词出现在句子里，有不同的时态和意义。

第一，表示正在发生。比如：

（29）中国名牌奋起**自救**。(1994 年报刊精选)

（30）他**自述**是一个小老板……(新华社 2002 年 7 月新闻报道)

（31）他深深地**自责**道："三座门拆了我非常难受，……"（张清平《林徽因》）

（32）东部沿海，烟台在**自问**：以什么姿态对待开放？（1994年报刊精选）

第二，表示过去或未来。

（33）项羽突围到乌江，**自感**无颜见江东父老，不愿渡江，拔剑**自杀**。（《中国儿童百科全书》）

（34）白淑贤**自荐**在该剧反串饰演宝玉。（1994年报刊精选）

（35）**自筹**了1 500美元，创办了动画片制作公司。（张剑《世界100位首富人物发迹史》）

（36）鲁迅先生非常赞成出"毛边书"，且**自封**为"毛边党"。（王稼句《书装琐语》）

第三，超出特定时态，表示方式等。比如：

（37）广告市场不可能脱离营销市场而**自立**。（1994年报刊精选）

（38）周作人却同胡适一般，陷入了和谐意境而终生不能**自拔**。（许纪霖《读一读周作人罢！》）

（39）在解放前那样的社会里，"青天大老爷"不可能有；有，则是几个阔人的**自封**……（张大明《杂文还活着》）

（40）乡镇企业上项目……，但要以**自筹**为主。（1994年报刊精选）

主谓式复合动词表示不同时态，因词而异。有的词可以表示正在进行的动作，也可以表示过去或将来的动作，有的词则多用于表示泛时的，把动作视为某种方式或条件。不过，总的说来，主谓式表示正在进行的用例不是很多。

（三）动词的分布

动词因分布不同而表现出动作性的强弱变化。不同句法位置会影响动词动作意义的表现，不同结构的组合形式动作性也有差异。这些将在本书下编中讨论。

这里讨论的是这样的情况：有些动词常见功能决定它主要出现在特定的句法位置上，多充当某种句法成分，其动作性常常受到制约。

第一，主要用在其他动词前面。

比如"席地"，原指在地上铺了席（坐、卧在上面），后来泛指在地上

(坐、卧），最常见的句法位置是出现在"坐、卧"等动词的前面。比如：

（41）石静转过脸来，我已经**席地**而卧，在两张铺开的报纸上。（王朔《永失我爱》）

（42）船身极小，在里面**席地**而坐，两腿麻得不得了……（苏青《拣奶妈》）

（43）他常常在马房里和"下人们"围着一堆火**席地**坐着……（巴金《家》）

（44）当晚被安插在一个学校里，**席地**打盹。（萧乾《血红的九月》）

此类动词为数不少，如昂首、拨冗、埋头、屈指、插空、出外、出言、出语、对症、即景、即事、即席、即兴、寻机、寻事、寻隙、寻衅、巡回、徇私、纵步、纵身。

这样的动词虽然也有动作性，但主要作为一种方式出现，动作性相对较弱。

第二，动词作定语。

比如"拔丝、编年"，通常只作定语，动作性极弱。下面着重讨论"拔丝"[1]。

按照《现代汉语词典》（第7版）的释义和举例，"拔丝"指烹调方法，把油炸过的山药、苹果之类的食物放在熬滚的糖锅里，吃时用筷子夹起来，糖遇冷就拉成丝状。（第19页）

这样的意义一般只作定语。CCL 语料库检索系统中体现这个意义的用例，都只作定语：**拔丝**糖球｜**拔丝**地瓜｜**拔丝**黄菜｜**拔丝**山芋｜**拔丝**葡萄｜**拔丝**焦糖｜**拔丝**红薯｜**拔丝**山药｜**拔丝**苹果｜**拔丝**萝卜。

另有一例作宾语，实际上是"拔丝"作定语的偏正结构的省略形式，"拔丝"以定语的身份取代整个偏正结构。

（45）她从来就看不上任何一种"**拔丝**"，她觉得众人你一筷子我一筷子把那些拉着乱七八糟的糖丝的团团块块放进同一碗凉水蘸来蘸去，吃进嘴时还都带着同一种表情同一种惊喜，实在是既不卫生又不文明。（铁凝《大浴女》）

---

[1]《现代汉语词典》（试用本）"拔丝"有两个义项：①把原料制成丝状。②烹调方法，把山药、苹果之类的食物放在熬滚的糖锅里，用筷子夹起来，糖遇冷就拉长丝状：拔丝山药｜拔丝莲子。（第14—15页）从第5版起，删除义项①。

"拔丝"作定语，比之作谓语中心语来说，动作性大大降低。

当然，"拔丝"还是一种工厂加工工艺，这个意义上的"拔丝"就不限于作定语了，比如：

（46）全面实现炼钢、轧钢、**拔丝**、镀锌……（1994年《人民日报》）

（47）由于含铌、韧性好，适于**拔丝**；由于有稀土，又强度高，适于做螺纹钢和有强度的产品。（1994年报刊精选）

（四）动词的语体风格

大致说来，比较口语化的动词，动作性易于为语言使用者所察觉，而那些书面色彩浓的动词，动作性比较含蓄，不易为语言使用者所注意，会显得动作性较弱。下面是一些对比的例子。

鞭打 用鞭子打	鞭笞 用鞭子或板子打
跺脚 脚用力踏地，表示着急、生气、悔恨等情绪	跺足 跺脚
敲打 在物体上面敲，使发出声音	敲击 敲打；击打
采摘 摘取（花儿、叶子、果子）	采撷 采摘
点火 引着火；使燃料开始燃烧	举火 点火
联手 联合；彼此合作	联袂 手拉着手，指一同（来、去等）

这6组词中每组前后两个词表示的意思大体相同。前一个是口语中常用的，人们对其中的动作意义很容易觉察；后一个是书面语词，使用频率相对较低，动作意义比较隐晦。有下面更多的例子。

第一，口语词。比如：

扒拉 拨动/去掉；撤掉 | 把门 把守门户/把守球门 | 插嘴 在别人说话中间插进去说话 | 换个儿 互相调换位置 | 换肩 把挑的担子或扛的东西从一个肩上移到另一个肩上 | 加塞儿 为了取巧而不守秩序，插进排好的队列里 | 讲价 讨价还价 | 揭短 揭露人的短处 | 拉扯 拉/辛勤抚养/扶助；提拔/勾结；拉拢/牵扯；牵涉/闲谈 | 拉钩 两人用右手食指或小拇指互相钩着拉一下，表示守信用，不反悔 | 骂街 不指明对象当众漫骂 | 骂娘 骂人时恶毒地侮辱别人的母亲，泛指漫骂 | 扭打 互相揪住对打 | 扭捏 指走路时身体故意左右摇摆 | 扭送 揪住违法犯罪分子送交司法机关 | 扭头 （人）转动头/转身 | 自杀 自己杀死自己。

第二，书面语词。比如：

拔擢提拔｜补苴缝补；补缀/弥补（缺陷）｜补缀修补（多指衣服）｜承乏谦辞，表示所在职位因一时没有适当人选，只好暂由自己充任｜扼腕用一只手握住另一只手的手腕，表示振奋、愤怒、惋惜等情绪｜反侧（身体）翻来覆去，形容睡卧不安｜拂袖把衣袖一甩｜拊膺拍胸，表示悲痛｜拊掌拍手｜击节打拍子，表示得意或赞赏｜举荐推荐（人）｜蹑足放轻脚步/插足，指参加｜凝视聚精会神地看｜凝望目不转睛地看；注目远望｜擒获捉住；抓获｜濡染为写字作画而把毛笔在墨汁或颜料中沾湿｜吸吮吮吸｜嘘唏哽咽；抽噎｜削平消灭；平定｜削职撤职；免职｜瞋眦发怒时瞪眼睛｜佯狂假装疯癫｜佯言诈言；说假话｜折腰弯腰行礼｜整饬使有条理；整顿｜置喙插嘴｜自裁自杀；自尽。

三、非自主动作动词

动作动词表示的动作，是有目的、由特定动机驱动的肢体或全身的运动。动作动词表示的意义是自主的、能动的。有些动词同样表示人的肢体或全身的动作，却是不由自主、身不由己的动作。虽然缺少了自主、自控的特点，但也必须认定这些动词表示的是人的动作。

(一) 肢体缺陷或病变造成的动作

1. 肢体缺陷造成的动作

跛腿或脚有毛病，走起路来身体不平衡｜拐瘸｜瘸行走时身体不稳；跛。

2. 身体病变或功能障碍造成的动作

背气由于疾病或其他原因而暂时停止呼吸｜闭气呼吸微弱，失去知觉｜抽搐肌肉不随意地收缩的症状，多见于四肢和面部｜抽动肌肉一缩一伸地颤动，多由于悲伤、气愤或疾病所致｜抽风手脚痉挛、口眼㖞斜的症状；惊厥｜抽筋 肌肉痉挛｜打嗝儿 呃逆的通称/嗳气的通称｜干哕要呕吐又吐不出来｜发颤颤动｜哽食物堵塞喉咙不能下咽/因感情激动等原因喉咙阻塞发不出声音｜咳咳嗽｜咳嗽喉部或气管的黏膜受到刺激时迅速吸气，随即强烈地呼气，声带振动发声｜呕吐｜气喘每分钟呼吸次数增多或深度增加，并伴有吸气费力的症状｜呛因水或食物进入气管引起咳嗽，又突然喷出｜吐 tù（消化道或呼吸道里的东西）不自主地从嘴里涌出｜噎食物堵住食管/因迎风、烟呛等呼吸等而呼吸困难。

（二）主体不能控制形成的动作

1. 无意识或意识不强造成的动作

发痴发呆/发疯｜发怵胆怯；畏缩｜发呆神情呆滞，或因心思有所专注而对外界事物完全不注意｜发抖由于害怕、生气或受到寒冷等原因而身体颤动｜发窘感到为难；表现出窘态｜发懒因身体或心情不好，懒得动｜发愣发呆｜发毛害怕；惊慌/发脾气｜发蒙犯糊涂；弄不清楚｜发蔫表现出精神不振｜发飘感觉轻飘飘的｜发傻因为某种意外情况出现而目瞪口呆｜发酸要流泪时眼睛、鼻子感到不舒适/因疾病或疲劳而感到肢体酸痛无力｜发笑笑起来｜发虚因胆怯或没有把握而感到心虚/（身体）显得虚弱｜发怔发呆｜傻笑无意义地一个劲儿地笑｜失措举动失常，不知怎么办才好｜失脚失足｜失声不自主地发出声音/因悲痛过度而哽咽，哭不出声来｜失手因手没有把握住或没有掌握好分寸，造成不好的后果/指失利（多指意外的）｜失态态度举止不合乎应有的礼貌｜失言无意中说出不该说的话｜失足行走时不小心跌倒/比喻人堕落或犯严重错误｜走调儿唱戏、唱歌、演奏乐器不合调子｜走风泄露消息｜走火因不小心而使火器发射/比喻说话说过了头｜走偏偏离原来的方向或正常轨道｜走神儿精神不集中；注意力分散｜走眼看错｜走嘴说话不留神而泄露机密或发生错误。

2. 无法控制，身不由己的动作

抽泣一吸一顿地哭泣｜抽噎抽泣｜抽咽抽泣｜打鼾睡着时由于呼吸受阻而发出粗重的声音｜打滑地滑站不住，走不稳｜打晃儿（身体）左右摇摆站立不稳｜跌摔｜跌跤摔跟头/比喻犯错误或受挫折｜抖颤动；哆嗦｜抖颤发抖｜颤抖｜抖动颤动｜发颤颤动｜磨摩擦（磨出了几个大泡）｜趔趄身体歪倒，脚步不稳｜筛糠比喻因惊吓或受冻而身体发抖｜呻吟指人因痛苦而发出声音｜失控失去控制｜摔身体失去平衡而倒下｜摔跤摔倒在地上｜崴（脚）扭伤｜踒（手、脚等）猛折而筋骨受伤｜栽摔倒；跌倒。

3. 被迫进行的动作

出逃逃出去｜屈膝下跪，借指屈服｜却步因畏惧或厌恶而向后退｜逃奔逃走（到别的地方）｜逃窜逃跑流窜｜逃命逃出危险的环境以保全生命｜逃跑为躲避不利于自己的环境或事物而离开｜逃散逃亡失散｜逃脱逃离（险地）；逃跑/摆脱｜逃亡逃走而流浪在外。

这些动作包含着动作主体的主动性成分，是情势逼迫、不得不主动这样做。不过，总的来看，形势所逼这种被动成分是主要的。

综上所述，动作动词的重要特征是具有主动意义，不过，不同动词的主动性也是有差异的。自主动词有的主动性极强，有的相对较弱，而非自主动词，总体上没有主动性，但上面列举的部分动词还是有一定的主动性的。所以，动作动词所显现的主动性特征也是一个原型范畴。

下编
动作动词运用中动作意义的显隐

第五章

动词动作意义的影响因素

具体文本中动词的动作意义与词典里给出的意义是不完全等同的,因为在特定语境下使用的动作动词,是词典给出意义的具体化,动作意义或者得到强化,或者被弱化。从语法方面说,在句法结构中受其他成分和整个结构关系的影响,动词的动作意义或者被激活,或者被覆盖。

下编第五章笔者先概括讨论影响动词动作意义的因素,后面几章再分别展开具体讨论。

一、动词的释义与使用

下面我们先观察并分析几个动作动词在具体句子里的使用。

(一) 举例

先看"踩、炒、扛、掏、踢、挣扎"几个动词的词典释义与具体运用中的意义表现。

1. 踩

[踩] 脚底接触地面或物体;脚底在物体上向下用力。(第121页)

(1) 三个打在一团,七手八脚的又踩了二强嫂几下。(老舍《骆驼祥子》)

(2) 乌世保正说得滔滔不绝,寿明突然又踩了他一脚,向他急使眼色。(邓友梅《烟壶》)

(3) 梧桐叶子干了,踩在上面沙沙地响。(汪曾祺《詹大胖子》)

(4) 我踩着厚厚的积雪吱吱作响地在小胡同里走。(王朔《玩的就是心跳》)

(5) 平日,他觉得自己是头顶着天,脚踩着地,无牵无挂的一条好汉。(老舍《骆驼祥子》)

(6) 在歼-15项目中,"飞鲨"团队一直严格按照整个计划安排进行各项工作,都是踩着时间节点走。(《总设计师披露歼-15细节:绰号起飞鲨为保密》,央视《面对面》,2013年9月9日)

例(1)、例(2)分别表述二强子对二强嫂的动作、寿明对乌世保的动作,都是脚底动作,作用于被"踩"对象,表现出一定的用力程度。其余各例都带有特定的情绪或意图,在体现"踩"的基本动作意义之外,又多了些内容。例(3)、例(4)表示行走之意,保留着"脚底"和"接触面"这些施行"踩"的动作环节,是否"用力"则没有着力表达。例(5)叙述"他"平日的表现,"踩"不表示具体动作。例(6)的"时间节点"类似于接触面,实际上都是抽象的说法。"踩",从脚底具体动作到抽象动作;从表示动作到着重表述结果或后果;从表述动态的动作到表述静态的效果或后果;从具体动作的动作意义到泛指意义,"踩"的动作意义越来越泛化。

2. 炒

[炒]①烹调方法,把食物放在锅里加热并随时翻动使熟,炒菜时要先放些油。(第155页)

(7) 一个小土匪又去偷了一只鸡,现炖来不及,切成鸡丝炒了,大家就着鸡丝吃面条。(刘震云《故乡天下黄花》)

(8) 所谓"全齐喽"者,就是腌疙疸缨儿炒大蚕豆与肉皮炸辣酱都已炒好,酒也对好了水,千杯不醉。(老舍《正红旗下》)

(9) 又有炒白果的,……炒得壳子爆了,露出黄亮的仁儿,铲在铁丝罩里送过来,又热又香。(朱自清《说扬州》)

(10) 白嘉轩听了,心中更加踏实,晌午炒了八个菜,犒劳阴阳先生。(陈忠实《白鹿原》)

(11) 那天下班回家,妻子已经炒了一桌菜等我。(1995年《人民日报》)

例(7)至例(9)能体现"炒"这个动作的基本环节。但是例(10)、例(11)的"炒"就不表示具体操作,与"准备了/做成"是一个意思,作为"炒"这个动作具体操作的意义反倒退后了,重要的是表示成果。这些例子里的"炒",换成"弄、搞、做、准备",句子表示的意义都不变。

3. 扛

［扛］①用肩膀承担物体。（第731页）

（12）景琦**扛**起行李往外走。（郭宝昌《大宅门》）

（13）**扛**麻袋，180斤，比他身体重1/3，腰压弯了，居然也能**扛**得动。（1994年报刊精选）

（14）申宝才只是近一亿**扛**着被褥进城的中国农民工的缩影。（新华社2004年新闻稿）

（15）他回到了家乡，**扛**起了锄头。（1994年报刊精选）

（16）大司马是说，我屈氏一族，**扛**起了八万新军？（孙皓晖《大秦帝国》）

例（12）、例（13）体现了"扛"的基本意义，即利用"肩部"，方式是"承载"，发生在特定的时间，作用于具体物件。例（14）"扛着被褥"本来是看得见的具体动作，这里作为中国进城农民工的缩影，就不再是某个特定情况下的动作。例（15）"扛起了锄头"、例（16）"扛起了八万新军"，这些用例中，"扛"都不表示肩部的具体动作，作用的对象也不是具体物件，只延续着"扛"作为承担一定重量的意思，是引申用法。

4. 掏

［掏］①用手或工具伸进物体的口，把东西弄出来。（第1276页）

（17）说着，贵武从怀中**掏**出一包银子扔到桌上。（郭宝昌《大宅门》）

（18）那五**掏**出一元钞票，往女招待围裙的口袋里一塞。（邓友梅《那五》）

（19）他**掏**出口袋里的几元钱，说："去买包烟吧！"（1994年报刊精选）

（20）要自己**掏**钱，吃喝风当然就没有市场了。（1994年报刊精选）

（21）绝大多数企业**掏**不起这笔钱。（1994年报刊精选）

例（17）至例（19）表示手伸进去，把东西（这里只讨论"钱"）拿出来，是很具体的动作。例（20）、例（21）这两例中的"掏钱"，表示"拿出钱来"，并不是具体动作，换成"出钱、付钱、拿钱"，意义不变。

5. 踢

［踢］抬起腿用脚撞击。（第1284页）

（22）他不睡了，一脚**踢**开了被子，他坐了起来。（老舍《骆驼祥子》）

（23）瑞宣恨不能一拳一个都把他们打倒，好好的**踢**他们几脚。（老舍《四

世同堂》）

（24）他先是伸腿朝嫌犯**踢**去，没想**踢**空了，他就又俯身用手电筒对着嫌犯猛击十多下。(新华社2004年新闻稿)

（25）有人叫咱们滚，咱们还不忙着收拾收拾就走吗？等着叫人家**踢**出去，不是白饶一面儿吗？(老舍《四世同堂》)

（26）葡萄牙队在同俄罗斯队比赛时，必须当作是在**踢**四分之一决赛。(新华社2004年新闻稿)

例（22）至例（24）"踢"作为具体动作，涉及主体用腿、用脚，动作方式是撞击或突然用力，都表示腿部和脚的具体动作。例（25）表示被除名、被开除、被驱逐，例（26）表示进行足球比赛。虽然这些表达都用了腿部和脚用力作为的这个"踢"，但并不是真正的"踢"，"踢"的具体意义并不明显。

6. 挣扎

[挣扎] 用力支撑。(第1668页)

（27）把过大夫支出去，把紫云叫到床边，**挣扎**着倚在床上要给紫云磕头。(邓友梅《那五》)

（28）在病榻上他还要**挣扎**着对全书再过目一遍，进行最后校订。(1993年《人民日报》)

（29）玉婷吓得已经叫不出声，拼命**挣扎**着。(郭宝昌《大宅门》)

（30）他们立即循声而去，发现两名落水儿童在江中**挣扎**。(1993年《人民日报》)

（31）她在生活上所仰仗的叔叔和表兄弟被纳粹处死后，她不得不**挣扎**着自谋生路。(1993年《人民日报》)

（32）许多正规的文艺团体仍然步履维艰，**挣扎**在生死线上。(1994年报刊精选)

例（27）、例（28）里的"挣扎"表示的动作意义相对较强，"挣扎着"表示努力动作，摆脱困境，以进行后面的"倚在床上……磕头""对全书再过目一遍"等动作。例（29）、例（30）"挣扎"也表示具体动作，是肢体或全身的动弹，但这些动作是被迫的，甚至是出于本能。例（31）、例（32）"挣扎"主要不是肢体或全身的动弹，而是指在艰苦环境中调动多种能力来应对，以求改变处境得以生存或成功，作为动作，体现的是综合的词义，或泛指的词义，整个动词的动作意义很隐蔽。

（二）分析

词典学理论家拉迪斯拉夫·兹古斯塔指出，"词义的概括性是词义的突出特点之一"，而"词汇单位（词）在实际话语（通常是句子）中的应用的突出结果是具体化。因此，词义是一般的，而意义是具体的。词义的具体化是从言语的上下文或情景上下文中得来的"[1]。兹古斯塔阐述词典编纂的原则，强调从词的具体运用概括词义，很重视观察词典释义与词的具体应用的差异。他认为，"在术语上区别作为（语言）系统的一部分的词的意义（在下文我们将提到可以包含不止一个意义）和词的具体意义，或在上下文中出现的实际意义，是很有用的"[2]。他指出，"词典编纂者主要对作为语言系统的一部分的词汇单位感兴趣，对词汇单位的系统价值，对词汇单位作为系统的一部分而具有的词义，对词汇单位的规范用法感兴趣"，"事实上各种用法围绕着最常见的用法这个焦点摇摆"，"实际用法（所有大量的话语）在一定程度上总是摇摆不定的"。[3]

词典里对一个词进行释义，是对词的意义的静态描写，是词义的综合，反映全体社会成员对这个词的共识。具体运用中的词是存在形式，具体运用中为表达的需要，会侧重一个词意义的某些侧面，而忽略另一些侧面；甚至会把词义的某个侧面加以引申，进行比喻。词在具体使用中不折不扣地反映词典的释义，这样的用例几乎是没有的。

上面讨论的"踩、炒、扛、掏、踢、挣扎"各词的用例，开始列举的用例比较接近词典的释义，表示的动作近于人的肢体或全身的运作，有很具体的动作意义，继而列举的用例都偏离了词典所做的概括，比如说，例（11）的"炒了一桌菜"并不等于正在炒一个一个的菜，而近于表示"弄了一桌菜"或"做了一桌菜"，具体的弄菜、做菜的方式多种多样，而说"炒

---

[1] 拉迪斯拉夫·兹古斯塔. 词典学概论 [M]. 林书武，冯加方，卫志强，等译. 北京：商务印书馆，1983：58-59.

[2] 拉迪斯拉夫·兹古斯塔. 词典学概论 [M]. 林书武，冯加方，卫志强，等译. 北京：商务印书馆，1983：58.

[3] 拉迪斯拉夫·兹古斯塔. 词典学概论 [M]. 林书武，冯加方，卫志强，等译. 北京：商务印书馆，1983：68-69.

了一桌菜",具体做菜方法被忽略了。如果说炒菜、炖汤之类的是具体动作,"弄菜"则成了"炒菜、炖汤"的上位概念。例(27)至例(30)"挣扎"表示肢体,尤其是全身动弹,可视的程度比较高。而例(31)、例(32)的"挣扎"表示极力应对不利处境等,应对的方式也有多种,具体方法被忽略了。与词典释义比较,上面所列的6个动作动词的用例可以看出,动作动词表示的意义越具体,动作性越明显;词义越概括、越泛化,词所反映的基本动作意义就越少,动作意义也相对减弱。

二、动词组合与动作意义的显隐

具体运用中对动词动作意义影响最大的是不同句法结构关系的制约。

李临定认为,有的动词既有动态功能(表示正在进行的动作),也有静态功能(表示静止的持续状态),如"他正在插花"与"花在花瓶里插着呢"。有些动词只有动态功能,如"吃"。动态动词表示正在进行的、曾经进行过的、反复进行过的或不进行的动作,静态动词表示正在持续的、曾经持续过的动作或不存在的静止状态。

李临定讨论的都是动作动词,他分析的独到之处在于,注意到了动词动作意义的稳定程度。只有动态功能的动词,动作意义相对比较稳定。具有动态、静态两种功能的动作动词,当表示静态功能时,动作意义处于隐含状态。

有些研究者注意到动词进入动词结构以后,动词的动作性发生了变化。

丁声树等说道:"主语是受事的句子,谓语往往不单是一个单独的动词,动词的前后多半有别的成分。"[1] 这个意见多年来为相关研究者所重视,被多次引用,但没有得出应有的结论:与单个动词相比,动词前后有别的成分时,动词结构的动作性会发生变化。

张旺熹提出"非动态性"语义特征,颇受关注。所谓的"非动态性"是相对于"动态性"而言的。"动态性"指的是句法结构着重于描写动作行为移动的过程,具有"录像式"的特点;而"非动态性"则指句法结构着重于

---

[1] 丁声树,吕叔湘,李荣,等.现代汉语语法讲话[M].北京:商务印书馆,1961:31.

描写事物的相对静止状态，具有"照相式"的特点。

下面看具体的例子。

(33) 西头有一家姓屠的，一家子都很浑愣，爱**打架**。屠老头儿到永春饭馆**去喝酒**，和服务员**吵起来了**，**伸手就揪人家脖领子**。服务员一胳臂把他**搡开了**。他憋了一肚子气。回去跟儿子一**说**。他儿子二话没说，**捡了块砖头**，到了永春，一砖头就把服务员脑袋**开了**！结果：儿子**抓进去了**，屠老头还得负责人家的医药费。这件事老吕**亲眼目睹**。**一块喝酒**的问起，他**详详细细叙述**了全过程。坐在他对面的老聂**听了**，说："该！"（汪曾祺《安乐居》）

例（33）表达的是打斗场面。"去喝酒""伸手就揪人家脖领子""详详细细叙述""对面的老聂……说"描写了当时的动作，"去、喝酒、伸手、揪、叙述、说"这些动词表示的动作意义很突出。本来"打架"表示具体动作，但是做了"爱"的宾语，整个片段表示姓屠的一家人的性格，"打架"作为宾语，动作性大大削弱。"捡（砖头）"也是基本动作，但是在"捡了块砖头"中"了"表示完成，"捡了"只有追溯以往时（哪怕是最近的过去）才可以见到动作意义。"吵起来"表示状态开始，"问起"表示一旦问到，带虚拟意味，"搡开了""抓进去了"表示结果，其中的动词表示的动作成了回忆中的事，动作性减弱了。

(34) 母亲**喝了**茶，**脱了**刚才上街**穿**的袍罩，**盘腿坐**在炕上。她**抓**些铜钱当算盘用，大点儿的代表一吊，小点的代表一百。她先核计该**还**多少债，口中念念有词，手里**掂动**着几个铜钱，而后**摆**在左方。左方摆好，一**看**右方（过日子的钱）太少，就又轻轻地从左方**撤**下几个钱，心想：对油盐店多**说**几句好话，也许可以少**还**几个。**想着想着**，她的手心上就出了汗，很快地又把**撤**下的钱补**还**原位。不，她不喜欢低三下四地向债主**求情**；**还**！**还清**！剩多剩少，就是一个不剩，也比叫掌柜的或大徒弟高声**申斥**好的多。（老舍《正红旗下》）

例（34）叙述"母亲"做了几个动作，"喝了茶""脱了……袍罩"，然后"盘腿坐（在炕上）""抓（铜钱）""掂动（铜钱）""摆""看""撤"都表示一系列正在进行的具体动作。"喝、脱"表示动作完成，成了过去的动作；"穿的袍罩"中"穿"作定语，并不表示现实的具体动作。心里想着的"说几句好话""少还几个",都带有虚拟的口气。"还!还清!"表示决定、意志,不是具体动作。

(35) 有个太守生病,**请了**许多医生**诊治**都没**治好**。华佗**诊治**以后,认为这种病只有让病人**发怒**,才能**治好**。他故意向病人**索取**很贵的诊费,却**拖拖拉拉**不认真给他**开方抓药**,过了几天,竟不告而别,还留下一封信**骂**太守得了病是自作自受。

太守果然大怒,**立刻派人追捕**华佗。太守的儿子知道华佗用意,**暗暗叮嘱**家人**不要去抓**华佗。太守听说**抓不到**华佗,更加怒气冲天,一气之下,呕出几口黑血。不想这一呕,病反而好了。(林汉达、曹余章《上下五千年》)

例(35)尽管说的是过去的事,但"索取、拖拖拉拉、立刻派人、暗暗叮嘱"都表示当时正在进行的动作,"立刻、暗暗"这些状语都有助于凸显"派、叮嘱"的动作性。可是,华佗认为要让病人"发怒"才能治好,尽管"发怒"是可以看见的动作,但是整个句子表示想象的事。"骂太守"的"骂"出现在已经写出的信中,是已成的事实。"不开方抓药""抓不到"表示没有进行或没有实现的动作。"去抓(华佗)"本来动作性很强,可是用于"不要"这个否定形式之后,动作便不能进行,动作性便也无法表现。

(36) 虎姑娘已经**嘱咐**他几回了:"你这家伙要是这么**干**,吐了血可是你自己的事!"

他很明白这是好话,可是因为事不顺心,身体又欠保养,他有点肝火盛。稍微棱棱着点眼:"不这么**奔**,几儿能**买**上车呢?"

要是别人这么一棱棱眼睛,虎妞至少得**骂**半天街;对祥子,她真是一百一的客气,爱护。她只**撇了撇**嘴:"买车也得悠停着来,当你是铁作的哪!你应当好好的**歇**三天!"(老舍《骆驼祥子》)

例(36)"干、奔、买、骂、撇(嘴)、歇"等都表示具体动作。可是当"干、奔、买、骂"用于带假设意味的句子里,以及"歇"用于按理说事的句子中时,句中表示的动作的现实性都会大大减弱;"已经嘱咐、撇了撇"表示完成,动作性都存在于回忆之中。

从例(33)到例(36),我们注意到,从组合角度说,动作动词进入句子,会受到句子意义的时间定位、句子表示的时态等时间因素的影响,也会受到与之结合的补语、宾语、状语等句子成分的影响，还会受到动作动词所在句子的语气、口气等的影响。这些因素都会影响到具体使用中的动词动作性的表现。而且，同一个语言片段里会有几种因素出现，互相作用而影响到具体句子里动词的动作性。多种因素的影响可以顺着同一方向起作用，互相激化；也可以作用方向不一致，互相抵销；更多的应该是按组合层次层层起作用，处于最高层次的因素的作用呈现为影响更大的因素。这些笔者将在后面几章分别展开讨论。

第六章

时间范畴对动词动作性的影响

动作动词的意义和用法与时间概念密切相关。动词表示过程,过程是在时间里展开的。要研究动词,考察动作动词的动作性,时间是最重要的因素。

一、时间范畴的研究

(一) 印欧语语法论著关于时间范畴的研究

印欧语语法研究中与动词有关的研究,主要表现在关于动词时、体、式等的研究中,比如,法语动词有直陈式、条件式、虚拟式、命令式、不定式和分词式6个语式。仅直陈式就有现在时、将来时、先将来时、复合过去时、加复合过去时、简单过去时、未完成过去时、愈过去时、先过去时等不同时态。条件式则有条件式现在时、条件式过去时、过去将来时和过去先将来时。虚拟式、命令式、不定式有特定的时态。分词式则有现在分词、过去分词、将来分词等。[1]

俄语动词有体和时的范畴。体上相互对立,构成体的对偶,有完成体和未完成体。时的范畴有现在时、过去时和将来时。也有陈述式、命令式和假定式等式的范畴。还有主动态、被动态等态的范畴。[2]

英语语法范畴中有两种时:现在时和过去时。一般现在时有多种用法:

---

[1] G. Mauger. 现代法语实用语法 [M]. 鲍文蔚,谢戊申,周世勋,译. 北京:外语教学与研究出版社,1988:43-123.
[2] 信德麟,张会森,华劭. 俄语语法 [M]. 北京:外语教学与研究出版社,1990:353-356,394-399.

不指具体时间段的现在时、瞬间一般现在时、指将来时间的一般现在时。一般过去时表示明确的过去时间，但在一些例子中，过去时不一定指过去的时间。

英语中没有明显的与现在和过去的时间或时相对等的将来时，但有几种可以表示将来时间的形式：助动词结构、be going to + 不定式、现在进行体、助动词结构 + 进行体、be about to + 不定式、be to + 不定式。

英语具有两类相对的"体"：完成体与非完成体，进行体与非进行体。时和体能用各种方法结合，有现在完成体和过去完成体、现在进行体和过去进行体、现在完成进行体和过去完成进行体。[1]

这里简述印欧语动词时、体、式等方面的研究，是为了回顾汉语时间范畴研究的成果，因为汉语语法研究是在印欧语语法学影响下开始的。印欧语语法学著作对汉语动词的时体特征的研究产生过很大、很直接的影响。20世纪80年代编成的《汉语语法丛书》（10部），差不多每一部著作的作者都受到印欧语语法学的影响。

(二) 泽诺·万德勒《哲学中的语言学》

20世纪六七十年代，美国语言哲学家泽诺·万德勒对动词的研究有很大的开拓意义。他指出，动词具有时态，也就是说动词的用法与时间概念相关。他关注的不仅仅局限于过去时、现在时、将来时这些明显的区别，更注意到"对于动词的用法，时间概念还有另一种更微妙的作用：一个动词的用法还有可能告诉我们这个动词以何种特殊的方式默认和牵涉时间概念"[2]。泽诺·万德勒根据对英语动词的观察，把动词分为过程动词和非过程动词。过程动词又分为活动（activity）动词和目标（accomplishment）动词，非过程动词又分为到达（achievement）动词和状态（state）动词。[3] 根据泽诺·万德勒的分析，过程动词，尤其是活动动词，就是本书讨论的动作动词。

泽诺·万德勒的研究，在动词与时间的研究方面开辟了一个新的领域。

---

[1] 伦道夫·夸克，西德尼·戈林鲍姆，杰弗里·利奇，等. 当代英语语法 [M]. 王中浩，徐钟，阎泰达，等译. 沈阳：辽宁人民出版社，1982：103-120.
[2] 泽诺·万德勒. 哲学中的语言学 [M]. 陈嘉映，译. 北京：华夏出版社，2002：165.
[3] 泽诺·万德勒. 哲学中的语言学 [M]. 陈嘉映，译. 北京：华夏出版社，2002：165-203.

郭锐在泽诺·万德勒的基础上提出了值得注意的见解。郭锐认为，泽诺·万德勒关于动词情状类型的分析是以整个句子为对象，考察其在时间特性上存在的差异，但没有做进一步分解。郭锐认为，动词表示的动作或状态有一个随时间展开的内部过程，"持续、完成、状态"等体特征不仅是或有或无的存在，而且有强弱问题，是渐变的；根据过程结构类型的差异，可以把动词排列成一个系统，有5大类10小类：Va、Vb、Vc1、Vc2、Vc3、Vc4、Vc5、Vd1、Vd2、Ve。其中 Va 处于系统的开端，表示状态；Vc4 处于中心，表示动作；Ve 处于结尾，表示变化。整个系统是以动作为中心向两极过渡的。

（三）陈平关于时间三元结构分析的启示

20世纪80年代初，围绕着当时的一个语法分析难题[1]，马庆株从时量宾语入手，进而讨论到动词的分类。陈平在此基础上进一步研究，吸取泽诺·万德勒等人的成果，系统讨论现代汉语中涉及时间的三元结构（时相、时制、时态），第一次研究现代汉语"时相"这个子系统，这是迄今关于现代汉语时间意义最具系统性的研究。

1. 时相（phase）

时相结构体现句子纯命题意义内在的时间特征，主要由谓语动词的词汇意义决定，其他句子成分，尤其是宾语和补语也起着重要的选择和制约作用。

陈平主要以谓语动词的词汇意义为主，考虑宾语、补语等其他制约成分，把现代汉语时相结构划分成5种情状类型：

状态。比如"他姓刘，属马的，完全符合你们的要求""谁都不相信他的话""怔怔地站在那里""两幅画多年来一直挂在这面墙上"。

活动。比如"她正在那儿哭呢""那群中学生看武侠小说看迷了""他每天在操场上跑步"。

结束。比如"他在写一本谈中国古代建筑的书""他上个月做了一只木箱"。

复变。比如"这批人正在成为我们所的业务骨干""太阳正在升起""两国经济上的实力正在逐年拉大"。

---

[1] 有人提出一个语法分析难题："这本书看了三天"，表示这本书已经看完；末尾添加"了"，说成"这本书看了三天了"，反倒没有看完。为什么？

单变。比如"村东头人家养的那条大黄狗前天死了""他站到麦克风前，大声宣布""他上午在操场上把钱包弄丢了"。[1]

陈平讨论时相，基本以动词的分类为线索，主要受泽诺·万德勒的启发。他在文中表示，有时同一个动词会出现在不同情态类型的项目之下，这表明即使在纯命题范围内讨论，相关词语的制约也会影响动词意义的表现。

2. 时制（tense）

时制指示情状发生的时间，表现为这个时间与说话时间或参照时间在时间轴上的相对位置。

陈平根据赖欣巴哈的分析，就情状发生时间、说话时间、参照时间三者在时间轴上的位置，排出9种基本形式：先事过去时、简单过去时、后事过去时、先事现在时、简单现在时、后事现在时、先事将来时、简单将来时、后事将来时。

陈平说道，"以上只是一种逻辑分类。我们铺陈的目的，并不是就此断言现代汉语中有相应的九种语法时制，而只是为深入探索汉语的时制系统提供一个起参照作用的坐标"[2]。

3. 时态（aspect）

时态结构表现情状在某一特定时刻所处的状态。

在时间轴上，以动作开始为界，动作开始以前为未然，开始以后称已然。以动作终结为界，表示情状到达之前各阶段用"了""起来""下去""着"表示；表示情状到达之后呈现的各种状态用"过""来着""了"等。

关于时态的讨论不是陈文的重点。这一内容，以往的研究比较充分，已经比较清楚了。

二、汉语语法里的时间范畴及其表现形式

很多汉语语法学家也注意到了在具体运用中时间因素对动词动作性的实

---

[1] 陈平. 论现代汉语时间系统的三元结构[J]. 中国语文，1988（6）：401—422.

[2] 陈平. 论现代汉语时间系统的三元结构[J]. 中国语文，1988（6）：419. 龚千炎的《汉语的时相时制时态》（商务印书馆，1995）根据陈平该文的铺陈，为9类时制形式都举了现代汉语里的用例。如果龚先生的例句能成立，说明现代汉语确有这9种时制类型。不过，其中有的例句显得别扭，听起来不自然，难以确证这9类时制形式在现代汉语中都已具备。

现产生的影响。下面我们列举这一方面已有的成果,建立观察影响动词动作性的时间因素的框架。

(一) 各家的研究[1]

各家实际上都不同程度地受到印欧语语法研究的影响。

1. 吕叔湘

吕叔湘的《中国文法要略》(上卷)初版于1942年4月在重庆出版。吕先生说道:

> 现在,过去,将来,谓之三时,这是很容易明白的。这里面,"现在"是自身站得住的,说"现在",就是说,"说话的这个时候"(所包含的时间也许有时长些有时短些,但必包含说话的这一刻在内);可是"过去"和"将来"都非就"现在"推算不可,没有"现在","过去"和"将来"就都没有意义了。[2]

吕叔相说,"一个动作的过程中的各种阶段",表示的不是"时间",而是"动相"。而动相"约略分三类":动作之将有,动作正在进行,动作已经完成。

联系到表示不同动相的手段,吕叔湘列出以下几种情形:

方事相。表动作正在持续之中,动相词用"着"。和"正在"合用的时候,语势重些,单用的时候轻些。

既事相。动相词用"了"。单纯的表既事相的"了",要在语气未完的地方找。

起事相。"起来"附在动词之后可以表示一个动作的开始(并且继续)。

继事相。"下去"附在一个动词后可以表一个动作的延续,取动作过程中间的一点作为开始,而兼及其后。

先事相。预言动作之将有,用"去/来",尤以"去"为多。

后事相。指一个动作已经有过。早期白话用"来",现代多用"来着"。

一事相。仅仅表示有过一个动作,用数词"一"加动量词表示。

多事相。与"一事相"相对,表示多个动作,用"数词 + 动量"表示。

---

[1] 以下所列几位研究者的见解,按著作初版时间为序。
[2] 吕叔湘.中国文法要略 [M].北京:商务印书馆,1982:219.

短时相（或称尝试相）。用动词重叠式表示，有暂时或轻微之意。

屡发相。表示动作继续出现，叠用两个定量动词。

反复相。表示相继不断，不用定量动词，或用"又"，或用"……来……去"。[1]

吕叔湘（1982）还说，"一个动作有时和时间不生关系，例如永恒性和习惯性的动作"，"即使一个动作不是超时间的，我们也不必一定表示他的时间"。[2]

2. 王力

王力的《中国现代语法》（上册）初版于1943年。王力说：

大致说来，人们对于事情和时间的关系：第一，着重在事情是何时发生的，不甚问其所经过时间的远近，或长短；第二，着重在事情所经过时间的长短，及是否开始或完成，不甚追究其在何时发生。……后者可以中国语为代表。……在现代中国语里，咱们有事情开始的表示，继续的表示，正在进行中的表示，完成的表示，又有经过时间极短的表示等。这些虽也涉及时间的过去现在将来，然而不以过去现在将来为主。[3]

王力把表示事情的状态，称为情貌，简称貌。情貌是叙述句才有的。描写句或判断句加上了情貌表示，也就多多少少带一些叙述性。王力提出了7种情貌，概括如下。

普通貌：不用情貌成分，不把时间观念掺杂在语言里，只让对话人或读者自己去体会。

进行貌：凡表示事情正在进行中者，叫作进行貌，此类用词尾"着"字表示。

完成貌：凡表示事情的完成者，叫作完成貌。此类用后附号"了"字表示。包括"过去的完成""将来的完成""假设的完成""希望事情的完成、恐怕事情的完成""命令式中的完成"。

---

[1] 吕叔湘.中国文法要略 [M].北京：商务印书馆，1982：228-233.为概括表述，笔者在引用时，对语句略做调整。

[2] 吕叔湘.中国文法要略 [M]. 北京：商务印书馆，1982：227.

[3] 王力.中国现代语法 [M]. 北京：商务印书馆，1985：151.

近过去貌：凡表示事情过去不久者，叫作近过去貌。此类用词尾"来着"二字，放在句末（除非句末有语气词）。

开始貌：凡表示事情正在开始者，叫开始貌。此类借用使成式，以"起来"为补语。

继续貌：凡表示事情继续下去者，叫作继续貌。此类也借用使成式，以"下去"为补语。

短时貌：凡表示时间极短者，叫作短时貌。此类用动词重叠起来。[1]

3. 高名凯

高名凯的《汉语语法论》初版于1948年。高先生认为，汉语没有表示现在、过去、未来的语法形式，而有"体"。"'体'则着重于动作或历程在绵延的段落中是如何的状态，不论这绵延的段落是在现在，过去或将来；动作或历程的绵延是已完成抑或正在进行，方为开始抑或已有结果等等。"[2]

高先生认为，汉语所表示的"体"有以下几种：

进行体（progressive）或绵延体（durative）。……一个动作或历程正在继续的进行着，还没有完结，不论其在什么时间。……口语用"着""在""正在"或"正在……着"等去表示。

完成体（accomplished）或完全体（perfect）。这表示动作或历程的完成。……"了"字其实就是表示完成体的。

结果体（resultative）。表示动作或历程之有结果者，谓之结果体。……在汉语中，表示结果体的语法成分很多。口语用"着"（或"著"）、"住""得""到""中"等，而古文则多半用"得"。

起动体（momentary）。表示在某一时刻动作或历程之开始者，谓之起动体。口语用"刚""才""恰"等，文言用"方""才"等。有时则"刚才""恰才""方才"合用，甚至有用"却才"的。

叠动体（iterative）。动作或历程，可以一起一落，重复进行。此则谓之叠动体。汉语的叠动体是用词的重复来表示的。

---

[1] 王力.中国现代语法［M］.北京：商务印书馆，1985：151-158.为概括表述，笔者在引用时，对语句稍做调整。

[2] 高名凯.汉语语法论［M］.北京：商务印书馆，1986：188.

加强体（intensive）。重复同样的词是表示动作或历程的重叠，连用意义相似的两个词，则表动作或历程的加强。[1]

4. 赵元任

赵元任的《中国话的文法》初版于 1968 年。赵先生在"动词词尾"一节讨论动词的体貌词尾，概括如下：

零词尾用来表示一些特殊的类义——惯性动作、即将动作、非叙述性谓式。

完成式词尾"了"，类义是"动作完成了"。

进行式词尾"着"。"着"字也可以用在命令式（拿着/等着/坐着/戴着帽子/慢着/慢慢儿着/慢着点儿），方式副词后面加"着"（这么着/那么着/怎么着）。[2]

表始式词尾"起来"，除了是复合动词又是复合方向补语之外，也是体貌词尾，表示"开始"的意思。

不定过去式词尾"过"，表示"以往至少有过一次"的意思。

表示尝试式的重叠，也可以看作一种体貌附加词。

继续式词尾"下去"。

（词尾）"法（子）"加在动词后头，动词前面就可以用"这么""那么"或"怎么"来修饰。[3]

5. 马庆株

马庆株关于现代汉语动词时态的分析是较新的研究成果。该文章对李临定关于现代汉语"时"的分析做了调整。他说：

李临定先生在《现代汉语动词》一书中为现代汉语时态分了类。他的分类是根据形式和意义，只要意义不同，形式相同也算不同的类。这与一般理解的对立原则是不一致的。下面我们试着提出一些修正意见，意义宜于根据

---

[1] 高名凯.汉语语法论[M].北京：商务印书馆，1986：190-199.

[2] 赵元任的《中国话的文法》（丁邦新译）说明，"来着"表示"刚刚过去"、"过去进行"，但不是动词词尾。见刘梦溪.中国现代学术经典：赵元任卷[M].石家庄：河北教育出版社，1996：235.

[3] 赵元任.中国话的文法[M]//刘梦溪.中国现代学术经典：赵元任卷.石家庄：河北教育出版社，1996：231-238. 为概括表述，笔者在引用时，对语句略做调整。

形式重新加以考虑,只把形式上形成了对立的分析为不同的类。[1]

李临定原来分析为现在进行时、过去进行时、将来进行时,过去时、过去过去时、将来过去时,过去现在进行时、过去过去进行时、将来过去进行时,将来时、过去将来时 11 种。马庆株主张归并为进行时体、过去时、过去进行时、将来时 4 类,每一类都有主观、客观之分,于是马庆株主张汉语时的形式有 8 种:主观进行时、客观进行时,主观过去时、客观过去时,主观过去进行时、客观过去进行时,主观将来时、客观将来时。"客观"指参照点"与说话的时间无关","主观"指"参照点就是说话的时间"。[2]

(二) 现代汉语时间范畴及表示方式

本书依托现代汉语既有的时间范畴研究成果,依托关于现代汉语时间范畴的共识,观察不同时间范畴里动作动词动作意义的表现。笔者不把主要注意力放在现代汉语时间范畴的理论探讨上,而是默认已有的研究成果,这些成果综合起来有以下内容。

现代汉语既有表示时间的手段,又有表示体(或称动态)的手段。大体上说,主要用词汇手段表示过去、现在、将来这三时,表示完成、进行这些动态则兼用语法手段和词汇手段。语法手段主要是一般被分析为助词的"了、着、过"等,此外,还有语法化程度较高的"起来""下去"等。词汇手段主要是在状语位置上表示时间的副词,如"正在、已经、曾经、(将)要"等。

说得更完整一些,表示时间意义的手段,有显性的,也有隐性的。显性的,就是已经说过的通过助词,或通过副词作状语等来表示。隐性的,就是通过特定的句法结构表现,如述补结构表示结果,也就表示完成,"边……边……"等并列结构表示同时进行的动作,正在进行的意味就很强烈等。

本章主要讨论表示时间范畴的显性手段,表示时间范畴的隐性手段将在下一章讨论。

现代汉语的时间范畴,重要的是下面这些内容。

---

[1] 马庆株.略谈汉语动词时体研究的思路——兼论语法分类研究中的对立原则 [M] //马庆株.汉语动词和动词性结构·二编.北京:北京大学出版社,2007:10.

[2] 马庆株.略谈汉语动词时体研究的思路——兼论语法分类研究中的对立原则 [M] //马庆株.汉语动词和动词性结构·二编.北京:北京大学出版社,2007:11.

1. 准备进行

动作作为期待，在进行准备，是未然态。比如：

(1) 小王，说真的，我真**想收回**这里的房子！（老舍《茶馆》）

(2) 听说那五落魄，云奶奶跟哥哥商量，**要**把他**接来**同住。（邓友梅《那五》）

2. 开始

表示一个新的动态开始了。语法手段是语法化的"起来"，这是趋向补语虚化的结果，语法化程度较高。吕叔湘就注意到这个形式，称为"起事相"；王力称之为"开始貌"；赵元任称之为"表始式词尾"。比如：

(3) 他一**跑起来**就不顾命，早晚是得出点岔儿。（老舍《骆驼祥子》）

(4) 这时候，钱家的老少两位妇人放声的**哭起来**。（老舍《四世同堂》）

3. 正在进行

表示动作正在进行中。正在进行，有短暂完成的，也有延续较长时间的。"正在进行"说的是动作进行的状态，与时间没有必然联系。

表示的方式，可以在后面加"着"，也可在前面加"正在、正、在"，或"正在……着"。比如：

(5) 孩子们眼睛发亮，**挑选着，比较着**，挨挨挤挤，叽叽喳喳，好不热闹。（汪曾祺《戴车匠》）

(6) 我们目前**正在编辑**《韩国汉字辞典》。（1996 年《人民日报》）

(7) 朱高安指着那位**正在炒菜**的妇人说："这就是夫人。"（1994 年《市场报》）

(8) "这儿有你一封信。"**正在**无聊地**翻着**信件杂志的丁小鲁抬头对我说，扔过一个牛皮纸信封。（王朔《一点正经没有》）

4. 一般现在时

表示没有特定时间限定的习惯性动作，可说明在很长时间内进行的动作，也可说明一般原理、情况，使用动词但不是叙述性的语句。

一般现在时没有特定的语法表达形式，赵元任称为"零词尾"；王力称为"普通貌"；吕叔湘指如永恒性和习惯性的动作般不和时间发生关系的动作，"即使一个动作不是超时间的，我们也不必一定表示他的时间"[1]。吕先生后

---

[1] 吕叔湘. 中国文法要略［M］. 北京：商务印书馆，1982：227.

一点说明很有见地。当说话人不刻意表示特定时间时，语句中虽有特定时间，也不着意表达。说话是说话人的主动行为，贯穿着说话人的主观控制。比如：

(9) 他**每天**肩**扛**近百斤重的工具**爬**坡**上**坎，……（1994年报刊精选）

(10) **多少个日日夜夜**，人拉肩**扛搬运**设备，在一身汗水中，你**看**不出他们是科学家还是"壮劳力"。（1994年报刊精选）

(11) 他**抽**烟也**抽**得慢条斯理的，从不大口猛**吸**。（汪曾祺《安乐居》）

(12) 钟**总是**先**敲**后响，不能倒转过来先响后**敲**。（《中国儿童百科全书》）

5. 持续

表示动作的延续，手段是用语法化程度较高的"下去"。比如：

(13) 到最后，两个人的谈话必然的移转到养花草上来，而二人都可以滔滔不绝的**说下去**，也都感到难得的愉快。（老舍《四世同堂》）

(14) 解开了钮扣，凉风飕飕的吹着胸，他觉到痛快，好象就这么**跑下去**，一直跑到不知什么地方，跑死也倒干脆。（老舍《骆驼祥子》）

6. 完成或实现

传统的分析意见是表示完成。就动词后面的"了"而言，断言表示完成是可以的。刘勋宁认为应该解释为"实现"。"实现"可以包括动词后面加"了"的情形（完成），也包括形容词后面加"了"的情形。本书只讨论动作动词，我们就依照传统说表示完成。

表示的方式主要是在动词后面加"了"。前面加"已经"是词汇手段。比如：

(15) 过了片刻，许逊的电话**打了**回来，他显然**换了**部电话，声音又小又模糊。（王朔《玩的就是心跳》）

(16) 乌爷，快走吧。你这宅子早**已经卖给**太平仓黄家了！（邓友梅《烟壶》）

7. 最近的过去

表示过去的动作，但一般离说话时间不远，也有较远的，但说话人心理上觉得不远。手段是后附语气词"来着"，吕先生称"后事相"，王力称"近过去貌"，这是法语多种过去时时态细分对王先生的启发。比如：

(17) 我刚才要**干嘛来着**？（王朔《玩的就是心跳》）

(18) 王利发：我跟小刘麻子**瞎聊来着**！（老舍《茶馆》）

8. 经历

按赵元任的解释，是"表示以往至少有过一次"。表示方式主要是助词"过"，前面加"曾经"也可以表示以往至少有过一次。

如"曾经看到过这么一个场景"是"曾经"和"过"共现的用例。"过"与"曾经"不同之处在于，"过"不一定非得是以往的事，"曾经"非得说以往的事。比如"等你坐过高铁，你就能体会到速度这个概念了"，这里用"过"，就加不上"曾经"。比如：

（19）他**编过**竹席、**理过**发、**照过**相、**贩运过**鸡蛋。（1994年报刊精选）

（20）他曾经给王静仪**写过**几封信，约她到公园里**谈过**几次。（汪曾祺《星期天》）

9. 短时

关于重叠式，前辈一般都断言是一种时态表示法，有短时貌（王力）、短时相（吕叔湘）、尝试式（赵元任）等意见。比如：

（21）老福晋欠安，请大爷过去**看看**。（郭宝昌《大宅门》）

（22）我呢，去**找找**祁天佑，看能不能要块粗白布来，好给小崔太太做件孝袍子。（老舍《四世同堂》）

三、时间范畴表示法与动词动作性（上）：语法手段

综合前人各家的研究，本书将从语法手段和词汇手段来考察动词动作性与时间范畴之间的关系，共涉及现代汉语里时间范畴中的8种情形：①准备/即将进行；②开始；③正在进行；④一般现在时；⑤持续；⑥完成或实现；⑦最近的过去；⑧经历。

这些时间范畴，有的用语法手段，即用助词或语法化形式表示，有的用词汇手段表示，有的兼用助词和词汇手段来表示，都是显性的。本段主要讨论语法手段。

我们认同朱景松提出的动词重叠式本身不具有尝试意义。[1] 基于这种理

---

[1] 朱景松. 动词重叠式的语法意义 [J]. 中国语文, 1998 (5): 378-386.

解，所谓短时貌（尝试式）不在这里具体讨论。

（一）准备/即将进行

这是从动作进行的过程、阶段来说，指动作将要开始，或将要进行。现代汉语表示准备/即将进行，没有特定的语法手段，而是通过语句中相关词语表达或暗示的时间意义显现即将进行的动作。比如：

（23）再说吧，**明天**我给你打电话或者你给我打。（王朔《玩的就是心跳》）

（24）**等你成了家**，我伺候你们两口子。（邓友梅《那五》）

（25）所长，**待会儿**咱们弄几斤精致的羊肉，涮涮吧？（老舍《四世同堂》）

（26）钱伯伯，我也**打算**走！（老舍《四世同堂》）

（27）**他要求**国务院发展研究中心、中国社会科学院组织力量，**抓紧**编写出一本关于社会主义市场经济知识的好书，使广大干部特别是县以上的领导干部能尽快地掌握这方面的基本知识。（1993年《人民日报》）

例（23）说"明天……打电话"；例（24）说将来某一天"我"伺候你们；例（25）说"待会儿"弄羊肉涮涮；例（26）说"打算"离开；例（27）表示提出要求"抓紧编写"。这些都暗示或远或近的将来的动作。

即将进行的动作，当然是受主体强烈动机驱使的动作，或者是别人指令要进行的动作。这些动作，是主体有所准备、蓄势待发的动作。但是，这样文本里的语句用到的动作就是期待中的而不是实现了的动作，动作性是潜在的。

（二）开始：V＋起来

"起来"是运用广泛的趋向动词。用法之一是在动作动词之后形成述补关系，但不表示趋向意义，而表示由别种状态进入新的状态，并且这种状态在持续。语法化程度较高的"起来"表示动作开始，这是语法学界研究较多、形成共识的一个语法化形式，类似动态助词的一个语法成分。"V＋起来"是最能显示动词动作性的一种形式。比如：

煤油灯下，她娘又对建梅无止境地**唠叨起来**（李晓明、韩安庆《平原枪声》）｜随后拼命地**奔跑起来**（余华《四月三日事件》）｜都高兴地**说笑起来**（1994年报刊精选）｜大声地抑扬顿挫地**念起来**（赵波《吴亮，从批评营垒中退席》）｜快乐地**唱起来**了（沈从文《一个多情水手与一个多情妇人》）｜大伙听到这数字，一窝蜂似的**吵嚷起来**了（周立波《暴风骤雨》）│霓喜心疼如割，扑上去便**厮打起来**（张爱玲《连环套》）│从怀中掏出斧头就朝谭燕的脑后猛**砍起来**（1994年报刊精选）│他们忽然为了解释好一个词**争论起来**（杜定久《不要忘记农村的广阔市场》）│开始还慢慢拈，接着就**争抢起来**（2000年《人民日报》）│他竟高声**朗诵起来**（欧阳山《三家巷》）│津津有味地**喝起酒来**（江户川乱步《地狱的滑稽大师》）│忽然远处有铜锣的声音，一声比一声紧地**敲起来**（欧阳山《苦斗》）│**讲起**故事**来**又口若悬河、滔滔不绝（庆云《从〈教父〉到〈末代教父〉》）│**批评起人来**一点弯子也不绕（礼平《晚霞消失的时候》）│他急急忙忙地**干起活来**（浩然《夏青苗求师》）。

事实上，更确切地说，语法化的"起来"不仅表示动作开始，而且表示由这个动作造成的状况在延续。[1]应该看到，"起来"与下面要讨论到的"着、了、过"还不完全相同。"着、了、过"虽然也是由实词语法化（虚化）而来，但已经是纯粹的语法形式。"起来"还不是纯粹的语法形式，表现为一些"V+起来"的形式可以有相应的"V+不+起来"。下面是一些对照：

（28）吵起来/吵不起来

（28-1）抵达莫斯科的第二天，就与斯大林**吵了起来**。（陈廷一《宋氏家族全传》）

（28-2）矛盾化解了，自然**吵不起来**……（陆步轩《屠夫看世界》）

（29）打起来/打不起来

（29-1）战争**打起来**，到处狂轰滥炸，哪里也不安全，在路上危险性更大，还不如待在家中。（新华社2003年3月新闻报道）

（29-2）我们分析世界大战**打不起来**，真打起来也不怕。（邓小平《邓小平文选·第三卷》）

（30）干起来/干不起来

（30-1）我只有一点点朦胧的想法，而钟叔河先生真就大**干起来**。（张中行

---

[1] 语法化的"起来"表示开始，研究者都注意到了。"起来"用在动词后面还表示持续，吕叔湘在《中国文法要略》中已经提到，"'起来'附在动词之后可以表示一个动作的开始（并且继续）"。见吕叔湘. 中国文法要略[M]. 北京：商务印书馆，1982：230. 这一点，请参看朱景松的《汉语研究论稿》。见朱景松. 汉语研究论稿[M]. 合肥：安徽大学出版社，1997：78.

《书呆子一路》)

(30-2) 没有这个正确的政策，要干也**干不起来**。(薛建华《荣老板与中共领袖的握手》)

(31) 讨论起来/讨论不起来

(31-1) 岂料尹小跳却单择出他讲述当中的"气味儿"和他**讨论起来**。(铁凝《大浴女》)

(31-2) 要考虑，如何形成一种适于讨论的气氛，要不然是**讨论不起来**的。(朱厚泽《文化氛围和文化开放》)

(32) 运转起来/运转不起来

(32-1) 我是希望有一天有足够的人才能够很清晰地沿着我制定的方向去执行，并能够很自主地**运转起来**。(《创业者对话创业者》)

(32-2) 要引进，没有几千万甚至上亿元人民币**运转不起来**。(1994年报刊精选)

当然，相当多的"V+起来"没有相应的"V+不+起来"的用例。例如：

(33) 福特和他的两名助手……压抑不住兴奋地**高喊起来**。(张剑《世界100位首富人物发迹史》)

(34) 她忍不住**哭了起来**。(卞庆奎《中国北漂艺人生存实录》)

(35) 胡文玉就扑上去，一下子抱住小鸾，把她按在炕上，一言不发，狠狠地**捶起来**。(雪克《战斗的青春》)

(36) 现在来说绍兴人的"当当船"。那种船上备着一面小铜锣，开船的时候当当**敲起来**，算是信号，中途经过市镇，又当当当当**敲起来**，招呼乘客，因此得了这奇怪的名称。(叶圣陶《三种船》)

(37) 此时，高尔文的朋友斯图尔特一再动员他，希望两人能合伙办一个蓄电池公司，两人很快**行动起来**。(张剑《世界100位首富人物发迹史》)

一方面，多数"V+起来"没有相应的"V+不+起来"的用例，说明"起来"语法化到了一定的程度；另一方面，"V+不+起来"的存在，表明"起来"语法化还不充分，还保留着趋向的痕迹。

从上面的例子可以看出，"V+起来"表示开始，表示由一种状态转到另一种状态，并且延续、展开。其中V表示持续动作，或可以一次一次重复进行的动作,后者如例(35)中的"捶"、例(36)中的"敲"。

(三)正在进行

动作动词最充分地表示动作意义的是在"正在进行"的语境中。"正在进行"的表现形式最多,这个语境被放大,便于充分展示动作的状态。

1. 无特定标记

动作正在进行,可以借助于特定情景。比如:

(38)穷凶极恶的歹徒见无法挣脱……朝刘淼的喉部、胸部、胃部连**捅** 13 **刀**。(1994 年报刊精选)

(39)纤手刘麻子领着康六进来。刘麻子先向松二爷、常四爷**打招呼**。(老舍《茶馆》)

(40)**来看看,看看**你这年轻小伙子会作生意不会!(老舍《茶馆》)

(41)有几个茶客好像预感到什么灾祸,一个个**往外溜**。(老舍《茶馆》)

(42)然后,……和师傅们一同**擀皮子**、**刮馅儿**、**包包子**、烧麦、蒸饺……(汪曾祺《如意楼和得意楼》)

(43)你怎么**打人**哪?啊?啊?(刘流《烈火金钢》)

(44)话刚落音,一黑瘦男青年肩**扛**一箱克霉唑栓**堆放**到摊档台下……(1994 年报刊精选)

这些用例都表现实时的场景。例(38)"连捅 13 刀"、例(39)"打招呼"、例(40)"来看看"、例(41)"往外溜"、例(42)"擀皮子、刮馅儿、包包子"、例(43)"打人"、例(44)"扛",都是在当时的场景之下出现的具体动作,是正在进行的动作。

现代汉语里,表示正在进行,除无特殊标记,最常见的语法手段是助词"着"和副词"正、正在、在",下面分别讨论。

2. V+着

动作动词加"着",表达的语法意义是很丰富的。主要有下面几点:

第一,特定时刻正在进行某种动作,表示动作持续。

a) 说话当时进行着(现在进行)。比如:

(45)车当当**敲着**两块洋钱,进来。(老舍《茶馆》)

(46)松二爷文诌诌的,**提着**小黄鸟笼;常四爷雄赳赳的,**提着**大而高

的画眉笼。(老舍《茶馆》)

(47) 运输员不明白首长问话的意思,茫然地望望他,又埋头**编着**草鞋。(吴强《红日》)

(48) 全场观众和着欢快的音乐节奏**打着**节拍。(新华社 2004 年新闻稿)

(49) **织着织着**,她停下来,叹了口气。(王朔《刘慧芳》)

"V 着 V 着"表示这种动作形成的状态在继续,后继的话语出现转折,表示某种状态突然意外地出现。

b) 说话以前某个时刻动作进行着(过去进行)。比如:

(50) 1985 年 3 月,一个春寒料峭的日子,连云港锦屏磷矿的 200 多名好汉,**扛着**行李,**提着**脸盆,首先登上连岛安营扎寨。(1994 年报刊精选)

(51) 第三十九回中,刘姥姥正向贾母**编着**乡下的故事,贾府南院子马棚着起火来,这也是一种征兆。(钱宁《五彩缤纷红楼梦》)

(52) 夏完淳**装着**不认识洪承畴,……(《中国儿童百科全书》)

第二,长时间内一直进行的动作,表示动作持续。比如:

(53) 40 多年来,他**扛着**摄影机登山、穿林、钻洞甚至上天。(1994 年报刊精选)

(54) 一步一个脚印坚实地**打着**基础。(1994 年报刊精选)

(55) 何捷智至今仍**打着**新主意,向人们展示企业今后的新实力……(1994 年报刊精选)

"扛着摄影机""打着基础""打着新主意"等,本来是很具体的动作。但这些用例中,这些动作都指较长时间内一直在持续的做法。"扛、打"成为较长时间内的动作,具体动作意义已经很不明显。

第三,表现为过程,表示动作持续。

延续的动作成为一种状态,具体的动作意义也已经淡化。比如:

(56) 如果人**叼着**香烟,或**打着**火把走路,就会像喷气式飞机招引响尾蛇导弹一样,成为这类毒蛇主动袭击的对象。(《中国儿童百科全书》)

(57) 有一次他连续 15 天一边**打着**吊针,一边坚持工作,为加强中国人民和所在国人民的友谊辛勤劳动,可是在不久前他英年早逝。(新华社 2004 年新闻稿)

(58) 忽然来了一百多个穿新衣的农民军，……后面还有人用竹竿**挑着**一卷文书。(《中华上下五千年》)

(59) 他**打着**手势，脸上扮出各种表情……(1994年报刊精选)

(60) 他瞒着组织和家人，**打着**吊瓶赶稿子。(1994年报刊精选)

第四，表示静态的存在：动作完了以后留下的状态。

"V+着"本来是歧义形式，一表示这个动作在持续，二表示这个动作完成以后留下了一种状态。一般来说，"V+着"多表示动作持续，而能否表示状态则取决于动词的语义特点。当"V+着"进入具体的句子，出现甚至隐含相应的处所词语，此时，"V+着"呈现为动作完了之后留下的状态，不再表示动作；只有追溯"V+着"这种状态形成原因时才能找到曾经进行的动作。比如：

(61) 腿上**打着**石膏。(1994年报刊精选)（"腿上"表示处所。）

(62) 解放军**穿着**草鞋、**打着**绑腿接管了申报馆。(1994年报刊精选)（处所词语呈隐含状态。）

(63) 作坊靠西墙，**放着**两张车床。(汪曾祺《戴车匠》)（"作坊"表示处所。）

(64) 你无论如何也难以相信，这**铺着**地毯，**摆着**彩电、冰箱、沙发，**装着**电话、空调、吊灯，且带有会客厅的套间会是东方医院的病房。(1994年报刊精选)（"会客厅的套间"表示处所。）

(65) 在一爿烧毁了的典当铺的广场上，**围坐着**十几个女孩子，她们坐在席上，**垫着**一小块棉褥。(孙犁《织席记》)（"广场上""席上"表示处所。）

第五，表示动作的方式。

"V+着（N）"可以出现在表示主要动作的动词前面，这种用法的"V+着（N）"虽然还表示动作，但动作已经转化为一种动态的方式，动词的动作意义相对较弱。比如：

(66) 七八名青年男女**打着**赤脚在上边玩水。(新华社2004年新闻稿)

(67) **打着**灯笼也寻不到呢，老师今儿个上门来了！(陈桂棣、春桃《中国农民调查》)

(68) 巡警**打着**官腔说："你已经触犯了香港的法律，按规定应该带你去差馆接受审查，不过也可以罚款代之。"(1994年报刊精选)

(69) 这一阵子柿子椒便宜了，一角六分钱一斤，秦淑惠就天天买两斤

来炒着吃。(刘心武《公共汽车咏叹调》)

(70) 另一种叫"克星",当地叫"菜土豆",白皮白瓤,嫩脆,**炒着吃**好,表皮光滑。(1994年报刊精选)

(四) 持续:呢₁/下去

1. 语气词"呢₁"

朱德熙指出,"语气词里只有'了''呢₁'和'来着'是表示时态的。其中的'呢₁'表示持续的状态"[1]。他还举例说,"下雨呢(原来就在下)","门开着呢(原来就开着)"。比如:

(71) 你想说什么就说,**我听着呢**。(王朔《玩的就是心跳》)

(72) 秉宽在旁应道:"二爷在柜上**支应着呢**。"(郭宝昌《大宅门》)

(73) 他偷眼往里间看,一僧一道正在窗前**下围棋呢**。(老舍《正红旗下》)

(74) 宋先生犯了死罪,我心里十分难受,在**为宋先生祈福呢**。(《中华上下五千年》)

(75) 他自己,自从到城里来,又长高了一寸多。他自己觉出来,仿佛还得**往高里长呢**。(老舍《骆驼祥子》)

语气词"呢₁"可以表示短时间内的持续,如例(71)的"听着呢",例(72)的"支应着呢",例(73)的"下围棋呢";也可以是比较长时间内的持续,如例(74)的"为宋先生祈福呢",例(75)的身高"往高里长呢"。

2. 下去

"下去"也是语法化比较彻底的形式,表示动作继续进行。比如:

她会在自设的角色中一直口是心非地**扮演下去**(履园《饮食·男女·异国情调》)| 我们将跟阿里巴巴把广告战一直**打下去**(刘世英《谁认识马云》)| 当前,势难急办了,只得再耐心**等下去**(李文澄《努尔哈赤》) | 吴华人一见后金骑兵前来助战,不敢再**斗下去**(李文澄《努尔哈赤》)| 既然省政府已经下了文了,那就继续**搞下去**吧(陈桂棣、春桃《中国农民调查》)| 天气不早了,不能总这样**哭下去**呀(杨沫《青春之歌》)| 姓韩的小子再这么**闹下去**,咱们家也没安宁日子过(郭宝昌《大宅门》)| 他觉到痛快,好像就这么**跑下去**,一直跑到不知什

---

[1] 朱德熙. 语法讲义 [M]. 北京:商务印书馆,1982:209.

么地方（老舍《骆驼祥子》）｜作者……还要洋洋洒洒地**写下去**（王朔《玩的就是心跳》）｜王安石眼看新法没法**实行下去**，气愤得上书辞职（《中华上下五千年》）｜穿上了魔力无边的红舞鞋，于是他昼夜不停地**跳下去**（汪兆骞《穿上"红舞鞋"的邓贤》）｜我这一辈子在三尺讲坛上就这么**站下去**，直到鬓发如霜，老态龙钟（1994年《人民日报》）｜李延龄当然不可能同姜春云**争执下去**（陈桂棣、春桃《中国农民调查》）｜老先生才"嗯"一声，没有**追究下去**（陈廷一《蒋氏家族全传》）｜每天快走20～30分钟，持续**走下去**，一定能感受到许多好处（子柔《时光向左女人向右》）。

与"V+下去"相对，存在"V+不下去"的用例，说明"下去"虚化不彻底。比如：

(76) 干下去／干不下去

(76-1) 看准了的，就要坚定不移地**干下去**……（《中华人民共和国军事史要》）

(76-2) 我这几天什么也**干不下去**！（老舍《四世同堂》）

(77) 开下去／开不下去

(77-1) 女儿澄子决心把店继续**开下去**。（李长声《〈芬雅堂随笔〉后记》）

(77-2) 您这铺子快**开不下去**了吧？（郭宝昌《大宅门》）

(78) 说下去／说不下去

(78-1) 他喝了一口茶，一字一句地接着**说下去**……（1994年报刊精选）

(78-2) 白文氏低下头**说不下去**了。（郭宝昌《大宅门》）

(79) 维持下去／维持不下去

(79-1) 把局面**维持下去**，直到麦子成熟，灾民散去。（朱秀海《乔家大院》）

(79-2) 董大兴说已经**维持不下去**了。（郭宝昌《大宅门》）

(80) 做下去／做不下去

(80-1) 认准了的事情，就要坚定不移地**做下去**。（1994年报刊精选）

(80-2) 这买卖实在是**做不下去**了，请诸位另谋高就……（郭宝昌《大宅门》）

"下去"表示继续。与"V+起来"相比，相应的与"V+下去"相对的"V+不下去"用例要多，说明"下去"保留着更多的运动趋向痕迹。从时间范畴说,持续、继续都指向未来。"V+下去"表示继续做的行动和意志,或表示决心、愿意继续这样做,即表示沿着时间向前运行之流,顺流而下地推进动作。

(五)完成或实现:V+了

语法学界的共识是,"了"表示完成。联系具体的语境,包含"了"的话语表示的意义很丰富。

1. 表示具体情境之下动作完成,取得了特定结果。比如:

(81)我当晚就**拜读**了这部小说。(斯舜威《赵淑侠西施故里行》)

(82)紫云借过端午的机会,**挎**了一篮粽子去看福大爷,委婉地**说**了一下认干亲的打算,探探福大爷的口气。(邓友梅《那五》)

(83)我**等**了您好大半天了!(老舍《茶馆》)

(84)英法联军**烧**了圆明园,尊家吃着官饷,可没见您去冲锋打仗!(老舍《茶馆》)

(85)过了不久,马齐终于由人说合,只**花**了卖假瓷器的一半钱,把索七的真货**弄到**了手。(邓友梅《那五》)

以上各例中"V+了",表示短时间内的动作完成,或表示动作结束,并取得了结果。

2. 表示动作延续了一定长度的时间。比如:

(86)在此期间,他**阅读**了大量的书籍。(《中共十大元帅》)

(87)我为国家队**打**了6年球,……(新华社2004年新闻稿)

(88)年广九"文化大革命"时开始炒瓜子,**炒**了十几年才炒出傻子瓜子。(1994年报刊精选)

(89)我采访钟南山,**打**了一个星期电话才找到他,夜里11点采访,1点成稿,要的就是独家!(新华社2004年新闻稿)

(90)她**看**了多少年,没见过紫云这么心慈面软的好人,要是能把老头交给她,她在九泉下也为紫云念佛。(邓友梅《那五》)

以上各例"V+了"表示在较长时间段里进行某种动作,到说话当时,动作告一段落。

3. 侧重表示形成了某个结果,表示状态。比如:

(91)为了便于记忆,人们**编**了一首二十四节气歌。(《中国儿童百科全书》)

(92)她从橱子里翻出些现成的黄花木耳，发开，用余下的瘦肉**炒**了一个木樨肉——又是一道菜。(铁凝《大浴女》)

(93)工作到此也只是**画**了个逗号，更艰巨的任务还在后头。(1996年《人民日报》)

(94)谭嗣同……**写**了一部《仁学》，将现代化学、物理学的一些概念引入了新儒家。(冯友兰《中国哲学简史》)

(95)她用这些羽毛**制做**了一个大翅膀，大得可以覆盖住人的全身……(凯蒂《旅途上的独角兽》)

以上各例里的"V+了"，表示动作形成了特定的成果，其中的动词是加工、制作意义的动词。

4. 表示成果或状态以特定方式存在。比如：

(96)后来他**安装**了假肢。(新华社2004年新闻稿)

(97)这张办公桌的右侧几案上**摆**了三部电话机。(张佐良《周恩来的最后十年》)

(98)灶上的铁钩上**挂**了两只鸡，颜色灰白。(汪曾祺《如意楼和得意楼》)

(99)联大大门两侧墙上**贴**了许多壁报、学术演讲的通告、寻找失物、出让衣鞋的启事，形形色色、琳琅满目。(汪曾祺《鸡毛》)

(100)二姐在自家的电脑上**装**了个摄像头……(新华社2004年新闻稿)

"安装、摆、挂、贴、装"等动词，都是通过人的肢体进行的具体动作。这些动词表示的动作完成以后都留下了特定的结果。"安装了"与"安装着"很接近，只不过"安装着"侧重表示动作结束留下某种结果，"安装了"侧重表示留下某种结果的动作已经结束。

5. 表示特定状态的动作开始：V+了起来。比如：

(101)本来很平常的对话，说着说着双方就**吵了起来**。(《说服孩子的对话：这样说孩子最能接受》)

(102)小砂锅热了，我倒进韭菜，打上3个鸡蛋，**炒了起来**。(1996年《人民日报》)

(103)不到十天，他就命令厨师宰杀牲畜，大鱼大肉地**吃了起来**。(倪方六《中国人盗墓史》)

(104) 坐在脏乎乎的小酒馆里直接拿着酒瓶**喝了起来**。(卞庆奎《中国北漂艺人生存实录》)

(105) 他想了想,动笔**写了起来**。(《中国儿童百科全书》)

可以把"V+了起来"分析为"V+起来"加上表示完成的"了"。前述"(二)开始:V+起来"的分析表明"V+起来"是表示进入了新的状态,"V+了起来"里的"了"表示的完成意义指向新状态开始这个过程;整个形式表示新的状态已经开始,已经形成,正在展开。

6. 表示特定动作继续:V+了下去。比如:

(106) 后来读到下面这段话,便饶有兴味地**读了下去**:"愿您能喜欢本书,愿它能在您的书架上占有醒目的位置。"(姜云生《是个好办法》)

(107) 李忠谊一直记着父亲年轻时的故事,并从1980年17岁起把它变成了自己的故事,继续**讲了下去**。(1994年报刊精选)

(108) 正因如此,我才一集不落地**看了下去**。(2000年《人民日报》)

(109) 从此两人就一部又一部地**写了下去**,成为海外新派武侠小说的名家、大家,更同被誉为新派小说的鼻祖。(柳苏《金色的金庸》)

(110) "小事"一件件地在车管所**做了下去**,车管所办事方便的形象在群众中也一天天树立了起来。(1996年《人民日报》)

这种继续可以是过去继续进行的事。比如:

(111) 汉文帝听说一个小女孩写了信来,很是好奇,就一口气把信**读了下去**。(《中国儿童百科全书》)

可以把"V+了下去"分析为"V+下去"加上表示完成的"了"。前述"(四)持续:呢$_1$/下去"的分析表明,"V+下去"表示动作过程持续。"V+了下去"里的"了"表示的完成意义指向持续这个环节,整个形式表示持续已经开始,正在顺利进行。

(六)最近的过去:来着

"来着"是语气词,特殊之处是表示最近的过去。固然也有用"来着"表示很久以前的事的用例,但在说话人看来,那也是心理上觉得很近的情况。比如:

(112) 古人怎么**说来着**。有便宜不占王八蛋。咱们不能当王八蛋吧。（《北京人在纽约》）

(113) 当年，毛主席是怎么**教导**你们**来着**？浪费，是极大的犯罪。（王海鸰《中国式离婚》）

"来着"的基本用法表示离说话当时不远的过去的时间。

1. 陈述句

"来着"用于陈述句，多表示第一人称自述的、刚才进行的动作，多含有说话人申述的意思。比如：

(114) 今天他叫人**搓背来着**，搓背的人顺手儿给他验了伤。（老舍《西望长安》）

(115) 王玉芳不定怎么在人家面前**吹牛来着**。（谈歌《城市警察》）

(116) 有个白先生在保定府日本人手里做事，前些日子到我们家里，还**打听**你**来着**。（孙犁《风云初记》）

(117) 我帮着**装**行李**来着**。（张贤亮《绿化树》）

(118) 我**查岗来着**。（兰晓龙《士兵突击》）

2. 疑问句

"来着"用于疑问句，含有查问、追问、反问的意味，以最近的过去的情况为基础进行发问。比如：

(119) 她**说**什么**来着**？（老舍《鼓书艺人》）

(120) 你刚才**说**什么**来着**？（《编辑部的故事·飞来的星星》）

(121) 你怎么喘得这么厉害？有人**追**你**来着**？（刘流《烈火金钢》）

(122) 您什么时候跟她**商量来着**？（老舍《鼓书艺人》）

(123) 比较客气的批评是："早干什么**来着**？"（1994年《人民日报》）

例（119）、例（120）、例（121）表示查问，试图弄清情况；例（122）表示追问或反问；例（123）表示反问，带有批评的意味。

（七）经历：V＋过

"V＋过"表示以往一次或数次的动作。比如：

(124) 李有才也给他**编过**一段快板道……（赵树理《李有才板话》）

(125) 李国安入伍34年来，先后**当过**骑兵、步兵、基建工程兵，**放过**

羊、**打过**坑道、**办过**农场，干一行、爱一行，在每个工作岗位上都做出了突出成绩。(1996年《人民日报》)

(126) 他本人**打过**三十年乒乓球，非常喜欢这项运动。(1995年《人民日报》)

(127) 周瘦鹃早在二十年代就蜚声海上文坛，**编过**报刊，**写过**小说，又**搞过**翻译，是我国较早介绍西方进步文学的作家。(王稼句《清秀古雅的盆梅》)

(128) 法国和英国也**打过**百年战争。(新华社2004年新闻稿)

与"V+了"不同，"V+过"表示过去某个时候发生，不延续到说话的当时。

四、时间范畴表示法与动词动作性（下）：词汇手段

本段继续讨论用词汇手段表示的不同时间范畴中动词动作性的显隐或提取。

(一) 准备/即将进行：将、要、马上

现代汉语表示动作过程中的即将开始或即将进行，没有特定的语法手段，主要采用词汇手段。

1. 将

"将"是副词，做动作动词的状语。比如：

(129) 一旦事件有发展状况，监测人员**将敲**锣示警，并汇报指挥部。(新华社2004年新闻稿)

(130) 迈尔斯还**将拜会**中央军委领导人和外交部主要领导，并参观中国航天城。(新华社2004年新闻稿)

(131) 她不仅是朋友，她**将**把她的一生**交给**他，两个地狱中的人**将要抹去**泪珠而**含**着笑携手**前进**。(老舍《骆驼祥子》)

(132) 他……只想招弟若真和李空山结婚，他**将**得到个机会**施展**自己的本事。(老舍《四世同堂》)

(133) 明年二月，美国人**将**把一个空间装置**送入**月球轨道，以绘制一份月球地质图。(1993年《人民日报》)

例（129）"将敲锣示警"表示一旦某种状况出现，会采用某动作，表示的是动作准备进行。其他各例亦如此。

2. 要

"要"是助动词，用在动作动词前面。比如：

（134）随后，他又从身后抽出了一件家伙，大声吼道："看我打不死你××的。"说着就**要下车打人**。(1996年《人民日报》)

（135）诸葛亮得知刘备**要来拜访**他，故意躲开。(林汉达、曹余章《上下五千年》)

（136）他已设想**要编写**一套自动控制理论方面的丛书，这套丛书由研究室的同志共同完成。(1994年报刊精选)

（137）大奶奶刚**要对**徐焕章**起疑**，徐焕章把喜讯带来了："大爷的死刑开脱了，明天请奶奶亲自去探监。"(邓友梅《烟壶》)

（138）乌世保趔趔趄趄走到一个骡马店前，刚**要进门**，一个伙计迎了上来，问道："您找谁哪？"(邓友梅《烟壶》)

这些例中"要下车打人""要来拜访""要编写""要对徐焕章起疑""要进门"等都表示即将采用某种做法的意愿。

3. 马上

"马上"是副词，用在动词前作状语，表示很快就采取行动。不过这个"很快"时间可以极短暂，也可以相对较长。比如：

（139）我们收到稿子就**马上**编、**马上**排、**马上**印、**马上**把这个有悼念特辑的杂志**送到读者手中**……(顾家熙《忆吴晗》)

（140）有好几次，她感觉教授讲的例子不合逻辑，就**马上举手提问**。(土一族《从普通女孩到银行家》)

（141）并且对他许诺，"只要史玉柱一毕业，**马上**就可以**定**为处级干部"。(成杰《史玉柱传奇》)

（142）他恨不得**马上**就能再**买**上辆新车，越着急便越想着原来那辆。(老舍《骆驼祥子》)

"马上编""马上举手提问"等表示立刻进行相关动作，而"马上就可以定为处级干部"则要履行手续，"马上就能再买上辆新车"还是要经历一段时间的。

断言动作将要进行，要有明确的参照时间，如例（133）参照时间是"明年二月"，而说话的当时是 1993 年 6 月。参照时间可以与说话的当时重合，也可以追溯过去，如例（135）刘备将要拜访诸葛亮，说的是三国时期的事，而《上下五千年》中这样说最早是在 1979 年该书初版之时。

本书关注具体使用中动作动词表现出来的动作性。即将进行的动作，当然是受主体强烈驱使的动作，是主体充分准备的动作，是蓄势待发的动作。但是，这样的文本中的语句用到的动作动词毕竟只是潜在动作，是对动作的期待，而不是实现了的动作。

（二）正在进行：正/正在/在

"正、正在、在"表示动作处于进行之中。具体说，进行的时间可以较短，也可以持续较长时间。这个进行之中一般以说话当时为参照，这无须在句子里特别交代；也可以选择过去某特定时间，这就要明确交代。

1. 短时

"正、在、正在"表示正在进行，使用时，短时动作动词动作性表现最明显。例：

（143）老人定睛一看，只见一女青年**正**在河水中**挣扎**，想靠近岸边又没有气力。(1994 年《人民日报》)

（144）摊主**正装**模作样地为七八个农村男女**拿脉**看病。(1994 年报刊精选)

（145）春兰**正**跟娘**剁**干菜，**蒸**大饺子。(梁斌《红旗谱》)

（146）他又走了几家，青年男女有的**正在编**炕席，有的铡草，有的遛马，有的喂猪。(周立波《暴风骤雨》)

（147）十多个老人有的**在对弈**，有的**在打牌**。(1994 年《人民日报》)

2. 长时

"正、在、正在"表示正在进行，可用于表示长时间进行的动作，这样本来可以短期完成的动作呈现为需经历较长的时间，动作显得不那么具体，动作性相对减弱。比如：

（148）波密县贮木场的原木**正装**车外运。(1996 年《人民日报》)

（149）我们现在**正打着**两场战争。一场是四十年前就开始了的；另一场

呢，最近才开始，是跟侵略者的斗争。(老舍《鼓书艺人》)

(150)《企业国有资产产权登记管理办法》……目前**正做**进一步的修改，即将上报国务院。(1994年报刊精选)

(151) 我想，他是**在找寻**黄土高原真正底层的那种炫目的黄色。(朱伟《最新小说一瞥》)

(152) 现在**正在编撰**百科全书，朱先生这本书里的十三篇可以作为十三个条目收到百科全书里去……(叶圣陶《重印〈经典常谈〉序》)

3. 说话以前某时刻正在进行

(153) 一天，他看见村里有许多人**正忙着拔除荨麻**。(雨果《悲惨世界》)

(154) 去年冬天的一个晚上，王振武**正在洗脚**，一个怯生生的庄稼人特来登门拜访。(1994年报刊精选)

(155) 一九四三年秋末冬初，胡考一度从延安潜来上海，那时我**正在编**《万象》。(柯灵《〈周报〉沧桑录》)

(156) 当时这个国家**正打内战**……(《中国儿童百科全书》)

说话时间以前的动作，离说话时有的较近，有的较远，都是对正在进行的动作的追叙。相对于说话当时正在进行的动作而言，说话时间以前的动作的现实性特点被磨损，动作性相对减弱。

(三) 一般现在时

有些文本叙述习惯性动作，表达多次动作，阐述一般道理、一般事实时，并不刻意要交代时间。

1. 多次

(157) **频频打出**让观众仰头观看的高球。(新华社2004年新闻稿)

(158) 他**每天**一清早，就从家里**走到**北院，**走进**花圃，**选择**几十穗半开的各色剑兰，**剪**下来，**交给**他的夫人，**拿到**近日楼去卖。(汪曾祺《日规》)

(159) **每日**里无非**逗逗**蛐蛐，**遛遛**画眉，**闻**几撮鼻烟，**饮**几口老酒，家境虽不富有，也还够过。(邓友梅《烟壶》)

(160) 回国时带回了一些花种，**每年**还种一些。在北京时就种。学校迁到昆明，他又带了一些花种到昆明来，接着种。(汪曾祺《日规》)

(161) 防治研究室的医生们**数年坚持走楼串户**，或骑车、或步行，**常常**

是利用晚间**拜访**患者，不厌其烦地**咨询宣传**。(1994年报刊精选)

句子里有显示多次的词语，比如例（157）的"频频"，例（158）至例（161）的"每天一清早、每日里、每年、数年"等，都具体交代是多次重复进行的动作。

即使不特别交代表示多次，有些句子也可以体会出多次的情形。比如：

（162）开门七件事，油盐酱醋茶；今天领导拜访，明天外宾探望……哪件大事小事不要我来为他安排？(1994年报刊精选)

（163）他喝酒也快，不像老吕一口一口地抿。(汪曾祺《安乐居》)

（164）他把这些字纸背到文昌阁去，烧掉。(汪曾祺《收字纸的老人》)

例（162）"今天"和"明天"对举，表示并非一日；例（163）、例（164）说的都是经常这样做的动作。

2. 非特指的时间

说到一般风俗习惯、普通的道理或情理、客观需要，都不具有特定的时间性。比如：

（165）这里的风俗，清明那天吃螺蛳，家家如此，说是清明吃螺蛳，可以明目。(汪曾祺《戴车匠》)

（166）旧时北京人尚且讲求脚踩"内联升"，头戴"盛锡福"，身穿"八大祥"呢！(1994年报刊精选)

（167）1克纯金可拉成长25千米的丝。(《中国儿童百科全书》)

（168）《金瓶梅》，……这种书，除以影印本供应专家、学者之外，应该编印洁本，公开发行。(子起《读书应当无禁区》)

（169）经济工作在理论上也有很多发展，必须编入书中。(陆定一《薛暮桥〈中国社会主义经济问题研究〉修订版序言》)

（170）咱惹不起躲得起。(邓友梅《烟壶》)

3. 虚拟时间

（171）专家们因此呼吁，家有老人的子女们应在繁忙工作之余，多抽点时间"常回家看看"。(新华社2001年10月新闻报道)

（172）她多么想看看自己梦牵魂绕的家乡，多么想拜访她朝思暮想的乡

亲。(1994年报刊精选)

(173) 外地茶商不愿来，茶农便肩挑背扛，翻山越岭，到外地去找销路。(1994年报刊精选)

例（171）专家建议回家看看，这个时间并不确定；例（172）"多么想拜访"，这个"拜访"的机会并不存在；例（173）如果外地茶商不愿来，则有"肩挑背扛、翻山越岭、找销路"的动作，这些动作也不确定是现实就已存在的。

（四）完成或实现：已经

《现代汉语词典》（第7版）对"已经"的解释是"表示动作、变化完成或达到某种程度"（第1548页）。"已经"单独表示完成或达到某种程度的用例是有的。比如：

(174) 德国红十字会捐献了一个战地医院，所需器材、设备**已经打包装入**大约50个集装箱，准备运往伊朗受灾地区。(新华社2003年12月新闻报道)

例（174）如果没有"已经"，只能表示"打包"正在进行，不足以显示动作已经完成，这个"已经"是独立表示完成之义的。但是，多数用例显示，"已经"作状语，加在其他表示完成的形式前面。

1. "已经"用在"V+了/过"前面

(175) 赵新明回答得很快，看来他该做的工作都**已经做过**了。(张平《十面埋伏》)

(176) 到现在为止，**已经抓**了一百多，打了七十几个，叫他们反吧！(老舍《茶馆》)

(177) 李永和**已经吃过**二位弟兄好几顿饭。(老舍《也是三角》)

(178) 我用扁担为旅客挑行李，**已经挑**了32个年头了。(1994年报刊精选)

(179) 那些动作我**已经做**了一百万遍，今天的比赛就像平时的一次训练一样。(新华社2002年2月新闻报道)

上面的例子表明，"已经+V+了/过"可以表示一次性动作完成，也可以表示多次反复的、多年进行的动作完成，后者如例（178）、例（179）。

2. "已经"用在"V+补语"前面

（180）小栓**已经吃完**饭，吃得满头流汗，头上都冒出蒸气来。（鲁迅《药》）

（181）寨中处处大门上都**已经贴好**了红纸春联，也有的遵照古风，挂着桃符。（姚雪垠《李自成》）

（182）他们在交通、住宿、观光等服务接待方面**已经做好**了充分准备。（新华社2002年3月新闻报道）

（183）把**已经装进**个人口袋的钱再掏出来，从来都不是一件容易的事。（1994年报刊精选）

（184）姚金凤的话没有完，小三子**已经跳过**来揪住了她。（茅盾《子夜》）

"V+补语"是表示完成的形式，"已经"与"V+补语"连用，是表示动作完成形式的叠加使用。

（五）经历：曾经

《现代汉语词典》（第7版）对"曾经"的释义是"表示从前有过某种行为或情况"（第133页）。"曾经"表示经历，也就包含着事情发生在过去；可以表示以往的一次做法，也可以表示以往的多次做法。

1. 曾经+VP

"曾经"直接加在动词性词语前。比如：

（185）有一个竞争对手企业对一汽的产品质量表示怀疑，**曾经派**人悄悄到一汽的销售公司买了两辆汽车……（1994年报刊精选）

（186）近几年，她们**曾经**3次**击败**1999年世界杯亚军中国队，**曾经**5次**战胜**韩国队。（新华社2003年8月新闻报道）

（187）四十年代后期，巴金**曾经打算**编定他从事文学工作以来比较完整的结集，就是将译本考虑在内的，初步定名为《巴金译作集》。（黄裳《谈"全集"》）

（188）第二次世界大战后，在当时东西方两大阵营对峙的态势下，美国政府基于它的所谓全球战略及维护本国利益的考虑，**曾经**不遗余力地**出钱**、**出枪**、**出人**，支持国民党集团打内战，阻挠中国人民革命的事业。（国务院台湾事务办公室《台湾问题与中国的统一》）

（189）在对待朝鲜王国战与和、对待朝鲜兵将杀与放的问题上，代善与

努尔哈赤始终意见相左，**曾经发生**多次争执。(李文澄《努尔哈赤》)

以上各例，句子暗示了动作的完成是在过去，不用"曾经"，完成的意思也可以表达。之所以用上"曾经"，是把完成了的动作推向或远或近的过去，强调经历的意味。

2. 曾经+V+过

（190）汉诺咸96队80年代**曾经打进过**甲级联赛，1989年降级后就一蹶不振，还长期停留在丙级联赛中。(新华社2001年9月新闻报道)

（191）席慕蓉这次来伊盟，**曾经说过**几遍，希望能见到4位作者中的一位，要当面转交报纸和稿酬。(1994年报刊精选)

（192）谣言吧，真事儿吧，祥子似乎忘了他**曾经做过**庄稼活；他不大关心战争怎样的毁坏田地，也不大注意春雨的有无。(老舍《骆驼祥子》)

（193）不错，他**曾经**在各处**做过**事；可是，在他的心的深处却藏着点北平人普遍的毛病——怕动，懒得动。(老舍《四世同堂》)

（194）钱先生**曾经嘱咐过**他，照应着她。(老舍《四世同堂》)

"曾经"加上"V+过"是两种表示完成手段的叠用，只不过"曾经"把完成的动作推向或远或近的过去，也强调经历的意味。

3. 曾经+V+补语

（195）毛泽东为了研究战争，**曾经提出**战争规律中的概然性问题，把概率论知识纳入他的知识结构。(1994年报刊精选)

（196）太阳系究竟是怎样产生的，这个问题直到现在仍然没有令人完全满意的答案。长期以来，人们为了解决这个问题，**曾经提出**过许多学说。(《中国儿童百科全书》)

（197）淮海大地，盐阜平原间，**曾经创造出**辉煌历史的苏北人民，又在创造当今的辉煌！(1994年报刊精选)

（198）1992年，北京、上海、天津、沈阳等城市，改造老城区、老商场，新建、扩建合资大商业中心的举动，**曾经闹得轰轰烈烈**。(1994年报刊精选)

（199）在历次渡海登陆作战中，使用自己改装的"土炮艇"组成护航队，运用近战歼敌的打法，以土制洋，以小胜大，**曾经击沉击伤**国民党军舰

艇多艘，发挥了巨大威力。(《中华人民共和国军事史要》)

"曾经"加上"V+补语"也是两种表示完成手段的叠用。同样，用"曾经"把完成了的动作推向或近或远的过去。

4."曾经+VP"，"曾经"必用

除了以上3点所说的"曾经"不出现，仍然可以很确定地表示以往的经历外，下面句子里的"曾经"是强调过去经历的关键词语，不可或缺，否则不能表示以前有过这一事实，甚至句子都不能成立。比如：

(200) **曾经有人**在街上指着何家贵的鼻子破口大骂，**曾经有人**拔刀威胁何家贵，但他毫无惧色，一身正气。(1994年报刊精选)

(201) 我国第一代卫星通信专家、总参信部原副部长杨千里，**曾经从事**我国第一代同步卫星通信系统70.6工程的设计和建设工作。(1994年报刊精选)

(202) 我**曾经骑马扛枪**，他也**曾引车卖浆**。(戴厚英《人啊人》)

(203) 我国是一个历史悠久的文明古国，**曾经创造**了灿烂的古代科学文化。(1994年报刊精选)

(204) 学校十几年来一直通过送石榴活动进行爱国教育，学校有两棵石榴树，**曾经把**石榴**献给**党的十四大、猫耳洞的解放军叔叔、国旗班战士。(1994年报刊精选)

例(200)至例(202)用"曾、曾经"显示动作的时态；例(203)用"曾经"使后面分句与前一分句时态合拍；例(204)用"曾经"表明动作发生的时间（原文指1992年10月），从而与说话时间（1994年）对应。这些例子中的"曾经"都必须出现。

五、不同时间范畴下动词动作意义的表现

下面笔者沿用前辈学者的说法，按未然、方然和已然三种时态，综合考察动词动作意义的表现。

（一）未然与动词动作意义的表现

所谓未然，确切的说法是"将然"，是意向中的，或计划中的，或接受

指令、受到请求等推动将要进行的，是提上日程的动作。

将然的动作，受到或强或弱的主体意识的驱使，或受到另一个主体强制性的或不带强制性的意向的驱使，动作主体做准备，进行策划，确定动作的方式。这中间包含着主体的主观能动性，是主体主动进行的动作。

但是，将然的动作只是潜在的动作，还不是已经发动的动作。将然的动作没有现实性，所以表现将然动作的句子里动作动词本身的动作性并没有表现出来。将然时态下的动作动词，动作性并不强。我们用前文举例说明：

（129'）一旦事件有发展状况，监测人员**将**敲锣示警，并汇报指挥部。（新华社 2004 年新闻稿）

（133'）明年二月，美国人**将**把一个空间装置送入月球轨道，以绘制一份月球地质图。(1993 年《人民日报》)

例（129'）"将敲锣示警，并汇报指挥部"，例（133'）"将把一个空间装置送入月球"，这些动作都处在预想之中、计划之中，都还没有进行。

（134'）随后，他又从身后抽出了一件家伙，大声吼道："看我打不死你××的。"说着就**要**下车打人。(1996 年《人民日报》)

（138'）乌世保趔趔趄趄走到一个骡马店前，刚**要**进门，一个伙计迎了上来，问道："您找谁哪？"（邓友梅《烟壶》）

例（134'）"要下车打人"，例（138'）"要进门"，打人、进门这些动作都还没有进行，表现为意向或趋向。

（139'）我们收到稿子就**马上**编、**马上**排、**马上**印、**马上**把这个有悼念特辑的杂志送到读者手中……（顾家熙《忆吴晗》）

（141'）并且对他许诺，"只要史玉柱一毕业，**马上**就可以定为处级干部"。（成杰《史玉柱传奇》）

"马上"是不少论著讨论时间概念时作为未来时间代表的一个形式。"马上"表示将然，但说话当时距离动作要进行的时间有长有短。例（139'）表示收到稿子后的编、排、印、送的动作是立刻进行的；而例（141'）说史玉柱从毕业到定为处级，至少应该有数天时间。尽管如此，这些也都是尚未进行的动作。

综上，未然或将然，常通过"将、要、马上"等副词作状语表示。将然时态下的动作，动作意义是潜在的。

(二) 方然与动词动作意义的表现

1. 方然动作，其动作性最强

方然的动作，是说话当时进行的动作，即正在进行的动作。

动作正在进行、逐步展开，可以根据进展进行调节，加大力度，改变方式，采取或追加必要的措施等，所以处于"正在进行"动态下的动作动词，表现出来的动作性最强。下面是邓友梅《烟壶》里的一段：

(205) 偏巧凑来看热闹的人里边有几个人认识徐焕章，早已恨得牙痒痒而找不着办法报复他，一见这机会，可就拾起北京人敲缸沿的本事，一递一句，不高不低在一边念秧儿：

……

围观的人越来越多，越来越杂。有人就喊："打！""教训教训这个反叛！"

乌世保哪受过这种辱谩，恰又喝了酒，便一扬手举起荷叶包朝徐焕章砸了过去，大声骂道："你小子当官了，你小子露脸了，你小子不认识主子了！我今天教训教训你，让你知道自己是个什么东西……"

看热闹的人一见这穿得鲜亮体面的官员被个穷酸落拓的旗人砸得满头满脸猪肝猪肠、头蹄下水，十分高兴，痛快，于是起哄的、叫好的、帮阵的、助威的群起鼓噪，弄得菜市口竟像谭叫天唱戏的广和楼，十分热闹火爆。

乌世保在菜市口教训徐焕章，在周围人挑动之下，情绪和气氛失控，动作越来越失去分寸，多种动作营造出情绪高涨的场面，其间动作性表现很强。

2. 动作在时间向度内展开

正在进行的动作，有的是基本动作，有的是拓展动作、协同动作，甚至是组合动作、综合动作；有的是瞬间动作，有的动作呈现为过程；瞬间动作中还有的可以一次一次地重复，在时间这个维度里延伸。

基本动作一般都相对短暂，肢体或全身发出动作延续的时间都是有限的，这是生理限度决定的。越是在时间维度延续时间长的动作，离基本动作越远、越间接,其动作性也相应的越来越弱。这就使短时动作的动作性变得较强,长时动作动作性相对较弱。

3. 表示正在进行的动作的方式

表示正在进行的动作,从表示方式说,有"动词+着",有"正/正在/在+动词",有"V起来""V了起来""V下去""V了下去";除此以外,还应包括一般现在时。我们仍用前例说明:

(45′) 车当当**敲着**两块洋钱,进来。(老舍《茶馆》)

(59′) 他**打着**手势,脸上扮出各种表情……(1994年报刊精选)

(72′) 秉宽在旁应道:"二爷在柜上**支应着**呢。"(郭宝昌《大宅门》)

(143′) 老人定睛一看,只见一女青年**正在**河水中**挣扎**,想靠近岸边又没有气力。(1994年《人民日报》)

(146′) 他又走了几家,青年男女有的**正在编**炕席,有的铡草,有的遛马,有的喂猪。(周立波《暴风骤雨》)

(147′) 十多个老人有的**在对弈**,有的**在打牌**。(1994年《人民日报》)

(30-1′) 我只有一点点朦胧的想法,而钟叔河先生真就大**干起来**。(张中行《书呆子一路》)

(78-1′) 他喝了一口茶,一字一句地接着**说下去**……(1994年报刊精选)

(105′) 他想了想,动笔**写了起来**。(《中国儿童百科全书》)

(106′) 后来读到下面这段话,便饶有兴味地**读了下去**:"愿您能喜欢本书,愿它能在您的书架上占有醒目的位置。"(姜云生《是个好办法》)

(三) 已然与动词动作意义的表现

已然,就动作而言,已经是过去的事。在动作动词表示已然意义的句子里,句子是对过去的表述,动作是表述内容成立的因素,但已成过去。

表示已然的形式有"V了""V来着""V过""已经V""曾经V""V着"。如前例:

(81′) 我当晚就**拜读了**这部小说。(斯舜威《赵淑侠西施故里行》)

(118′) 我**查岗来着**。(兰晓龙《士兵突击》)

(126′) 他本人**打过**三十年乒乓球,非常喜欢这项运动。(1995年《人民日报》)

(179′) 那些动作我**已经做了**一百万遍,今天的比赛就像平时的一次训练一样。(新华社 2002 年 2 月新闻报道)

(194′) 钱先生**曾经嘱咐过**他,照应着她。(老舍《四世同堂》)

(97′) 这张办公桌的右侧几案上**摆了**三部电话机。(张佐良《周恩来的最后十年》)

(63′) 作坊靠西墙,**放着**两张车床。(汪曾祺《戴车匠》)

"已经"和"曾经"表示完成是有区别的。一般认为"已经"与"V 了"连接,"曾经"与"V 过"连接,实际上,"已经 V 过""曾经 V 了"的用例都有。根本区别是"V 了"表示完成,"V 过"表示经历。"V 了""V 过"虽然有区别,但已然是一致的。重要的差别在于,"已经"简单地表示完成,"曾经"表示过去有过。

语法学界对"作坊靠西墙,放着两张车床"一类形式讨论比较多,确认为一种存在句。这样用的还有"V 了",例(97′)的"几案上摆了三部电话机"也表示静态的存在。某个对象以某种方式存在,其形成原因是已经完成了的动作。

第七章

动词句法位置及动词结构类型对动作性的影响

动作动词 V 组合成 VP，VP 的动作性与 V 不一定等同。V 所处的位置、VP 的结构类型，都影响着动作性的表现。而且，这种句法结构的影响与动词结构表现的时间特点有一定的关联，可以看作是表示时间范畴的隐性手段。

一、句法位置对动词动作性的影响

动词经常作谓语，但也可以作主语、宾语、定语、补语等。

(一) 主语位置上的动作动词

主语位置上的动词，通常是以话题出现的。比如：

(1)"**打**是疼，**骂**是爱，急了拿脚踹。"司机们高高兴兴地分抢着香烟。(蒋子龙《赤橙黄绿青蓝紫》)

(2)**板书**，是教师向学生传授知识的重要手段。(1993年《人民日报》)

(3)"**摆谱**"，说到底，就是摆阔。(1994年《人民日报》)

(4)**批评**是轻的，动辄还拍桌子骂娘。(张正隆《雪白血红》)

(5)**改编**并不都为了普及。很多**改编**是一种移植。(辛丰年《特殊的译本》)

以上例子中主语位置上的"打、骂、板书"都是肢体动作，是基本动作动词或协同动作动词；"摆谱、批评、改编"是组合动作动词或综合动作动词。这些动词作主语，整个句子表示评论、判断。主语位置上的动作动词是被陈述、被评论的对象，本身并不表示动作意义。

由动作动词形成的动词结构作主语也呈现为同样的情形。比如：

(6)**出力出钱**，我都能办，可这事不行。(邓友梅《烟壶》)

(7) **交朋友**是交朋友，**做生意**是做生意，**送人情**是送人情，**放垫本**是放垫本，都要分清。(邓友梅《烟壶》)

(8) **朋友小聚**，店铺与行客洽谈生意，大都是上茶馆。(汪曾祺《如意楼和得意楼》)

(9) **坐在家里拿钱**，哪儿找这么好的事去！(汪曾祺《安乐居》)

(10) **洗洗涮涮、缝缝补补、作家常饭**，都会！(老舍《茶馆》)

动词性句法结构作主语，句子也表示判断或评论，但主语乃至整个句子都不表示动作。

(二) 宾语位置上的动作动词

(11) 包子皮有没有咬劲，全在**揉**。(汪曾祺《如意楼和得意楼》)

(12) 主人……不便**拒绝**，便迎进客厅侍茶。(汪曾祺《花瓶》)

(13) 你自己怕**打仗**，又主张**打仗**，这未免有些矛盾。(钱锺书《猫》)

(14) 聂师傅……也就爽快地在一些基本技法上作了些**指点**。(邓友梅《烟壶》)

(15) 到处是**打人、骂人、怒吼、狂叫**，全国陷入疯狂状态。(李纳《忆亡友冯牧》)

(16) 您头一件事是**剃剃头，打打辫，洗洗澡，光光脸**，……(邓友梅《烟壶》)

(17) 我长这么大，没见过**这么打人的**。(汪曾祺《八月骄阳》)

(18) 两人劝到四更天，聂小轩答应**去求求试试**。(邓友梅《烟壶》)

例(11)至例(14)是动词作宾语，例(15)至例(18)是动作动词形成的动词性结构作宾语。作宾语的动词性成分都不表示现实的动作，而是表示被支配的对象。宾语位置上的动词，动作性并未显现出来。

(三) 定语位置上的动作动词

动词可以作定语，限制或描写中心语。比如：

(19) 哲学的任务是对**说话**方式和表述问题的方法进行逻辑分析。(郭小平《哲学家的申辩》)

(20) 他走入礼堂，听到一片远雷般的**跺脚**声。(梁晓声《钳工王》)

(21) 通过分析声音数据发现，**朗读**时间越长，声音紊乱数值就越

高……（新华社 2003 年 8 月新闻报道）

（22）昆明的中产之家，有**买**花插瓶的习惯。（汪曾祺《日规》）

（23）这位参领夫人也是下五旗出身，也有**说**大话、**使**小钱、**敲**缸沿、**穿**小鞋的全套本事。（邓友梅《烟壶》）

例（19）至例（21）是单个动作动词作定语，例（22）、例（23）分别是连谓结构、联合结构形成的"的"字结构作定语。这些定语表示被修饰的中心语的形成、特点或状态，都与特定的时间相分离，不表示动作本身。

（四）补语位置上的动作动词

动作动词作补语，常见的是两类：

趋向动词包括来、去、上、下、进、出、回、过、起、上来、上去、下来、下去、进来、进去、出来、出去、回来、回去、过来、过去、起来。

一般动词包括走、跑、动、倒、翻、见。[1] 比如：

（24）无论如何今日黄昏前要赶**回**城内。（姚雪垠《李自成》）

（25）一些有条件响应招聘的知识分子闻讯，相继赶**来**毛遂自荐，跃跃欲试。（1994 年报刊精选）

（26）君主如压迫臣民、藐视臣民，臣民可以起来反压迫，臣民可以理直气壮赶**走**他。（胡明《未能忘情之作》）

（27）东家，有人看**上**了那只鸳鸯玉环！（朱秀海《乔家大院》）

（28）我们生于胡同长于胡同最后又搬出胡同，与胡同结**下**了不解之缘。（1998 年《人民日报》）

例（24）至例（26）中作补语的"回、来、走"都保留着动作意义，但是，例（27）"看上了"里的"上"、例（28）"结下了"里的"下"都仅仅表示某种结果，是语法化程度较高的形式，并非表示动作。

其他动词或动词性句法结构作补语的比较少见。比如：

（29）他气得**直咬牙**。（彭荆风《绿月亮》）

（30）赵子曰急得**直跺脚**。（老舍《赵子曰》）

---

[1] 引自朱德熙的《语法讲义》，"能够充任结果补语的动词为数不多，常见的有：'走、跑、动、倒、翻、病、疯、死、见、懂、成、完、通、穿、透'等"。朱德熙. 语法讲义 [M]. 北京：商务印书馆，1982：126.

(31) 陈维高给恭维得**一口气差点没喘上来**，……（徐坤《热狗》）

(32) 三个"保安"由于平时作恶太多，被打得**住院治疗**，而厂长本人也差点丢了命。（1994 年报刊精选）

(33) 一些群众气愤地说，这些干部是"吃坏了党风吃坏了胃，吃得**企业交不起税**"。这可是腐败现象，农民群众意见很大。（1994 年《人民日报》）

本来"咬牙、跺脚、喘气、住院治疗、交税"都是主动性很强的动作，但是处于补语位置上的"直咬牙、直跺脚、住院治疗"是被迫的，"一口气差点没喘上来、企业交不起税"是对动作的否定，主动性都被削弱或掩盖，而且述补结构本身具有完成意义，因而补语位置上的动作动词（动词性短语）也就不能表现动作意义。

（五）谓语位置上的动作动词

谓语位置通常最能表现动词的动作性，不过也比较复杂。我们列举"嚼""挖"及其他几个基本动作动词，看它们与相关句法成分结合以后动作性的情况。比如：

(34) 他**嚼**一口奶酪，**吃**一把泡菜。（1993 年《人民日报》）

(35) 两个人一边**嚼**着方便面，一边**啃**着从喂牛的饲料里挑出的胡萝卜，津津有味**边吃边谈**。（1994 年报刊精选）

(36) 他回到河滩，找到刚才放白光的地方，就**命令侍卫马上动手往下挖**。（李文澄《努尔哈赤》）

(37) **吃**东西要细细**嚼**，慢慢**咽**。（《中国儿童百科全书》）

(38) 在河南安阳殷墟西北的武官村、侯家庄和西北冈，曾**挖**出十一座巨大的商代王陵和一千二百多座奴隶杀殉坑。（阴法鲁、许树安《中国古代文化史》）

例（34）"嚼、吃"带宾语，强化述语动词的动作性。例（35）表示两个动作同时进行，"一边嚼……一边啃""边吃边谈"，互相映照，互相凸显，显得动作性很强。例（36）"侍卫马上动手往下挖"，动作性很强，但是，整个句子是祈使句形式，从时态说，尚未进行，整个句子表示期待中的动作，而不是现实动作，动作意义是潜在的。例（37）"嚼、咽"带状语，"细细嚼、慢慢咽"，特定的方式激活了动词的动作性，但从更大范围看，"要"表示要求，使整个句子不表示现实动作，而表示进食时的规范，这使整个句子的动作性减弱。例（38）"挖"是动作性很强的动作，但"挖出"表示完成，动作性明显减弱。

综上可见，动作动词在谓语位置上比较能展示动作意义，但动词组合以后，受句法关系的制约，动词的动作意义总要发生变化，或者被凸显，或者被掩蔽，跟具体动作动词比较起来，组合以后形成的整个动词结构的动作性呈现出很复杂的状况。

下一段将以动词作谓语为线索，考察谓语动词带上前加和/或后加成分，形成具体的句法结构时，相关句法成分对动词动作性的影响，以及不同句法结构动作性的表现。

二、句法结构对动词动作性的影响

动词作谓语，其动作意义的显隐，会受到与之组合的其他成分的制约，也会受到句法结构意义的制约。下面分析谓语位置上的动词结构动作性的表现。

（一）状中结构的动作性

动作动词带状语形成偏正结构，本应包括"将、要、马上""正、正在、在""已经、曾经"这些副词作状语的组合，但这些形式已经在下编第六章讨论过，所以下面笔者讨论其他情形。

1. 引进工具、手段的状语："拿 NP、用 NP"

进行某种动作，可以直接通过肢体或身体进行。随着活动能力的增强、需求的增多，人逐步采用并发展身外之工具。利用工具是进行动作的最重要的条件。因此，凡受工具成分修饰的动词，其动作性会不同程度地被提取出来。

与动作有关的工具等成分可以直接作状语。比如：

（39）甬路比较平坦，可也黑土飞扬，只在过皇上的时候才**清水**泼街，**黄土**垫道，干净那么三五个钟头。（老舍《正红旗下》）

通过介词"用"引进工具。比如：

（40）那个男人站在前门售票台前，频频地**用眼睛**瞅她。（王朔《刘慧芳》）

（41）侯银匠成天**用**一根吹管吹火打银簪子、银镯子，或**用**小錾子錾银器上的花纹。(汪曾祺《戴车匠》)

（42）孩子们**用**竹箭的尖端把螺蛳掏出来吃了。(汪曾祺《戴车匠》)

（43）李文杰在13岁以前，只**用**气枪打过麻雀。(1994年报刊精选)

（44）所需的机车、设备和钢轨材料全部**用**汽车搬运。(新华社2004年新闻稿)

再就是用"拿"引进工具。比如：

（45）云奶奶……什么也不说，只是**拿**眼看看那五。(邓友梅《那五》)

（46）走道的人**拿**白眼往他这一看，自己先就软了八分锐气。(邓友梅《烟壶》)

（47）若真**拿**这几十两银子做本，摆个小摊儿，开个小门脸儿，未见得不能混口棒子面吃。(邓友梅《烟壶》)

（48）只要**拿**矿物在粗瓷上划条痕可立见分晓。(《中国儿童百科全书》)

（49）他们发现自己赤身露体，感到非常羞愧，就**拿**无花果树的叶子编织成裙子围在腰间。(《中国儿童百科全书》)

"用、拿"除了能引进工具之外，还可以引进手段。比如：

（50）**用**很大部分的精力筹划建立人民的国家政权。(金冲及《周恩来传》)

（51）马克思的一句话，你**拿**这半句批我，我**拿**那半句批你；……(李连科《为"批判"正名》)

特定的工具、手段是为了使动作效果最大化而采用的。在其他条件恒定的情况下，介词结构作状语引进工具、手段最能激活动词的动作意义。

2. 方式状语

状语表示的方式对所修饰的动作有直接影响。比如：

（52）他二话不说，上前**直取**慧芳。(王朔《刘慧芳》)

（53）您这官司全是徐焕章那小子**一手**摆弄的。(邓友梅《烟壶》)

（54）（小二德子）掏出四块现洋，**一块一块地**放下。(老舍《茶馆》)

（55）黄润甫身高膀阔，他**丁字步**一站，两把板斧平端，就是美。(邓友梅《烟壶》)

（56）以读书为例，有的人**逐字逐句地**阅读，有的人**一行一行地**阅读，有的人可以**几行几行甚至"一目十行"地**扫阅。(《中国儿童百科全书》)

下面这些状语也表示方式,但不及前一类具体、形象。比如:

(57)**顺手儿**把剩茶递给老人一碗。(老舍《茶馆》)

(58)第二天,我**特地**去拜会这位在某科研院工作的朋友。(1994年报刊精选)

(59)有一次,听说姓戴的退休师傅技艺高超,便**亲自**去拜访。(1994年《人民日报》)

(60)他**抽不冷子**来了这么一句,大伙不能不举起手来跟着他喊……(汪曾祺《讲用》)

(61)每年举行学术研讨会,探讨当代故事发展方向,**集体**编写有关故事的理论书籍。(1995年《人民日报》)

方式状语表示特定的有效的方式,有助于凸显了动词的动作意义。

3. 表示状态的状语

有些副词或副词性状语表示状态,本身具有能动意义,具备对动作状态的控制能力。[1] 这样的状语对所修饰动词的动作意义有提取作用。比如:

(62)这时闯祸的车夫和听差**赶紧**躲开了。(邓友梅《烟壶》)

(63)这里不是说话的地方,到家里我**慢慢**跟你讲。(邓友梅《烟壶》)

(64)寿明从烟盘子里拈出根烟签子,扎进他人中,**狠狠**捻了几捻。(邓友梅《烟壶》)

(65)平时看起来娇弱的女护士,也**争先恐后地**搬运一箱箱30多斤的药品。(新华社2004年新闻稿)

(66)在大楼B座的后门口附近蹲着两位身穿防弹背心的警方防爆专家,**正小心翼翼地**摆弄着地上的什么东西。(新华社2004年新闻稿)

有的状语对动作的控制能力比较低,但是绘声绘色地描写动词性词语,一定程度上增强了动作的生动性,凸显了动作意义。比如:

(67)他**哇的一声**哭了起来。(邓友梅《烟壶》)

(68)门开处,果然是慧芳**一脸盛气**站在门外。(王朔《刘慧芳》)

(69)刘小芳……进来就和夏小雨**嘀哼咕呢**说话。(王朔《刘慧芳》)

(70)那人上下打量他两眼,**冷冷地**说:"没房了!"(邓友梅《烟壶》)

---

[1] 朱晓琴,朱景松. 副词能动意义的确定和提取 [J]. 语文研究,2011 (3):23。

（71）他跑起来挺着胸膛，头使劲往后扬着，双臂**大幅度**摆动着，嘴巴里发出哞哞的叫声，像小牛一样。(莫言《红树林》)

4. 表示处所、氛围、条件等的状语

（72）寿明坐下之后，……两眼可一直**往窗外**打量。(邓友梅《烟壶》)

（73）乌世保出狱时，聂小轩**从腰中**掏出个绵纸小包。(邓友梅《烟壶》)

（74）他……最后**在他隔壁谷家门口**停了下来。(邓友梅《烟壶》)

（75）四名土著武士，脸上画着神秘的油彩，赤裸上身，腰间围着一条短裙，**在节奏强烈的哨音伴奏中**，跳跃、舞动，不时摆出奇特的造型，配合脸上喜怒哀乐的表情变换，演绎出一幕菲律宾土著部落的祭祀典礼。(新华社2004年新闻稿)

（76）**在他的指导下**，培训了部分茶农，专门采摘"一芽一叶半开口"的茶叶尖子，人工揉制，精心加工，原先担心市场销路，仅试生产出1 000公斤，取名"板山毫峰"。(1994年报刊精选)

例（72）"往窗外"表示动作方向；例（73）"从腰中"表示动作的起始位置；例（74）"在他隔壁谷家门口"表示动作结束的位置；例（75）"在节奏强烈的哨音伴奏中"表示氛围；例（76）"在他的指导下"表示条件。交代特定的处所、氛围、条件都使被修饰的动作具体化，强化了动作的现实性，凸显了动词的动作性。

5. 助动词状语

助动词出现在动词前，语法学界的结构分析意见不一致。这里暂且认为用在动词前的助动词作状语。比如：

（77）李宏多才多艺，**能**弹钢琴，拉手风琴，**会**作曲，**能**编、演小品。(1994年《人民日报》)

（78）六十年代，苏联又制造出一种针尖大小的窃听器，它**可以**装在子弹头内，用枪射入墙内进行窃听。(齐雨虹、季东、尤广达《几度沉浮克格勃》)

（79）李如珍见是叫写委员住在他家那天晚上的事，明明是自己写状告自己，哪里**肯**写？(赵树理《李家庄的变迁》)

（80）后来虽经多方调治，病体得以康复，但大脑毕竟受到影响，他这才**不得不**放下文学之笔。(丁传陶《从"爬格子"到"耕砚田"》)

助动词表示可能性，表示意愿，表示道义的评估，用在动词前面，不能提取动词的动作意义。所以，"助动词＋动词"的形式一般不能表现动作性。

6. 表示语气的状语

不同的语气副词作状语，动词动作的意义表现不一；即便同一个动词，状语体现不同义项，被修饰的动词动作意义也不一样。比如：

（81）有的战士心疼自己编的草鞋，**索性**脱下来光着脚丫走。（1996年《人民日报》）

（82）我是**偏偏**要拣别人不走的地方走，喜欢"故入歧途"。（刘心武《多桅的帆船》）

（83）**居然**干出这种丢人现眼的事，我给样板团抹了黑。（汪曾祺《讲用》）

（84）**也许**为了讨好我，有一次马晓军买了一张电影票，偷偷地塞给我。（卞庆奎《中国北漂艺人生存实录》）

（85）《红楼梦》，在我国可算是一本家喻户晓的好书，有的人**偏偏**读不下去。（1995年《人民日报》）

不同的语气副词作状语，提取被修饰动词动作性的能力是不一样的。例（81）"索性"有豁出去、随心极端而为的意思，后面的动词动作性就比较强。例（82）"偏偏"意为"表示故意跟客观要求或现实情况相反"[1]，后面的动词体现主体意志的特点就很明显。例（83）"居然"表示出于意料。例（84）"也许"表示不肯定的推测，所修饰的动词动作意义不很明显。例（85）也是"偏偏"作状语，但"表示事实跟所希望或期待的恰恰相反"[2]，动作性反而很弱；这与例（82）不一样。

7. 表示否定的状语

仅以动词"踢"出现的语境为例。

（86）他对足球感兴趣，但只看电视从来**不踢**，逼他踢球也不是办法。（新华社2003年3月新闻报道）

（87）**不踢**球，你会什么也没有。（新华社2002年8月新闻报道）

---

[1] 见"偏偏"义项①，《现代汉语词典》（第7版）第997页。
[2] 见"偏偏"义项②，《现代汉语词典》（第7版）第997页。

(88) 爱好骑马的里根总统，问是否可以让他摸一摸马俑。经同意后里根抚摸马背，当摸到马尾巴时，故作紧张地说："它会**不会踢**我呀！"周围的人全笑了。(新华社 2004 年新闻稿)

(89) 曼联比赛还**没有踢**，已经把整个赛季大部分的门票钱收到了账上。(新华社 2001 年 3 月新闻报道)

(90) 有几个看似该进的球**没有踢进**，最终惜败。(新华社 2004 年 8 月新闻报道)

"不踢"表示否定的意愿，本来动作性强的动词"踢"经过否定后变成了一种状态；"不会踢"表示否定性评估；"没有踢"是对事实的否定；"没有踢进"是对结果的否定，这是一个表述结果的事实。这些情况下的"踢"动作性都不明显。动作动词用在否定副词之后，在第八章"语气、口气对动词动作性的影响"，笔者还要进一步讨论。

8. 表示相关对象的状语

(91) 我……蹭到食堂，不等菜炒熟，早**把二斤半烙饼**稀里糊涂地吞嚼下。(1994 年《市场报》)

(92) 小五**被村民**打了个半死……(卞庆奎《中国北漂艺人生存实录》)

(93) **将咖啡豆**炒熟、粉碎、加水煮沸，并加食糖，才成为醇香扑鼻的饮料。(《中国儿童百科全书》)

(94) 他接到饭店 30 多个灾民，**给他们**炒菜、熬汤、蒸大米饭。(1994 年报刊精选)

(95) 他那朴实、真切、形神兼备的笔墨，**为一个特定时代的中国农民**描绘了一幅气韵生动、须眉毕现的画像。(1998 年《人民日报》)

以上 5 例，分别通过"把、被、将、给、为"引进动作相关的受事、施事与事，都使"吞嚼、打、炒、描绘"等动作具体化，在其他条件恒定的情况下，有助于激活动词的动作性。

(二) 述宾结构的动作性

述宾结构中宾语的类型不同，整个述宾结构表现出的动作性也会不一样。

1. 受事宾语

动作动词所带宾语以受事宾语居多。这一点，朱德熙已经做过分析：

"就大多数情况来说,主语和宾语同时出现,主语往往指施事,宾语往往指受事。"[1]

不过,受事宾语也情况各异,导致带不同宾语的述宾结构表示动作的功能各有参差。

第一,一般说,受事宾语可以激活、凸显充当述语的动词的动作性,使述宾结构表现出很强的动作性。下面是同样的名词与动词组合,形成主谓结构与述宾结构相互对比的几组例子。

(96)两手摆动/摆动两手

(96-1)只见姐姐蹲在地上,**两手无缘无故地摆动着**,像在水中摸鱼似的;妹妹一只手抓着剪刀,一只手抓着一绺头发,眼眯眯地傻笑着。(欧阳山《苦斗》)

(96-2)江妈一挺身从座位上跳了起来,连连**摆动两手**阻拦……(欧阳山《苦斗》)

(97)腿抬起来/抬起腿来

(97-1)她从烟盒里抽出一支烟,凑到那朵小火苗儿前点上,贪婪地猛吸几口,然后把身子往沙发上一仰,一条腿平伸着,**一条腿抬起来**搭在沙发背上,她这姿势邪恶而又放荡。(铁凝《大浴女》)

(97-2)他吃力地**抬起一条腿来**,皱着眉头,浑身都疲惫不堪,呼哧呼哧地把腿放在凳子上。(高尔基《母亲》)

(98)手腕抖动/抖动手腕

(98-1)他**手腕抖动**,嗡嗡嗡连刺三剑,一剑刺向杨过头顶,一剑刺他左颈,一剑刺他右颈,都是贴肉而过,相差不到半寸。(金庸《神雕侠侣》)

(98-2)这一下真是变生不测,别说抵挡,闪躲也已不及,危急中**抖动手腕**,绸带直绕过来,圆球直打法王脑后正中的"风池穴",这是人身要害,任你武功再强,只要给打中了,终须性命难保。(金庸《神雕侠侣》)

(99)手摆了摆/摆了摆手

(99-1)殷道严举起夹着纸烟的**手摆了摆**,旱烟筒又向李欣移来。(陈世旭《将军镇》)

---

[1] 朱德熙. 语法讲义[M]. 北京:商务印书馆,1982:111。

(99-2) 张老**摆了摆手**，表现得意味深长。(1994年报刊精选)

(100) 教育经费增加/增加教育经费

(100-1) 近10年全市的**教育经费增加**了5倍，超过"翻两番"的速度。(1998年《人民日报》)

(100-2) 随着经济的发展和地方财政收入的增加，还要尽可能多地**增加教育经费**的投入。(1994年报刊精选)

例（96）两例出自同一作者。"两手"作主语与作宾语意义有差别。"摆动"的动力都是作为主体的人。但就具体表达说，"两手摆动"似乎是手部发出动作；而"摆动两手"则是动作造成了双手的摆动状态，"摆动"作用于"两手"，显现了其动作性。

例（97）"一条腿抬起来"，是客观表现腿呈现的某种状况；"抬起一条腿来"则表示通过"抬"的作用使腿改变了状态。

例（98）"手腕抖动"是自然而然的现象，甚至是主体情不自禁或不能自已的现象；而"抖动手腕"则表示主体发出"抖动"的动作，造成了手抖动的状态。

例（99）"手摆了摆"表示"手"有所动作；而"摆了摆手"则表明"摆"的动作使手呈现某种状态。

例（100）"教育经费增加"报道一种客观情况；而"增加教育经费"表示人追加措施而导致的结果。

所以，通常情况下，受事成分出现在动词之后是激活动词动作性的重要因素。语言使用者具有这种语感。[1]

当然，带受事宾语的述宾结构要表现动作意义，也要有相关的语义语法条件。下面进一步讨论这一点。

第二，脱离具体时态，"V+NP受事"的动作性处于潜在状态。

动作动词以及动词构成的句法结构表现出较强的动作意义，必要条件是语言形式要与特定时间、地点相联系。这时，述宾结构表示动作进行的状

---

[1] 邢公畹在《一种似乎要流行开来的可疑句式——动宾式动词+宾语》（《语文建设》1997年第4期）一文中批评了"起诉烟草公司、出土数万吴简、亮相国际书展、挑战麦当劳、领先世界、跟踪深海巨章"等用法，认为"起诉"等已经是述宾形式，再带宾语是值得讨论的。邢先生的文章引起了争论。其实，"起诉烟草公司"这一类述宾式动词再带宾语的用法，正是述宾结构具有凸显作述语的动词动作性的表现。

态，才能显现或强或弱的动作意义；否则，动词的动作意义只能处于潜在状态。比如：

（101）不修今世修来世，我不**干损德事**！（邓友梅《那五》）

（102）不能让街坊邻居**指咱脊梁骨**，说咱不仗义。（邓友梅《那五》）

（103）这支军队纪律严明，有"冻死不**拆屋**，饿死不**掳掠**"的声誉。（《中国儿童百科全书》）

（104）一些店铺开始重新挂牌营业，沿街**叫卖面包**……（新华社2001年6月新闻报道）

（105）马森一天**刮两次脸**，三天**吹一次风**。（邓友梅《那五》）

（106）近来娟娟的心情一直很烦躁、焦虑，常常**摔东西**，对什么都不满意，好像到处是陷阱。（1994年报刊精选）

"干、指、说、拆、掳掠、叫卖、刮（脸）、吹（风）、摔"等都是动作性很强的动词。但是例（101）、例（102）、例（103）都是否定句，不表现特定时间下进行的动作；例（104）、例（105）、例（106）表达的是一种常态，并不表示某一次具体动作，述宾结构表示动作意义很不明显，动作被泛化。因此，说"干"等动词具有动作性，那是追溯单个动词的意义，在具体句子里不一定都能表现出动作意义，要与特定时间、地点联系起来，述宾结构才能表现出比较明显的动作意义。

第三，正在进行中的"V＋NP受事"，动作性得到凸显。

一个形式表达正在进行的动作，显现的动作意义是最明显的。比如：

（107）去年十二月三日晚，巡警支队接到110指令：有人正用磁卡电话**拨打**110……（1998年《人民日报》）

（108）紫云奶奶正在给人成盆地**洗衣裳**。（邓友梅《那五》）

（109）他把右手伸在我们面前，**扳着指头**，**算了一笔细账**……（陈桂棣、春桃《中国农民调查》）

（110）女招待笑笑，用手**指指二号门**，**摇摇手**，**推那五一把**，又**指指门**，径自走了。（邓友梅《那五》）

（111）拿刀的一怒，啪啪**打了那五两个嘴巴**。（邓友梅《那五》）

上面句子里的述宾结构表示正在进行，除出现了"正"或"正在"，动词带"着"之外,也有的是整个句子交代了动作所在时间是此时此刻。"正在",可以是短时间内的瞬间动作,如例(107),也可以是较长时间内的动作,如例(108)。正在进行中的动作,表现的动作意义是最强的。

第四,过去进行的"V+NP受事",动作性通过回忆显现。比如:

(112)**喝了几口米汤**,他缓过点劲儿来了。(邓友梅《那五》)

(113)沈括首先**收集了许多地理资料**,并且叫随从的官员都背熟。(《中华上下五千年》)

(114)二十多年了,他们可给我**长过工钱**?(老舍《茶馆》)

(115)那五的爷爷晚年**收房一个丫头**,名唤紫云。(邓友梅《那五》)

(116)1980年以来,……仅维修西藏的布达拉宫,政府就**拨款3 500万元**。(中华人民共和国国务院新闻办公室《中国的人权状况》)

(117)质量维权热线12365开通一年来,已有16万消费者**拨打电话**……(新华社2002年3月新闻报道)

上述各句,或者动词带"了、过",或者交代了是过去的、多年的事情。过去进行、过去完成的动作,日后表达已经成为往事,其中的动作性虽作为既成事实可以追溯,但并不表示很强的动作。

第五,将来进行的"V+NP受事",动作性呈期待状态。比如:

(118)赶快**拨打110报警**!(2000年《人民日报》)

(119)明儿一高兴我也买两部稿子,**过过当名人的瘾**。(邓友梅《那五》)

(120)刚才你要**瞪眼睛**,你当我怕你吗?(老舍《茶馆》)

(121)过大夫……恨不能**伸手抽他几个嘴巴**。(邓友梅《那五》)

(122)现在需要抓紧时间,**筛选各种切实可行的实用技术**,尽快在流域内重点污染行业推广开去。(1994年报刊精选)

述宾结构表示将要进行的动作,动作在计划中,可以调整,可以矫正,可以准备,本身动作性虽比较强,但整体来看还是尚未实现的动作,没有现实性,动作意义仍是潜在的。

第六,作为存在状态的"V+NP受事"动作性很弱。比如:

(123)榻上**铺着凉席枕席**,墙上**挂着字画**。(邓友梅《那五》)

(124)外间屋还**放着两个花梨木书架**,上边**堆满线装书**。(邓友梅《那五》)

(125) 一转遭儿上下各有几间房子，家家房门口都**摆着**煤球炉子、水缸、土簸箕。(邓友梅《那五》)

(126) 墙上**悬挂着**凤魁放大的便装照片和演出照片。镜框里**镶着**从报纸上剪下的，为凤魁捧场的文章。博古架上**放着**带大红穗子的八角鼓。一旁**挂着**三弦。红漆书桌**蒙着**花格漆布，**放了**几本《立言话刊》《三六九画报》和宝文堂出的鼓词戏考，戏码摺子。茶几上**摆着**架支着大喇叭的哥伦比亚牌话匣子。(邓友梅《那五》)

铺、挂、放、摆、悬挂等动词，动作性很强。这样的词加"着"，表示动作完成以后宾语所指对象以动作形成的状态存在着。就例（123）来说，"凉席枕席"是动作"铺"的受事，"字画"是动作"挂"的受事，但是这里的"铺着、挂着"表示动作完成以后呈现的状态，不再表示正在进行中的具体动作。如果说"铺着、挂着"尚存动作性，就需要在形成这种状态的过程的回忆中去追溯。

2. 结果宾语

获得某种结果是动作的直接目的。在动作进行前，结果是动作者的构想和动力。在动作进行中，结果是动作者行动的蓝图。动作完成以后，结果呈现为实实在在的具体成品。下面几例都表达"包饺子"的动作：

(127) 最终还是想**包饺子**。(柳建伟《突出重围》)

(128) 刘梅继续**包着饺子**。(《家有儿女》)

(129) 记得儿时在外婆家，一家人正在**包饺子**……(1998年《人民日报》)

(130) 一日三餐不重样，逢年过节都要**包饺子**。(1995年《人民日报》)

(131) 妹妹一家为我们的聚会**包了饺子**，在一片欢声笑语中，度过了难忘的一个晚上。(庄则栋、佐佐木敦子《庄则栋与佐佐木敦子》)

结果宾语所在的述宾结构的动作性强弱由句子的时态决定。以上各例，从"想包饺子"，到"包着饺子"（包括多年前"正在包饺子"），到常态化的"逢年过节都要包饺子"，再到聚会时"包了饺子"，动作由未然到进行，到完成，动作性也随时态变化。

3. 施事宾语

现代汉语中存在施事宾语已经是语法学界的共识。比较典型的是下面的句子：

(132) **来客人**了，快沏茶呀！（邓友梅《那五》）

我们关心的是例（132）的动作性表现。这样的说法必须带"了"，表达的是一个事实，并不是正在进行的行动。客观地说，"来客人了"这个述宾结构的动作性并不强。值得注意的还有下面的用法：

(133) 郭全海说："不管是谁，站住，**过来一个人**。"（周立波《暴风骤雨》）
(134) 年轻的护士总是一副不耐烦的表情："你们**来几个人**去抬 X 光机。"（1994 年报刊精选）

单就词语的意义说，"一个人"是"过来"这个动作的发出者，"几个人"是"来"这个动作的发出者。但是从整个句子看，"过来一个人""来几个人"是郭全海或年轻的护士发出的指令，"过来""来"是被指令要求的不得不进行的动作，并不是一个人或几个人为某种动机驱动而主动发出的。所以，"一个人、几个人"作为施事的角色地位有不同程度的减损；"过来、来"作为动作，动作性大大减弱。

(135) 曲时人还没回出话，又**进来两个人**。（老舍《蜕》）
(136) 前边儿桌子，多半都**坐着三五个人**。（邓友梅《那五》）

例（135）是陈述句，与前面两例比较，述宾结构的动作性强一些，但是"进来两个人"表述一种情况，"两个人"因处于宾语位置而带有不确定性；例（136）"坐着"表示某种状态，不表示动作，"三五个人"施事的资格要差一些。总之，施事成分作宾语，整个述宾结构的动作性是比较弱的。

4. 处所宾语

下面是处所词语作宾语的用例：

(137) 他每天只是**吃食堂**。……四年都是这样。（汪曾祺《日规》）

"吃食堂"的"吃"并不真的表示一种具体的把食物等放到嘴里咀嚼咽下去的动作，而是指"用餐"；"吃食堂"表示在食堂解决一日三餐问题。

下面 4 例是另一类情形。"蹲那儿"，比较正规的说法是"蹲在那儿"。朱德熙指出，北京口语的说法不用"在"，而用·de，或者干脆连·de 也不出现。[1] 于是出现了下面的形式：

(138) 他**蹲那儿**就哭，呜呜的。(张正隆《雪白血红》)

(139) 为个一毛两毛**站地摊儿边上**跟人讨价还价……(六六《双面胶》)

(140) 宋思明**坐沙发上**翻了翻海藻的时尚杂志，觉得无趣，便进厨房看海藻忙碌。(六六《蜗居》)

(141) "吃大苦、流大汗、团结一心、誓夺冠军"的大红横幅高**挂墙上**。(新华社 2004 年 2 月新闻报道)

这里"蹲、站、坐"表示身体的姿态，"挂"表示物体悬在高处，都不表示具体动作，而表示以某种状态存在于某个场所。带处所宾语的述宾结构，一般不具有较强的动作性。

(三) 述补结构的动作性

1. 述补结构的分类

构成述补结构的述语和补语都是谓词性成分。[2] 依据构成方式，不同的述补结构可以连续进行划分和再划分。

第一，述补结构可以划分为带"得"和不带"得"的两类。不带"得"的是结果补语和趋向补语，带"得"的是可能补语和状态补语。

第二，不带"得"的述补结构分为粘合式述补结构和组合式述补结构。[3]

第三，粘合式述补结构可以出现在用"正"的句子里，表示正在进行的情况，但这种情况比较罕见。比如：

(142) 刘德山从工作队出来，在公路上走，韩长脖**正**迎面**走来**……(周立波《暴风骤雨》)

像上例这样能用在"正"后面的粘合式述补结构为数极少。粘合式述补结构一般都不能出现在这样的语言环境中表示已经完成的情况。

第四，带"得"的述补结构分为带可能补语的和带状态补语的两类。

---

[1] 朱德熙. 语法讲义 [M]. 北京：商务印书馆，1982：114.

[2] 本书不讨论传统所说介词结构作补语的形式；用于动词之后的数词加动量词有人分析为宾语，本书也不讨论这一类用例。

[3] 参照朱德熙的《语法讲义》"§9.2 粘合式述补结构和组合式述补结构"一节。只有不带"得"的述补结构有粘合式与组合式之分，带"得"的述补结构都为组合式。朱德熙. 语法讲义 [M]. 北京：商务印书馆，1982：125.

第五，状态补语的语义指向不同。一部分状态补语描写述语动作进行的状态，这样的述补结构可以用于"正"的后面。比如：

（143）宾主**正议论得起劲儿**，马主席突然向在座的政府秘书长问道："李范文先生的住房条件改善了没有？"（2000年《人民日报》）

多数状态补语描写述语动作完成以后所取得的成果，这样的述补结构决不出现在"正"的后面。比如：

（144）那五舒舒服服睡了一觉，第二天一睁眼，衣裳**烫得平平整整**，叠好放在椅子上。（邓友梅《那五》）

2. 以"完成"为基本意义的述补结构

一般说来，述补结构的底层意义是"完成"，补语离不开结果意义。狭义的结果补语表示动作完成形成的结果，这是显而易见的；趋向补语表示运动趋向的实现，其实也是一种结果。多数状态补语表示动作完成以后形成的状态，也是对结果状态的描写。带可能补语的述补结构表示尚未完成，这在下文讨论。

第一，带结果补语的述补结构表示完成，动作性较弱。

结果补语可以由形容词充当，比如：[1]

（145）粳米洗净浸泡半小时，莲子浸泡三小时，入锅，加适量水，与桂圆肉、红枣共煮成粥，加白糖**拌匀**。（程凯《餐桌上的养生》）

（146）地勤人员都忘了**拧紧**放油开关，这种人为责任事故……险些造成机毁人亡的恶性事故。（1994年报刊精选）

（147）紫苏叶**切碎**，加盐拌米饭食用。（黄文哲、恒绍、荣姜虹《四季保健食谱》）

（148）母女俩成天呆在家中糊纸盒，糊好了就拿到院子里**晒干**，送到商店去。（残雪《残雪自选集》）

（149）衣服脏了，还可以**洗干净**；灵魂脏了，要**洗干净**，就不那么容易了。（1998年《人民日报》）

---

[1] 以下考察的"拌匀"等5个述补结构，选自朱德熙的《语法讲义》"§9.3.1 所列'动+形'"一节。朱德熙. 语法讲义[M]. 北京：商务印书馆，1982：126.

"拌匀、拧紧、切碎、晒干、洗干净"都表示"拌、拧、切、晒、洗"这些动作完成以后形成了特定的结果,"拌"等动作是形成"匀"等结果的动因。述补结构"拌匀"等都不是简单表示动作,而是重在完成,表示动作性的功能较弱。

结果补语也可以用动词充当,比如:[1]

(150) 老牛明白对方的意思,二话没说就让来人把香烟**拿走**。(1998年《人民日报》)

(151) 我不能原谅她,尽管她有理由改嫁,可怎么那样狠心把孩子们也**弄丢**了呢?(老舍《全家福》)

(152) 金军将士对完颜亮的残酷统治再也忍受不住,还没等完颜亮发出渡江命令,当天夜里拥进完颜亮的大营,把他**杀死**。(《中华上下五千年》)

(153) 马伯乐在地上走着走着,又**踢倒**了几个瓶子、罐子。(萧红《马伯乐》)

(154) 薛凤祚……经过30余年的学习和研究,**写成**了《历学会通》一书。(阴法鲁、许树安《中国古代文化史》)

与前面分析的形容词充当补语的情况平行,"拿走、弄丢、杀死、踢倒、写成"也都表示"拿、弄、杀、踢、写"这些动作完成以后形成的特定的结果,述补结构"拿走"等也都不是简单表示动作,而是重在完成,表示动作性的功能也较弱。

第二,带趋向补语的述补结构,表示完成,动作性较弱。

下面各例里作补语的趋向动词都还保留着趋向意义,比如:

(155) 希望能有人用新的观点**编出**更好的文学史。(陶洁《难以撰写的美国文学史》)

(156) 可就在宝塔山下,一位年轻人**扛起**了老镢头……(1994年报刊精选)

(157) 高太太把刚到昆明时买下的,已经弃置墙角多年的汽锅也**洗出来**了。(汪曾祺《日规》)

---

[1] 以下考察的"拿走"等5个述补结构,选自朱德熙的《语法讲义》"§9.3.1所列'动+动'"一节。朱德熙. 语法讲义 [M]. 北京:商务印书馆,1982:126.

(158) 您放心，我想什么办法也得把您**救出去**。(邓友梅《烟壶》)

(159) 想到这，乌世保振作一下，**站起**身来。(邓友梅《烟壶》)

"编出、扎起、洗出来、救出去、站起来"这些述补结构，作述语的动词表示的动作向前推进会导致某种趋向的实现，作补语的趋向动词自然就表示这种趋向。如，"编出"不再简单表示"编"这一类动作，而整个儿表示动作趋向的实现，表示完成。

第三，语法化程度很高的趋向补语和结果补语，表示动作性的功能较弱。

汉语里表示动态的语法形式是动词后面成分语法化的结果，比较彻底的是"了、着、过"。沿着这个路子发展的是一部分趋向补语，虽然这些形式多多少少还保留着一些趋向意义，动词与这些成分的组合还被视为述补结构，但有的语法化程度已经相当高了。比如：

(160) 方平**看出**了我的心思……(卞庆奎《中国北漂艺人生存实录》)

(161) 要认真进行准备，争取在比赛中**打出**水平，**打出**精神面貌，力争最好的结果。(新华社 2001 年 12 月新闻报道)

"看出"表示认知活动有了收获，"打出"表示体育运动达到了某种境界，"出"并不表示运动趋向，整个述补结构表示取得了结果，表示完成。

又如：

(162) 我们该**打起**精神，为国家的文化事业多贡献力量。(徐铸成《真诚的人 真诚的书》)

(163) 她吐出一口烟，**眯起**眼睛，细细地注视着那变幻无穷的烟雾。(曹禺《日出》)

(164) 后来不断地听人**说起**这两座庙；有时候说路上不平静；有时候说路上红叶好。(朱自清《潭柘寺戒坛寺》)

(165) 陈赓**开起**玩笑没边没际，王新兰早已领教过他的厉害，不等他再开口，笑骂一句，跑开了。(南川《荥阳恋曲——王新兰与肖华将军》)

(166) 梁大牙你**收起**这一套，我李文彬参加革命连死都不怕，还怕你这根破枪吗？(徐贵祥《历史的天空》)

例(162)"打起"表示形成了某种昂扬向上的状态；例(163)"眯起"表示某个部位或某个对象形成了收拢、闭合的状态；例(164)"说起"表示动作涉及某具体对象；例（165）"开起"也表示动作涉及某对象，但带有假设、虚拟的口气；例（166）"收起"表示完成。

（167）这件事经她一说，我**想起来**了。（于光远《一件趣事》）

（168）咱今天来就是砍文学的，你怎么能**躲起来**呢？（王朔《一点正经没有》）

（169）**比较起来**，老子的命运**比起**身后受人歪曲的孔子要好得多。（晓丽《读〈老子注译及评价〉》）

例（167）"想起来"表示经过思索，取得了印象再现的结果；例（168）"躲起来"表示进入了隐蔽的状态；例（169）"比较起来、比起"表示虚拟的口气。这些述补结构都在表示完成的基础上表达更多的动态意义，不再简单地表示动作。

（170）我**关上**门，到附近的公园去散步。（陈村《琴声黄昏》）

（171）有一天，他把大家贩的牲口全偷走了，自己卖掉，**拿上**钱，不知跑到哪里去了。（刘震云《故乡天下黄花》）

（172）我们早早**搭上**"先行号"火车，并很快找到了她就读的大学。（叶觉林《南京认女记》）

（173）几乎每一个节会都有一场开幕晚会，星星们上台来**说上**几句、**唱上**几段，以为节会增光添辉。（新华社2001年10月新闻报道）

例（170）"关上"表示对象物靠拢、闭合；例（171）"拿上钱"表示附着于某对象；例（172）"搭上"是达到了某种目的；例（173）"说上""唱上"纯粹表示完成。

（174）40分钟后，汽车进入半似城市、半似农村的小镇，最后在一座左为庭园、右是菜圃的小楼前**停下**。（1993年《人民日报》）

（175）他做了23年工会工作，同工人**结下**了深厚的友谊，心里总惦记着工人。（1995年《人民日报》）

（176）呵，好一个中兴之主的有道明君刘秀，也还因为喜欢小报告之类，**干下**了这等令人寒心的事。（苏晨《砺堂散墨》）

例（174）"停下"表示结束某种动作；例（175）"结下"表示动作使某种对象、状态出现或存留；例（176）"干下"表示动作完成。

(177) 你快把那快餐车**承包下来**吧。(刘心武《小墩子》)

(178) 只要是企业**定下来**的制度,就要求上至总经理,下至普通工人,都必须一视同仁,严格执行。(1994年报刊精选)

例(177)表示的是建议,而例(178)表示的是一般的规范,但是,例句中的述补结构"承包下来、定下来"都表示完成。

除上述多个趋向补语以外,"到、掉、好、着 zháo、住"作补语时表示结果,主要表示完成,语法化程度也比较高。比如:

(179) 在中国文化里面,我们可以**看到**有三种传统:道统、政统和学统。(许纪霖等《道统、学统与政统》)

(180) 他说:"**拆掉**北京的一座城楼,就像**割掉**我的一块肉;**扒掉**北京的一段城墙,就像**剥掉**我的一层皮。"(曾昭奋《第十二座铜像》)

(181) 忽见财源抬起衣袖,在眼部一擦,匆促地**扣好**内衣和棉袍,冲出群众的圈子就往东跑,嘴里恨恨地说:"总要把你找回来!"(叶圣陶《晨》)

(182) 福贵,我给凤霞**找着**婆家了,是县城里的人,搬运工,挣钱很多。(余华《活着》)

(183) 金秀金枝急忙上前**扶住**,将父亲搀到太师椅上坐好。(陈建功、赵大年《皇城根》)

以上这些带语法化程度较高的趋向补语、结果补语的述补结构,表示完成,表示动作意义的功能都被大大削弱。

第四,带状态补语的述补结构多半包含完成义,表示动作性的功能较弱。

状态补语构造可以比较简单,也可以很复杂。比如:

(184) 他的身量本来不算很矮,可是因为近来**吃得好,睡得香**,全身越发展越圆,也就显着矮了一些。(老舍《正红旗下》)

(185) 打开再一看,是一身阴丹士林布裤褂,**洗得泛了白**,领子上还有汗渍,又吸了口气。(邓友梅《那五》)

(186) 她把那五的衣裳全翻出来,该洗的,该浆的,补领子,缀纽扣,**收拾得整整洁洁**。(邓友梅《那五》)

(187) 钱太太**哭得已经没有了声音,没有了泪,也差不多没有了气**。(老

舍《四世同堂》）

（188）我尖声笑，**笑得从椅子上滑下来单腿跪在地上**。（王朔《玩的就是心跳》）

所谓状态，是述语动词表示的动作造成的状态，状态补语是述语动作形成的结果的铺陈性描写，因此，表示动作意义的功能大大削弱。

3. 带可能补语的述补结构

带可能补语的述补结构是对完成动作、达到特定结果的可能性进行评估。可能补语多数是结果补语、趋向补语的扩展形式。结果补语、趋向补语扩展为可能补语，整个述补结构不表示现实的结果，而是表示实现某种结果的可能性是否存在。对带可能补语的述补结构来说，尽管其中充当述语的动词动作性很强，但整个述补结构表示对这种结果概率的评估，动作意义大大削弱。比如：

（189）常四爷："我这儿有点花生米……"秦仲义："可是谁**嚼得动**呢？"（老舍《茶馆》）

（190）您往前后看看，花两块**叫得着**车叫不着？（邓友梅《那五》）

（191）虎妞**说得出来**，就**行得出来**。（老舍《骆驼祥子》）

（192）爷，这画别人**夸得**你可**夸不得**。（邓友梅《烟壶》）

（193）他问自己：要活下去，这种苦**吃得了吃不了**？（邓友梅《烟壶》）

4. 表示动作正在进行的述补结构

上面的讨论表明，尽管在述补结构中充当述语的动词动作性很强，但更高层次的结构意义使述语动词的动作意义难以显现，整个述补结构表示完成，或对完成的可能性进行评估，没有明显的动作性。但是，也有少量带趋向补语、状态补语的述补结构表示正在进行、继续进行，整个述补结构的动作意义比较强。下面是两种情况。

第一，少量的带趋向补语的述补结构。

少量趋向补语所在的述补结构表示正在进行，如本章前文所列例（142），这里不再列举。

（194）十里外出现了一支官军，共有四五十人，正向这边**走来**……（姚雪垠《李自成》）

（195）假期回家，邻居家的几个十几岁的小孩正在做作业。他们忽然为

了解释好一个词**争论起来**。(杜定久《不要忘记农村的广阔市场》)

(196) 在井冈山市,乡亲们**吹起**喇叭、**敲起**锣鼓、**燃起**爆竹欢迎远道而来的客人。(1993年《人民日报》)

(197) 比如砍伐一棵大树,总不能一斧子砍断吧!需要一斧一斧慢慢**砍下去**,逐渐砍断。(李文澄《努尔哈赤》)

吕叔湘指出,"'起来'附在动词之后可以表一个动作的开始(并且继续)","'下去'附在一个动词后可以表一个动作的延续"[1]。例(194)表示出去巡逻的骑兵回营禀报,一支官军正在动作。例(195)的"V+起来"表示从这个动作开始,例(196)"V+起"的语法意义与"V+起来"相似,表示吹喇叭、敲锣鼓、放鞭炮正在热火朝天地进行。例(197)的"V+下去"表示这个动作持续。这4例中带趋向补语"来、起来、起、下去"的述补结构都表示动作正在进行,其中的动词都表现出较强的动作意义。

第二,带状态补语的述补结构。

带状态补语的述补结构是以动作完成为前提的,这在上文已经讨论过。需要注意的是,有些状态补语与多数状态补语不同,是描述动作进行的状态,这时,充当述语的动词都指基本动作。"V+状态补语"表示动作进行时的状态,整个述补结构表示正在进行,甚至可以或必须出现在作状语的"正"的后面。比如:

(198) 两个人很起劲儿地干着,一声不吭,客厅里的人**聊得挺热闹**,不时响起一阵笑声,老太太的笑声格外响亮。(王朔《顽主》)

(199) 那人把壶**攥得紧紧地**问:"别误会。你告诉我这壶从哪儿来的?"(邓友梅《烟壶》)

(200) 他们**正唱得高兴**,那肯停止……(老舍《小坡的生日》)

(201) 牢子来喊聂小轩的时候,他和库兵还**正睡得香甜**。(邓友梅《烟壶》)

(202) 乌世保**正说得滔滔不绝**,寿明突然又踩了他一脚,向他急使眼色。(邓友梅《烟壶》)

还有些带状态补语表示正在进行的述补结构是作为特定时间背景出现的。比如:

---

[1] 吕叔湘. 中国文法要略 [M]. 北京:商务印书馆,1982:230.

(203) 道静和学生们**正跑得红头涨脸喘喘吁吁的**,忽然看见赵毓青领着一大群学生迎头走来,两边的学生顿时兴奋得跳着脚高呼起来。(杨沫《青春之歌》)

"正跑得红头涨脸喘喘吁吁的"表示一种状态,后面跟着出现转折,"正+V+状态补语"表示正在进行的特点尤其明显。

下面是在语料库里输入"正+V+得……"搜索到的部分例子,列在这里,作为"V+状态补语"表示正在进行的更多证据。

目前,北京的"空调大战"**正打得**难解难分(1994年报刊精选)|今天,十四岁的女儿**正读得**出神(刘思谦《读〈青春万岁〉致王蒙》)|扛沙袋、铲卵石,干活的人**正干得**热火朝天(1998年《人民日报》)|"深挖洞,广积粮"的口号**正喊得**如火如荼(胡士华《蜜月里,黑洞埋葬了两代恩仇》)|在周家这边,大家**正喝得**好好的,陈文婷忽然掏出手帕,捂着眼睛,呜呜地哭了起来(欧阳山《三家巷》)|我舅舅**正画得**入迷,呜呜地叫着说:别讨厌!老子在画画!(王小波《2015》)|**正讲得**热闹,汽车停了打早尖(钱锺书《围城》)|小家伙斜躺在床上,手里捧着《安徒生童话》,**正看得**聚精会神呢(2005年《故事会》)|她**正哭得**高兴,忽然把手伸出来:"钱呢!"(老舍《二马》)|老七**正骂得**起劲,一眼看见了朱三阿太和张寡妇(茅盾《林家铺子》)|段誉**正瞧得**出神,忽听得耳畔一个娇柔的声音(金庸《天龙八部》)|李琳进屋来的时候,我们**正谈得**很高兴(洪峰《夏天的故事》)|笔者写点评的这几天,世界杯**正踢得**如火如荼(1994年报刊精选)|我**正跳得**翩翩的(王朔《玩的就是心跳》)|与会者**正听得**入神,对主席的粗暴处置极不满(郭济舫《林语堂,讲台上的幽默大师》)|客厅里谈得热闹,阵阵笑声,傅雷自己也**正笑得**高兴(杨绛《〈傅雷传记五种〉代序》)|美国各界围绕这次行动有无必要,是输是赢,以及美国对外政策的得失,**正议论得**热闹(1998年《人民日报》)|两人**正争得**不可开交,伙计阿怀冲了进来……(陈廷一《宋氏家族全传》)。

(四)连谓结构的动作性

本书借用朱德熙的主张,连谓结构包括一般所说的兼语结构。[1]

---

[1] 朱德熙. 语法讲义 [M]. 北京:商务印书馆,1982:162.

除"来/去"以外，连谓结构前一项动词性成分是复杂形式，多半为述宾结构。进入连谓结构的动词动作性很强，但整个连谓结构的动作性情况各异。为了便于讨论，笔者把连谓结构写成"$V_1 + N + V_2$"形式。连谓结构带上主语，整个句子可以写成：$N_1 + V_1 + N_2 + V_2$。

1. N_2 表示 V_1 引进的工具、手段或条件

前一个直接成分 $V_1 + N_2$ 是述宾结构，表示正在操纵工具，努力借助某种手段，极力寻找有利条件。比如：

（204）乌世保**掏出手绢来**擦擦眼……（邓友梅《烟壶》）

（205）岑瑾在床前跪着，关汇**拿了一根马鞭**没头没脸地**打**她。（汪曾祺《关老爷》）

（206）那边还有警察**挥舞着木棍、皮带**在**打人**……（叶然《真实的艺术 朴素的美感》）

（207）一些外逃官员**利用"裸商"提供的便利通道**把贪腐所得**转移**到境外。（毛一竹等《"官跑跑"级别从高向低蔓延》）

（208）不允许**搞价外加价进入成本来转嫁**负担。（1994年报刊精选）

上面的例子中，"$V_1 + N_2$"表示 V_2 的工具、手段等条件，使 V_2 这个动作更好地进行，增强了 V_2 这个动作的力度或效果，整个连谓结构的动作性得到强化，是连谓结构中动作性最强的一部分形式。

2. $V_1 + N_2$ 表示方式

"$V_1 + N_2$"是述宾结构，表示采用特定方式，推进 V_2 这个动作。比如：

（209）他**顺着胡同来回走**了几遍。（邓友梅《烟壶》）

（210）你**动手打人**，他就有权干涉。（孙犁《风云初记》）

（211）每天**蹬平板三轮出去送**汽水。（汪曾祺《安乐居》）

（212）小曼正**踮着脚尖儿引颈**向远处**望着**……（雪克《战斗的青春》）

（213）有说有笑地**带着丰厚的礼物拜见**父母……（新华社2004年新闻稿）

上述5例中，"$V_1 + N_2$"使 V_2 这个动作更好地进行，进行得更顺利、更有效、更生动，从而使整个连谓结构动作性得到强化。

3. $V_1 + N$ 与 V_2 分别表示做法和目的

（214）您也**睁眼瞅瞅**。（邓友梅《那五》）

(215) 这才打主意**卖点东西换换**行头。(邓友梅《烟壶》)

(216) 那股劲头,就差**伸出手来打**人了。(周而复《上海的早晨》)

(217) 回家把军装脱了,又换上件棉袍,**坐电车奔**了前门。(邓友梅《那五》)

(218) 为了不让儿子太寂寞,便**把他失去父母的表侄聂小轩招来**伴读。(邓友梅《烟壶》)

例(214)"睁眼"表示发出了一种动作,目的是"瞅瞅"其他东西。例(215)进行"卖点东西"这个动作,是为了"换换行头"。V_1、V_2都是动作性很强的动词,作为连谓结构前后两个部分,互相促进、共同作用,激活了动作性。

4. V_1 与 V_2 表示时间先后的两个动作

一般认为,连谓结构前后两个谓语词性成分表示时间先后的动作,只是多数连谓结构在表示时间先后之外"V_1+N"和 V_2 之间还有其他语义关系。少量连谓结构前后两部分简单地表示时间先后。比如:

(219) 乌世保一听,连忙**站起来告辞**。(邓友梅《烟壶》)

(220) **说着话**领他们**进了个门道**。(邓友梅《那五》)

(221) 他就**上前拍了几下门环**。(邓友梅《烟壶》)

(222) 掌柜的……特意**刮了两条丝瓜爆炒出来**,端到屋里。(邓友梅《烟壶》)

(223) 小芳见到小雨,早欢天喜地地**上前拉住了她的手**领到自己房间**说悄悄话**去了。(王朔《刘慧芳》)

例(219)当然是先"站起来",然后再"告辞";例(220)"说着话"一直在进行,说话中间"进了个门道"。所谓两个动作先后,间隔有长有短,例(219)"站起来"与"告辞"间隔极短,好像是同时进行;而例(222)"刮了两条丝瓜"与"爆炒出来"之间的间隔就比较明显。不过,有时两个动作短暂间隔看得不那么精细,这一类连谓结构常常看成表示同时正在进行中的动作,动作性就比较强。

5. V_1 或 V_2 是"来/去"

"来/去"作为连谓结构的一部分,既可以占据 V_1 的位置,也可以占据 V_2 的位置,还可以同时占据 V_1 的位置和 V_2 以后的位置。比如:

(224) 新华街门市部开架售书后,每天总有二、三千读者**来看书、买**

书。(姜德明《书叶小集》)

(225) 他听见有脚步声，她也上这儿**看书**来了。(《天才》)

(226) 好，我马上**去叫人**。(《北京人在纽约》)

(227) 那五穿好衣服过去道谢，云奶奶已经出门**买菜**去了。(邓友梅《那五》)

(228) 萧队长忙问："谁**去找他**去？"(周立波《暴风骤雨》)

(229) 她们是因为惦着他，特为**来看他**来了。(汪曾祺《看水》)

"来/去"的动作意义都比较强，同时出现的动词如"看（书）、买（书）、叫（人）、找（他）"等动作性也很强。以上 6 例，除例 (226)、例 (228) 表示未然以外，其他几例都表示已然。虽然很多研究者把"来/去"分析为表示动作的动词，但我们从搜集到的例子可以看出，由"来/去"形成的连谓结构大多不表示正在进行的动作，整个连谓结构的动作性都不明显。

6. "$V_1 + N_2 + V_2$"为兼语结构

下面几例代表了几种常见情况：

(230) 赵振江**命令部队掩护**他和小李先游过江去占领阵地。(李晓明、韩安庆《平原枪声》)

(231) 我**派几个人帮**你们装车！(梁晓声《一个红卫兵的自白》)

(232) 我连忙**叫老伴炒菜，叫儿子去买酒**。(1994 年《人民日报》)

(233) 乌世保就索性**请聂师傅教**他在烟壶内壁绘画的技法。(邓友梅《烟壶》)

(234) 他……**要求乌世保把烟壶拿出来过过目**。(邓友梅《烟壶》)

传统分析意见确认这种形式为兼语结构，分析依据是 N_2 是 V_2 的施事。把 N_2 看成 V_2 的施事，仅仅着眼的是两个词之间的语义联系。事实上，发出 V_2 这种动作首先不是 N_2 这个主体内驱力驱动的结果。N_2 是受到 N_1 的指令或请求，在 V_1 的作用下进行 V_2 这种动作，N_2 的施事资格是打折扣的。

"$V_1 + N_2 + V_2$"里的 V，特别是 V_2，动作性很强。但是"$V_1 + N_2 + V_2$"的使用环境表明，V_1 表示正在进行 [如例 (230) 的"命令"] 或即将进行 [如例 (231) 的"派"]，V_2 则表示尚未进行的动作。而连谓结构的意义主要在 V_2，这样整个句子并不表示现实的动作，句子的动作意义必然受到整个结构意义的影响。

  这一章讨论了 4 种句法结构中的动作动词。动作性的表现，关注偏正结构的中心语、述宾结构和述补结构的述语，以及连谓结构的后一部分，把观察目标锁定在处于这些位置上而且动作性很强的动词。分布在这些位置上的动词尽管动作性很强，可是整个偏正结构、述宾结构、述补结构和连谓结构的动作性有强有弱。这表明，动作动词在特定句法结构中能否表示出动作性，主要受句法结构意义的控制，同时也受到相对立的句法成分的制约。

第八章

语气、口气对动词动作性的影响

这一章笔者主要考察陈述、祈使、疑问、感叹这 4 种语气的句子里动词动作性的表现。句子的口气带有更多主观成分,把握起来难度更大,本章主要讨论虚拟句、条件句,以及否定句里动词动作性的表现。

一、句子语气对动词动作性的影响

陈述、祈使、疑问和感叹这 4 种语气的句子,显现其中动词动作意义的功能是不一样的。

(一) 陈述语气

陈述句使用最为广泛,既可以表达现在的事情,也可以表达过去或将来的事;既可以表达正在进行、尚未完成的事,也可以表达尚未进行的事,或已经进行、已经完成的事;既可以表达具体的事,也可以表达十分抽象的事;既可以是肯定形式的,也可以是否定形式的。陈述句具备了显现动词动作性意义的各种正负因素。

1. 正在进行

正在进行的事,其中的动词动作性最强。比如:

(1) 我们每一个人都小心翼翼地攀爬着。(叶紫《行军散记》)

(2) 道静低着头,摆弄着一条素白麻纱手绢。(杨沫《青春之歌》)

(3) 环环站在我床边,用小手掰开我的眼皮:"我给爸爸拜寿。"(戴厚英《人啊,人》)

(4) 她还离我家有半里地,二姐就惊喜地告诉母亲:大舅妈来了!大舅妈来了!(老舍《正红旗下》)

(5) 出事后，刘树银成了大家的指挥者，他一面招呼大家聚集在一起，安抚人心，告诉同事们在灾难面前，一些简单易行的自救办法；一面清点伤员，包扎伤口，进行救治。（新华社 2004 年新闻稿）

例（1）、例（2）动词都带"着"，而且有"小心翼翼""低着头"等表示动作方式的成分，凸显了动作正在进行的意义。例（3）是主体报告自己正在进行的动作，例（4）报告正在发生的事情，这些情况表现出最为强烈的动作意义。例（5）表现救援场面，把同时进行的多个动作并列表述，凸显了动作正在进行的场景。

2. 过去正在进行

正在进行的动作发生在过去某时间，按动态来说，进行中的动作的动作性是强的。但既然发生在说话以前，就不再是现实性动作，动作意义相对减弱了。比如：

(6) 几天前，她找到区教育局一位领导，主动请求："我要去上班！"（1994 年报刊精选）

(7) 导师当时正在撰写一本自适应控制学科的专著，让王基组帮助校对、整理。（2000 年《人民日报》）

(8) 鸿渐回家第五天，就上华美新闻社拜见总编辑，辛楣在香港早通信替他约定了。（钱锺书《围城》）

(9) 事发不久，几十名村民闻讯赶来，用铁锹挖土营救，但山体上又有沙土崩塌下来，村民们只好撤离现场。（新华社 2004 年新闻稿）

(10) 尼采看见赶车人正在鞭打行走的马，他突然冲上去，一把抱住马的头："我的受苦受难的兄弟啊！"（陈子平《耐心地打捞光明》）

"几天前、当时、回家第五天、事发不久"以及说尼采看见的动作，都是过去的事情。"找、请求、撰写、拜见、挖、鞭打"等动作发生在说话以前或长或短的时间，其动作性不及当下正在进行的动作。

3. 经历

经历，从发生时间说是过去某个时候，从动态说是完成了的事。动作性表现为被回忆、被追溯的状态。比如：

(11) 他曾到徐焕章门口寻衅打过徐焕章他爹一个脖溜。（邓友梅《烟壶》）

(12) 她路过时,看看两边没有人,也曾经扒在门缝上往里看过。(汪曾祺《晚饭花》)

(13) 我试探过她,她还瞧不上她们班的那些男同学,这丫头心高着呢。(王朔《刘慧芳》)

(14) 因为这小青年姓袁,叫小旦,在村里演戏时候扮演过"小女婿"这个角色,所以她那样还逗他。(赵树理《三里湾》)

(15) 虽然台湾被日本霸占过,两岸又长期处于敌对状态,但这都改变不了台湾是中国领土不可分割的一部分的事实。(2000年《人民日报》)

4. 完成

作为已经完成了的事实,动词表示的动作已经无法起作用。比如:

(16) 毕竟在股市里摔打了几年,他很快振作起来。(陈道《广州股民》)

(17) 她多次拜访了范德劳市长,就建立友好城市的具体问题交换了意见。(1994年报刊精选)

(18) 吕雉听说,又剁了她手脚,抠瞎她两眼,拿哑药灌了她,给她取了个诨号叫"人彘",放到球场去示众。(苏晨《古老的世事》)

(19) (李时珍)花了将近三十年的时间,写成了著名的医药著作《本草纲目》。在这本书里,一共记录了一千八百九十二种药,收集了一万多个药方,为发展祖国的医药科学作出了伟大的贡献。(《中华上下五千年》)

(20) 1991年,一名精神不正常的画家用锤子敲掉了"大卫"左脚的第二个脚趾。(新华社2004年新闻稿)

"摔打了、拜访了、剁了、灌了、花了、记录了、收集了、敲掉了",以及"振作起来、抠瞎、写成"等述补结构,都表示动作完成。完成了的动作,其动作意义是过去的事实,并没有什么动作活力可言。

5. 将要进行

陈述句表示即将进行的动作,动作处于可以期待的状态。例:

(21) 战斗很快就要打响了,少躲一会就行啦……(李晓明、韩安庆《平原枪声》)

(22) 想到这里,她恨不能马上到娘家去,抱一抱小弟弟!(老舍《正红旗下》)

(23) 中兄,就请你先去暗暗搜罗证据;有了证据,我们再来相机行事。(茅盾《蚀》)

（24）梅杰表示，他将于4月拜访国际奥委会萨马兰奇主席。（1993年《人民日报》）

（25）她多么想看看自己梦牵魂绕的家乡，多么想拜访她朝思暮想的乡亲。（1994年报刊精选）

例（21）"很快就要"、例（22）"恨不能马上"、例（23）"先去"、例（24）"将于4月"、例（25）"多么想"，都表示即将进行，而动词表示的动作还没有进行。

6. 长时，一般现在时，习惯

习惯动作，说明某种超越特定时间的普遍道理，和长时间进行的动作一样，都淡化了动作的现实性，动作性不是很强。比如：

（26）细一琢磨，人人都在"摆谱"，只不过档次不同罢了。（1994年报刊精选）

（27）自古以来，中国文人都在自觉扮演着社会规定的角色。（何志云《"海"边的"城堡"》）

（28）她又做工，又做家务，又做母亲，又做父亲，一个人扮演了好几个角色。（赵晓丽、屈长江《塞壬文化与思家病》）

（29）他们常常背着众人，结伴出去采摘野果或是捕捉灰鼠。（迟子建《额尔古纳河右岸》）

例（26）的"人人"，例（27）泛指自古以来的中国文人的表现，例（28）说扮演的角色，例（29）说多个人的多种动作，所有这些都把动作泛化，超越一时一地的限制，具有没有特定时地条件的具体的动作意义。

7. 表示状态

以"摆放"为例。"摆放"是动作，"摆放着"表示正在进行放置物件的动作，也可以表示以"摆放"于某处的方式存在着。比如：

（30）壁橱里**摆放着**奇形怪状的古董和雕塑品。（卞庆奎《中国北漂艺人生存实录》）

（31）海口的老爸茶店，桌椅通常**摆放在**门前的空地上，客人很少会到铺面里去坐。（新华社2004年新闻稿）

（32）家家户户都根据自己的实际情况、爱好，购置不同品种的鲜花**摆放家中**，以求新年平安、吉祥。（新华社2004年新闻稿）

（33）在鲁固路1号大院里，居民们早早地就把自家准备的"切玛"（五谷丰登斗）**摆放到**院子中央，同一街坊其他院内的居民也都陆续捧着"切玛"赶来，共庆新年的开始。（新华社 2004 年新闻稿）

（34）到城里时，我们所见到的东西，不过小摊子上每样有一点罢了！这里可就大不相同，单单是卖鸡蛋的地方，一排一排地**摆列着**，满箩满筐的**装着**，你数过去，总是几十担。辣子呢，都是一屋一屋**搁着**。（沈从文《市集》）

"摆放着、摆放在、摆放家中、摆放到、摆列着、装着、搁着"等都不再表示具体动作，而表示动作完成以后，某物件以"摆放"的状态存在于某处，表示某种状态。

8. 陈述句的特例：带祈使性暗示

某些陈述句还带有暗示意义。比如：

（35）我想亲自给大格格把把脉。（郭宝昌《大宅门》）

（36）行李就要由你来搬运了。（1994 年《人民日报》）

（37）好了，现在你得跟我回村子里去，你的伤必须马上包扎！（琼瑶《鬼丈夫》）

（38）10 天必须拿下钢筋绑扎任务，否则整个工期将向后拖！（1994 年报刊精选）

（39）我认为中国的学者专家们应该编写一部这样的文学参考书。（亢泰《一部值得学习研究的新参考书》）

例（35）表达要给大格格把脉的意愿；例（36）表示行李搬运的对象；例（37）陈述必要性，表示伤口要包扎好；例（38）表示要在规定的工期内完成钢筋绑扎任务；例（39）发表自己对专家们承担编写文学参考书任务的看法。这些都是借用陈述句的形式，指出某种情势，婉转地发出祈使，包含了期待中的动作，动作性受限制。

（二）祈使语气

祈使句发出指令或请求。肯定形式的祈使句要求人怎样行动；否定形式的祈使句制止某种行动。

1. 肯定式

（40）你可得多帮帮王掌柜呀！（老舍《正红旗下》）

（41）你滚出去！滚！（老舍《正红旗下》）

（42）从今以后谁亲谁后，你掂量掂量吧！（邓友梅《烟壶》）

(43) 好好，我不说了，你们聊，你们聊。(王朔《刘慧芳》)

(44) 小顺儿的妈，打水，泡茶去！(老舍《四世同堂》)

2. 否定式

(45) 你少在这儿给我摆谱儿！(铁凝《大浴女》)

(46) 千万别喧嚷出去呀！(老舍《正红旗下》)

(47) 二姐，别哭，别哭！那不吉祥！(老舍《正红旗下》)

(48) 二姐马上要脱去大棉袄，被母亲喝止住："不许脱！春捂秋冻！"(老舍《正红旗下》)

(49) 你别吓唬我，我胆儿小！(郭宝昌《大宅门》)

否定形式的祈使句，制止某种动作，句子并不表示动作性。肯定形式的祈使句发出指令，让人去行动，动作性应该是很强的。但是，祈使句表示的动作都是在说话主体意志驱使下让听话人去施行的。一方面，动作主体并不是进行动作的直接动力，动作的进行是说话主体驱使的结果；另一方面动作尚未进行，所以祈使句里的动词动作性是受到限制的。

(三) 疑问语气

疑问句，主要用于发问；反问句是为了增强或削弱说话的口气，转个弯来表示陈述意义。考察一般疑问句里动词的动作性，得追溯使疑问句成立的前提；考察反问句里动词的动作性，得把它还原为相应的陈述句。

1. 一般疑问句

下面是四种类型的疑问句。

第一种，特指问句，比如：

(50) 偏方倒有一些，您想学治哪一类病的呢？(邓友梅《那五》)

(51) 是谁创造了历史？又是谁在历史中创造了伟大的文明？(《故宫》解说词)

第二种，是非问句，比如：

(52) 我们能打赢这一仗么？(1994年报刊精选)

(53) 您不是急着要找一位教书的先生吗？(郭宝昌《大宅门》)

第三种，选择问句，比如：

(54) 你去，还是我去？(老舍《正红旗下》)

(55) 哎，是我逼你呢，还是你逼我？！(郭宝昌《大宅门》)

第四种，反复问句，比如：

(56) 找遍了你们全村儿，找得出十两银子找不出？（老舍《茶馆》）

(57) 杀了很多人以后，朱棣感到十分不安。他也曾询问身边的一位大臣茹常，我这样做会不会得罪了天地祖宗？（《故宫》解说词）

杰弗里·利奇分析，下列例子中只有例（58）、例（59）表示命题，例（60）、例（61）作为疑问句，不表达命题。[1]

(58) The book you stole from the library is valuable. （你从图书馆偷来的那本书是珍贵的。）（命题）

(59) The book you stole from the library is not valuable. （你从图书馆偷来的那本书并不珍贵。）（否定命题）

(60) Is the book you stole from the library valuable? （你从图书馆偷来的那本书珍贵吗？）（yes-no 问句）

(61) When did you steal the book from the library? （你什么时候把那本书从图书馆偷出来的？）（特殊疑问句）

但是，这4个句子都含有共同的前提：

(62) You stole a book from the library. （你从图书馆偷了一本书。）

例（62）作为4个句子的前提，是表达命题的。循着这个思路，考察上面8个汉语疑问句里动词的动作性，也得寻找这些问句的前提。

(50′) 您想学医治某一类病症。

(51′) 有人创造了历史，有人在历史中创造了伟大的文明。

(52′) 我们将要打仗。

(53′) 您急着要找一位教书的先生。

(54′) 你或者我将要去。

(55′) 你与我之间互相逼迫。

(56′) 找遍了全村儿，是为了找出银子。

(57′) 朱棣杀了很多人以后，担心得罪了天地祖宗。

---

[1] 杰弗里·利奇. 语义学 [M]. 李瑞华，王彤福，杨自俭，等译. 上海：上海外语教育出版社，1987：394-395.

第八章 语气、口气对动词动作性的影响

特定的疑问句之所以能成立，是有前提的，前提里表现的动作曲折地反映在问句里。以上推导出来的前提例（53′）、例（55′）表达正在进行，例（50′）、例（52′）、例（54′）表达尚未进行；例（51′）、例（56′）、例（57′）表述过去。这些前提表达动作有的还算明显，有的已经很不明显，然后回到实际的疑问句，动作意义通过曲折的方式传达出来就相当微弱了。

2. 反问句

（63）他连杀鸡都不敢看，怎敢挎刀？（邓友梅《那五》）

（64）韩宝山！你、你凭什么打人？（张石山《镢柄韩宝山》）

（65）住嘴！我们哥儿俩说话你掺和什么？！（郭宝昌《大宅门》）

（66）白萌堂大怒："你怎么敢教训我？！"（郭宝昌《大宅门》）

（67）过了定更，大家就差不多祭完了灶王，糖还卖给谁去呢！（老舍《正红旗下》）

上面这 5 个反问句，用陈述形式来表达是如下情形：

（63′）他不敢挎刀。

（64′）你没有理由打人。

（65′）你不该掺和。

（66′）你不该教训我。

（67′）糖就没有人买了。

肯定形式的反问句还原为否定形式的陈述句。上面 5 个否定的陈述句并不能表现动作意义。这一点下面还要讨论。

3. 带祈使性暗示的疑问句

（68）先看一看，看明白了再走下一步棋，不好吗？（老舍《正红旗下》）

（69）要出事了，你还不快走！（邓友梅《那五》）

（70）跟我也不能说？（郭宝昌《大宅门》）

（71）你没去看看老七那位姨奶奶？（郭宝昌《大宅门》）

（72）颖轩！前院那么忙，你不去看着！（郭宝昌《大宅门》）

把上面 5 个反问句的意思陈述出来就是：

（68′）先看一看，看明白了再走下一步棋！

(69′) 要出事了，你快走！

(70′) 跟我说说！

(71′) 你去看看老七那位姨奶奶！

(72′) 颖轩！前院那么忙，你去看着！

把上面5个否定形式的反问句用肯定形式表达出来，恰恰是祈使句。这样包含祈使意义的反问句是弱式祈使句。当然，祈使是指令听话人进行动作，呈现未然态。可见，这种暗示一种动作的反问句，动作性也是很弱的。

(四) 感叹语气

构成感叹句，常见的是名词性短语、形容词性短语或叹词，也有由动作动词构成的感叹句。下面是从老舍的《茶馆》《龙须沟》摘录的几例。

(73) 我不走！我拿刀等着他们！（老舍《龙须沟》）

(74) 瞧你敢动他一下，我不把你碎在这儿！（老舍《龙须沟》）

(75) 我想大哭一场！（老舍《茶馆》）

(76) 像我这样的人算是坐不起这样的茶馆喽！（老舍《茶馆》）

例（73）"拿刀等着他们"是连谓结构，表示已经做好准备，随时采用特定动作；全句动作性很强。例（74）"动他一下""把你碎在这儿"都表示动作，但是整个句子带有虚拟意味，动词表示的动作都不具现实性。例（75）"想大哭一场"是一种打算。例（76）"坐不起"表示动作可能性的否定。从以上各例可见，感叹句主要表示强烈的感情，表示心愿。动作动词进入感叹句，整个句子仍然表现出动作意义的虽然也有，但大量感叹句并不能直接表示动作。

综上，不同语气的句子表现动词动作性的能力是不一样的。表示此时此地正在进行某种动作的陈述句显现动词动作性的能力最强，其他陈述句显现动词动作性的能力就弱得多了。祈使句、疑问句、感叹句虽然可以有条件地、不同程度地表示动词的动作性，但都有很多限制。

二、口气与动词动作性表现的关系

关于"口气"，《现代汉语词典》（第7版）给出三个义项：①说话的气势。②言外之意；口风。③说话时流露出来的感情色彩。（第750页）"口气"

的确切含义和范围难以确定。胡裕树说得比较具体:"句子可以有种种口气,例如肯定与否定、强调与委婉、活泼与迟疑,等等,都用于思想感情方面种种色彩的表达。"[1]

下面讨论虚拟句、条件句与否定句中动词动作性的表现。

1. 虚拟句里动词的动作性

(77) 我不捣腾点买卖吃什么?(邓友梅《烟壶》)

(78) 打得赢就打,打不赢就走,一切全靠"可行性研究"……(李零《侠与武士遗风》)

(79) 你再胡说八道,我大耳刮子抽你!(郭宝昌《大宅门》)

(80) 打得过他咱狠狠地打,打不过他咱就溜之乎也。(徐贵祥《历史的天空》)

(81) 如有线索,请直接拨打110,向公安机关报警。(新华社2003年2月新闻报道)

例(77)至例(81)都表达假设的口气。以例(77)来说,如果"我"不捣腾点儿买卖,就生活无着落。假设,或虚拟的口气,都不具有现实性。这些例中的"捣腾、吃、打、走、抽(你)、溜、拨打、报警"等动作都处于潜在状态。

2. 条件句里动词的动作性

(82) 带一包葡萄糖,必要时就冲一杯葡萄糖水……(阳父《五进中南海的保健医生》)

(83) 以后无论谁问到你,你都只能说不知道!(朱秀海《乔家大院》)

(84) 只要真正去做,总能找到解决困难的办法。(1998年《人民日报》)

(85) 我们这一代人只有好好读书,才能更好地报效祖国。(新华社2001年7月新闻报道)

(86) 在真空环境里,宇航员用脚轻轻一踏,就可以飞身上楼;用手推一下天花板,马上能回到楼下,比爬楼梯轻松多了。(《中国儿童百科全书》)

上述条件句里的动作也不是现实的动作,这些动作的显现以前面所说的条件为支撑,所以条件句里动词动作性也是潜在的。

---

[1] 胡裕树. 现代汉语 [M]. 上海:上海教育出版社,1995:379。

3. 否定句里动词的动作性

(87) 结果大家就这么耗着，谁也不做"抛砖引玉"的蠢事。(1994年报刊精选)

(88) 柔嘉见他不开口，忍住也不讲话。(钱锺书《围城》)

(89) 奇怪的是为什么大家都不工作呢？(老舍《新韩穆烈德》)

(90) 可惜我在沅陵时也没有画过风景画。(劳祖德《汗漫游》)

杰弗里·利奇指出："有时当一个肯定的事件受到否定时，它就成了状态。例如，'John began to work（约翰开始工作）'在受到否定后变成'John didn't begin to work（约翰没有开始工作）'，这意味着约翰维持着一种不工作的状态。"[1] 以上各例中的"做、开口、讲话、工作、画"等都表示动作，但是否定以后，"不做、不开口、不讲话、不工作、没有画"都成了某种状态，动词的动作性无法表现出来。

当然，否定句的情况也相当复杂。下面的用例就不是否定一种动作出现某种状态。

(91) 妈妈，中国人从来不那样说话，为什么他要那样学呢？(赵淑侠《恕儿上学》)

(92) 我们从来不这样说话，没有这样的词，也没有这样的话。(金克木《说"梦"》)

(93) 我感觉，从来没有开过这么多的会，从来没有讲过这么多的话，讲过这么多的课，从来没有接待过这么多的记者，从来没有这么忙过，从来没有在广播、电视、报纸、杂志上这么露过面，从来没有听说过、也没有想到有的部门会请税务局的同志去讲课，我本人也从来没有想到一时成了青岛"新闻人物"。(1994年报刊精选)

例(91)、例(92)"不"否定的是说话的方式，并不简单地否定"说话"；例(93)"没有"否定的是开会、讲话、接待记者等动作的次数，而不是说从来没有开过会、讲过话等，说话、开会、接待记者等动作实际还是存在的。不过，就整个句子而言，这些动作都不是现实性的动作，动作性是很弱的。

---

[1] 杰弗里·利奇. 语义学[M]. 李瑞华，王彤福，杨自俭，等译. 上海：上海外语教育出版社，1987：237。

结 语

　　动作动词表示动作。动作是人受特定动机驱使，利用肢体或工具，作用于外部对象，存在于特定空间、在特定时间里展开的运作。动作的特点决定了动作动词的特点：必有施事，联系工具、受事、与事、结果、原材料等事物，有特定的时态，大多是自主的，因而可以重叠，可以用于祈使句，可以用"别"表示制止。

　　人的基本动作是应生存活动需要发生的，是朴素的肢体或全身的运作。随着人类需求的增加，人的能力的增强，基本动作可以与相关的外部因素联系，形成拓展动作；人体各相关部位或多个主体协同动作，多种动作形成组合动作，多种相关动作概括为综合动作，进而延伸到泛指的、概括意义的动作。与动作的发展相关的是动作动词的增加，动作义项的增多。表示协同动作、组合动作、综合动作、抽象的概括动作的动词，其底层都是基本动作即肢体或全身动作。动作动词（义项）越发展，表示的基本动作越易被覆盖，从而呈现出的动作性越来越间接、模糊。动作动词作为一个集合是一个从肢体或全身动作到抽象的、泛指意义动作的原型范畴。

　　动词动作性的变化是人类需求扩张、人类能力增强的结果。动作动词的动作性由具体向越来越淡化的方向扩张，是人类需求和能力发展的投影。

　　确认一个动词为动作动词，断言这个动词表示动作，是就单个的词而言的。词典对动词释义，断言其表现动作意义。动词可以独立成句，但多数是以组合体的一部分出现的。进入具体运用场合，原有的动作意义不会原封不动地得以实现，有的被激活、被强化，有的被掩盖、被弱化。

　　决定动词动作意义的关键因素是动作进行的状态（即动态），事件发生的时间与说话时间（所谓现在、过去、未来）的比较也起到作用。此时此刻正在进行的动作，动作性最强；已经完成的动作，只留下动作的回忆，动作意义不再发挥作用；即将进行的动作作为一种期待，可以准备，但终究不是现实的动作。

动词进入句子，充当不同句法成分，组合成不同结构关系，影响着动词动作性的提取或发挥。动词用于谓语中，带宾语、补语、状语等，动作性情况各异。动词作主语、宾语、定语，表现不出动作性。动词入句，不同句法结构体现不同的时态。不同句法结构中动词动作性的差异，说到底是受时间范畴因素的制约。

句子的语气、口气，是影响动词动作性的重要因素。祈使句表示未然，疑问句与动作意义的关联需追溯到它的前提，少量感叹句动作意义较强，但多数感叹句的动作意义很弱。比较起来，陈述语气应用于不同时态的句子，使用于多种场合，是不同程度、不同方式展现动词动作意义的句类。从口气来说，假设的、条件的句子不能直接表现动词动作意义，否定句一般使表示事件的句子变成表示状态的句子。语气、口气对动词动作性的影响呈现为很复杂的情景。

参考文献

专著

[1] 北京大学中文系现代汉语教研室. 现代汉语：增订本[M]. 北京：商务印书馆，2012.

[2] 陈嘉映. 语言哲学[M]. 北京：北京大学出版社，2003.

[3] 丁声树，吕淑湘，李荣等. 现代汉语语法讲话[M]. 北京：商务印书馆，1961.

[4] 高名凯. 汉语语法论[M]. 北京：商务印书馆，1986.

[5] 龚千炎. 汉语的时相时制时态[M]. 北京：商务印书馆，1995.

[6] 顾乃忠. 主观能动性研究[M]. 南京：江苏人民出版社，1991.

[7] 吕西安·泰尼埃尔. 结构句法基础[M]//胡明扬. 西方语言学名著选读. 2版. 北京：中国人民大学出版社，1999.

[8] 胡裕树. 现代汉语[M]. 上海：上海教育出版社，1995.

[9] 黄伯荣. 动词分类和研究文献目录总览[M]. 北京：高等教育出版社，1998.

[10] 黄伯荣，廖序东. 现代汉语：下册[M]. 增订六版. 北京：高等教育出版社，2017.

[11] 李晋霞. 现代汉语动词直接做定语研究[M]. 北京：商务印书馆，2008.

[12] 李临定. 现代汉语动词[M]. 北京：中国社会科学出版社，1990.

[13] 李行健. 现代汉语规范词典[M]. 3版. 北京：外语教学与研究出版社，语文出版社，2014.

[14] 刘丹青. 语法调查研究手册[M]. 上海：上海教育出版社，2008.

[15] 陆俭明，沈阳. 汉语和汉语研究十五讲[M]. 北京：北京大学出版

社，2003.

[16] 吕叔湘. 从主语、宾语的分析谈国语句子的分析［C］//吕叔湘. 汉语语法论文集：增订本. 北京：商务印书馆，1984a.

[17] 吕叔湘. 现代汉语单双音节问题初探［C］//吕叔湘. 汉语语法论文集：增订本. 北京：商务印书馆，1984b.

[18] 吕叔湘. 中国文法要略［M］. 北京：商务印书馆，1982.

[19] 吕叔湘. 现代汉语八百词：增订本［M］. 北京：商务印书馆，1999.

[20] 吕叔湘. 汉语语法分析问题［M］. 北京：商务印书馆，2005.

[21] 马建忠. 马氏文通［M］. 北京：商务印书馆，1983.

[22] 马庆株. 汉语动词和动词性结构·一编［M］. 北京：北京大学出版社，2004.

[23] 马庆株. 汉语动词和动词性结构·二编［M］. 北京：北京大学出版社，2007.

[24] 孟琮，郑怀德，孟庆海，等. 汉语动词用法词典［M］. 北京：商务印书馆，1999.

[26] 屈承熹. "及物性"及其在汉语中的增减机制［M］// 戴昭铭，陆镜光. 语言学问题集刊：第一辑. 长春：吉林人民出版社，2001.

[27] 沈家煊. 不对称和标记论［M］. 南昌：江西教育出版社，1999.

[28] 王还. "把"字句和"被"字句［M］. 上海：上海教育出版社，1984.

[29] 王力. 汉语史稿［M］. 北京：中华书局，1980.

[30] 王力. 中国现代语法［M］. 北京：商务印书馆，1985.

[31] 王力. 汉语语法史［M］. 北京：商务印书馆，1989.

[32] 王力. 王力古汉语字典［M］. 北京：中华书局，2000.

[33] 王了一. 汉语语法纲要［M］. 上海：上海教育出版社，1982.

[34]《现代汉语常用词表》课题组. 现代汉语常用词表（草案）［M］. 北京：商务印书馆，2008.

[35] 信德麟，张会森，华劭. 俄语语法［M］. 北京：外语教学与研究出版社，1990.

[36] 张伯江. 从施受关系到句式语义［M］. 北京：商务印书馆，2009.

[37] 张国宪. 双音节动词功能增殖探讨［M］//邵敬敏. 语法研究与语法应用. 北京：北京语言学院出版社，1994.

[38] 周法高. 二十世纪的中国语言学 [M] //周法高. 论中国语言学. 香港：中文大学出版社，1980.

[39] 朱德熙. "在黑板上写字"及相关句式 [C] //朱德熙. 语法丛稿. 上海：上海教育出版社，1990a.

[40] 朱德熙. 变换分析中的平行性原则 [C] //朱德熙. 语法丛稿. 上海：上海教育出版社，1990b.

[41] 朱德熙. 汉语 [C] //朱德熙. 语法丛稿. 上海：上海教育出版社，1990c.

[44] 张敏. 认知语言学与汉语名词短语 [M]. 北京：中国社会科学出版社，1998.

[45] 张旺熹. 汉语特殊句法的语义研究 [M]. 北京：北京语言文化大学出版社，1999.

[46] 赵元任. 汉语口语语法 [M]. 吕叔湘，译. 北京：商务印书馆，1979.

[47] 赵元任. 中国话的文法 [M] // 刘梦溪. 中国现代学术经典：赵元任卷. 石家庄：河北教育出版社，1996.

[48] 中国社会科学院语言研究所现代汉语研究室. 句型和动词 [M]. 北京：语文出版社，1987.

[49] 中国社会科学院语言研究所词典编辑室. 现代汉语词典[M]. 7版. 北京：商务印书馆，2016.

[50] 朱德熙. 语法讲义 [M]. 北京：商务印书馆，1982.

[51] 朱德熙. 语法答问 [M]. 北京：商务印书馆，1985.

[52] 朱景松. 汉语研究论稿 [M]. 合肥：安徽大学出版社，1997.

[53] 朱景松. 语法理论研究 [M]. 上海：百家出版社，2001.

[54] Adele E. Goldberg. 构式论元结构的构式语法研究 [M]. 吴海波，译. 北京：北京大学出版社，2007.

[55] 爱德华·萨丕尔. 语言论：言语研究导论 [M]. 陆卓元，译. 北京：商务印书馆，1985.

[56] 伯纳德·科姆里. 语言共性和语言类型[M]. 2版. 沈家煊，罗天华，译. 北京：北京大学出版社，2010.

[57] C. J. 菲尔墨. "格"辨 [M]. 胡明扬，译. 北京：商务印书馆，2005.

[58] 戴维·克里斯特尔. 现代语言学词典 [M]. 沈家煊, 译. 北京: 商务印书馆, 2000.

[59] 恩斯特·波佩尔. 意识的限度: 关于时间与意识的新见解 [M]. 李百涵, 韩力, 译. 北京: 北京大学出版社, 2000.

[60] G. Mauger. 现代法语实用语法 [M]. 鲍文蔚, 谢戊申, 周世勋, 译. 北京: 外语教学与研究出版社, 1988.

[61] 杰弗里·利奇. 语义学 [M]. 李瑞华, 王彤福, 杨自俭, 等译. 上海: 上海外语教育出版社, 1987.

[62] 拉迪斯拉夫·兹古斯塔. 词典学概论 [M]. 林书武, 冯加方, 卫志强, 等译. 北京: 商务印书馆, 1983.

[63] 伦道夫·夸克, 西德尼·戈林鲍姆, 杰弗里·利奇, 等. 当代英语语法 [M]. 王中浩, 徐钟, 阎泰达, 等译. 沈阳: 辽宁人民出版社, 1982.

[64] 马斯洛. 马斯洛人本哲学 [M]. 成明, 译. 北京: 九州出版社, 2003.

[65] 泽诺·万德勒. 哲学中的语言学 [M]. 陈嘉映, 译. 北京: 华夏出版社, 2002.

[66] Croft, William A. *Radical Construction Grammar: Syntactic Theory in Typological Perspective* [M]. Oxford: Oxford University Press, 2001.

[67] Fillmore, Charles. The Case for Case [M] // Emmon Bach, Robert T. Harms, eds. *Universals in Linguistic Theory*. New York: Holt, Rinehart and Winston, 1968.

[68] Fillmore, Charles. The Case for Case Reopened [M] //P. Cole, J. M. Sadock, eds. *Syntax and Semantics*, Vol. 8. New York: Academic Press, 1977.

[69] Goldberg, Adele E. *Constructions: A Construction Grammar Approach to Argument Structure* [M]. Chicago: The University of Chicago Press, 1995.

[70] Lakoff, George. *Women, Fire, and Dangerous Things: What Categories Reveal about the Mind* [M]. Chicago: The University of Chicago Press, 1987.

[71] Langacker, Ronald W. *Foundations of Cognitive Grammar vol. I: Theoretical prerequisites* [M]. Stanford, California: Stanford University Press, 1987.

[72] Lyons, John. *Semantics* [M]. Cambridge: Cambridge University Press, 1977.

[73] Taylor, John R. *Linguistic Categorization: Prototypes in Linguistic Theory* [M]. Oxford: Oxford University Press, 1989.

期刊、报纸

[1] 陈平. 论现代汉语时间系统的三元结构 [J]. 中国语文, 1988 (6): 401-422.

[2] 陈平. 试论汉语中三种句子成分与语义成分的配位原则 [J]. 中国语文, 1994 (3): 161-168.

[3] 陈满华. 关于构式的范围和类型 [J]. 解放军外国语学院学报, 2008 (6): 6-11.

[4] 陈满华. 关于构式语法理论的几个问题 [J]. 外语教学与研究, 2009 (5): 337-344+400.

[5] 陈满华, 贾莹. 西方构式语法理论的起源和发展 [J]. 苏州大学学报 (哲学社会科学版), 2014 (1): 127-135.

[6] 戴耀晶. 现代汉语表示持续体的"着"的语义分析 [J]. 语言教学与研究, 1991 (2): 92-106.

[7] 冯烨. 人是什么?——"人类增强"技术引发的伦理思考 [N]. 中国社会科学报, 2014-04-28 (A06).

[8] 符淮青. 表动作行为的词的意义分析 [J]. 北京大学学报 (哲学社会科学版), 1982 (3): 64-72.

[9] 符淮青. "词义成分—模式"分析 (表动作行为的词) [J]. 汉语学习, 1996 (5): 3-9.

[10] 郭锐. 汉语动词的过程结构 [J]. 中国语文, 1993 (6): 410-420.

[11] 郭锐. 过程和非过程——汉语谓词性成分的两种外在时间类型 [J]. 中国语文, 1997 (3): 162-175.

［12］郭继懋. 谈动宾语义关系分类的性质问题［J］. 南开学报（哲学社会科学版），1998（6）：73-80.

［13］蒋绍愚. 打击义动词的词义分析［J］. 中国语文，2007（5）：387-401+479.

［14］李青. 论状语、补语对受事主语变换为受事宾语的限制［J］. 大连大学学报，1999（5）：86-88.

［15］李临定. 施事、受事和句法分析［J］. 语文研究，1984（4）：8-17.

［16］李临定. 动词的动态功能和静态功能［J］. 汉语学习，1985（1）：6-10.

［17］刘街生. 现代汉语动量词的语义特征分析［J］. 语言研究，2003（2）：51-55.

［18］刘勋宁. 现代汉语词尾"了"的语法意义［J］. 中国语文，1988（5）：321-330.

［19］陆俭明. "句式语法"理论与汉语研究［J］. 中国语文，2004（5）：412-416.

［20］马庆株. 时量宾语和动词的类［J］. 中国语文，1981（2）：86-91.

［21］齐沪扬，连蜀. 动词性短语与动词的功能比较［J］. 上海师范大学学报（社会科学版），2000（4）：71-80.

［22］邵敬敏. 动量词的语义分析及其与动词的选择关系［J］. 中国语文，1996（2）：100-109.

［23］沈家煊. "有界"与"无界"［J］. 中国语文，1995（5）：367-381.

［24］王建军. 动词重叠与语义、结构及语境的关系［J］. 徐州师范学院学报（哲学社会科学版），1988（3）：15-20.

［25］吴为章. 近十年现代汉语动词研究特点概述［J］. 汉语学习，1994（2）：7-17.

［26］相原茂，沙野. 数量补语"一下"［J］. 汉语学习，1984（4）：20-31.

［27］邢公畹. 一种似乎要流行开来的可疑句式——动宾式动词+宾语［J］. 语文建设，1997（4）：21-24.

［28］徐光祐，曹媛媛. 动作识别与行为理解综述［J］. 中国图象图形学报，2009（2）：189-195.

［29］袁义林. 汉语被动句与其基础句关系的宏观分析［J］. 山东师范大学学

报（人文社会科学版），1990（1）：69-77.

[30] 张国宪."V双+N双"短语的理解因素［J］.中国语文，1997（3）：176-186.

[31] 张国宪.单双音节动作动词搭配功能差异研究［J］.上海师范大学学报（哲学社会科学版），1990（1）：141-151.

[32] 张济卿.对汉语时间系统三元结构的一点看法［J］.汉语学习，1998（5）：20-23.

[33] 朱景松.动词重叠式的语法意义［J］.中国语文，1998（5）：378-386.

[34] 朱晓琴，朱景松.副词能动意义的确定和提取［J］.语文研究，2011（3）：22-28.

[35] Paul J. Hopper, Sandra A. Thompson. Transitivity in Grammar and Discourse［J］. *Language*，1980（56）：251-299.

学位论文

[1] 王媛.现代汉语单音节动作动词的方向性研究［D］.北京：北京语言大学，2007.

[2] 许海燕.述宾结构的构式意义及其对相关句法现象的影响［D］.苏州：苏州大学，2009.

[3] 张伯江.施事和受事的语义语用特征及其在句式中的实现［D］.上海：复旦大学，2007.

[4] 张明辉.认知类动词及相关句式研究［D］.苏州：苏州大学，2008.

现代汉语动作动词表[1]

单音节动作动词

A

挨（āi）、挨（ái）①②③、安¹②⑤⑥⑦、昂①、熬（āo）、熬（áo）①②③、拗（ǎo）

B

巴②、扒①②③④、吧¹①、拔①②③④⑥⑦、把①②③④⑤⑥、耙②、罢③、霸④、掰①、白¹、摆¹①②③④、拜①③⑤、扳①②、颁、搬①②、办①②③④、扮①②、伴②、拌、绊、帮①②、绑、傍①③、包①⑧⑨⑩⑪⑫⑬、炮（bāo）①②、剥、煲②、饱、保①②③④、报①②、刨②、抱①②③④⑤、暴、爆③、背（bēi）①②、备②、背（bèi）⑤⑥⑧、焙、奔（bèn）①③④、崩④、绷¹①②③④⑤、绷（bēng）²、绷（běng）①②、蹦、逼①②③、比¹①③④⑤⑥、闭①、毙②③、篦、编①②③④⑤、鞭、变③、标⑤、表③④、摽¹①②③④、憋①、别¹③、别³①③④、冰③、屏（bǐng）①、拨①②③、播①②、驳¹、跛、簸、补①②③、捕①、布²③、步¹⑦

---

[1] 本词表根据《现代汉语词典》（第7版）编成。词条右上标阿拉伯数字为词典里同音词的序号，词条后带圈阿拉伯数字为词典里词的义项序号；少数词条加注汉语拼音，是为与书写形式相同的词相区别。

C

擦①②③④⑤、猜①、裁①③、采¹①②③④、踩、藏②、操①②④、侧②、测①、策²②、蹭④、叉②、插①②、碴①、查①②③、搽、叉（chǎ）、蹅、拆①②、掺、搀¹、谄、缠①、铲②、尝①②、敞②、唱①②、抄¹①②③④、抄²①②、焯、吵②③、炒①②③④、秒（chào）②、车④⑤、扯①②③、掣②、撤①②、抻（chēn）、衬①、称（chēng）²、撑①②③④⑤、呈②、承③、乘¹①、盛①、吃¹①②③④⑤⑥、持①、冲¹②③、冲²①②③④、舂、冲（chòng）³、抽¹①②③④、抽²①②③、搋²、筹③、瞅、出¹①④⑦⑧、除¹①、锄②③、处（chǔ）②③、揣（chuāi）①、穿①②③④⑤、传①②③④⑥⑦、喘①②、串⑥、闯①②③、创、吹①②④⑤、捶、锤②、戳①②③、跐（cī）、辞②、刺①②③、凑①②③、蹿①、攒、窜①②③、催①、搓、撮②③④⑤、锉②

D

搭①②③④⑤⑥⑦、打①③④⑤⑥⑦⑧⑨⑩⑪⑫⑬⑭⑮⑯⑰⑱⑲⑳㉑㉒㉓㉔、逮（dǎi）、带⑤⑥⑩⑪⑫、逮（dài）、戴①、担①②、掸、挡（dǎng）①、当（dàng）²①、荡¹①④、捣①、倒（dǎo）¹①③、倒（dǎo）²①②③④、倒（dào）③④、登①②、蹬①②③④、等²①、瞪①②、低④、滴②、抵¹①④⑤⑥⑦、抵²、递①、掂、典²、点¹⑩⑪⑫⑬⑭⑮⑯⑰⑱⑲、踮、垫①②③、叼、雕¹①、吊¹①②③④、钓①②、调¹①②③、跌①、叠②、叮①②、盯、钉（dīng）②③、靪、顶②③④⑤⑥⑦⑧⑨⑩⑪、订（dìng）①②③④、钉（dìng）①②、定②⑥、丢②、动①②③④⑤⑥、兜¹②③④⑤⑥、抖①②③④⑤、斗（dòu）①②③④⑤、逗①②③、盯、毒④、读①②、堵①、赌①②、渡①②、镀、端²②③、锻、堆②、对②③⑥⑦⑧⑨⑪、蹲①②、夺①②、踱、躲、剁、垛①、跺

E

扼①、饿②、摁

F

发①③④⑤⑦⑧⑪⑫⑬、伐¹①、翻①②③④⑤⑥⑦、返、纺①、放①②③④⑥⑦⑧⑩⑪⑬⑭⑮⑯⑰、飞②、分①②③、粉⑥、封²①、缝①、奉①②④、敷①、伏¹①、扶①②、拂①、服④⑤⑥⑦⑧、浮①、俯①、付¹②、赴①

G

改①②③、盖¹④⑤⑥⑧⑩、赶①②③④⑤⑥、擀①、干（gàn）²①③、扛（gāng）①②、钢（gàng）①②、搞①②、告②⑤、膏①②、搁①②③、割①、隔①、给①、跟②③、耕①、攻①②③、供①②④、拱¹③、拱²①②、勾¹①②③④⑤⑥、钩④⑥⑦、购、够④、箍①、刮¹①②③、剐①②、挂①③④⑥⑦⑧、拐¹①④、拐²、关①②③、掼①②③、灌①②③④、逛、跪、绲③、滚②⑤、磙②、裹①②、过①②③④

H

哈¹①、哈²、含①②③、喊①②、焊、夯②③④、绗、薅①、号（háo）¹⑪⑫、喝¹①、合¹①②、和（hè）①②、喝（hè）、黑⑥⑦、哼①②、横⑤、轰③、烘、哄（hǒng）①②、哄（hòng）、吼②、候¹①、呼①②③、糊（hū）、糊（hú）¹、唬、护②、花²、划（huá）¹、划（huá）³、滑②④、化¹①、化²、划（huà）¹①②、画¹①、画²①、话②、还（huán）①②③、环④、缓②、换①②③、唤、挥①、回¹②③④⑤⑥、汇²①、会¹①②、绘、烩①②、混①②③、锪、劐①、攉、和（huó）、活①②③、和（huò）

J

积①、汲、挤①③④、计①、记①②、寄①、加①②③④、夹①②③④、驾①②、架②③④⑤、嫁①、尖④、煎①②、拣¹、捡、减①②、剪③、见⑤、间（jiàn）⑤、建¹①②、浆②、讲①②③④、奖①、酱②、交①⑤、浇¹①②③④、胶②、教（jiāo）、嚼、绞①③④⑤、铰①②、搅①②、缴①②、叫①②③、校（jiào）、教（jiào）¹①、窖②、接②③④⑤⑥、揭①

②③、劫①、结①③、截①③、解②、借¹①②、解（jiè）、紧③、浸①、禁①、净¹②、敬③、静③、揪、灸、救①②、就⑤、拘①④、焗①②、举①⑤⑦、锯②、聚①、捐②、圈（juān）①②、卷（juǎn）①、撅¹①②、撅²、噘、决¹③、掘、均②

K

开¹①②③④⑥⑦⑧⑩⑪⑫⑬⑭⑮、揩、看（kān）①②、侃²、砍¹①②、看（kàn）①②③④⑤⑥⑦、扛①②、抗①、考¹①②、拷²、铐②、靠①②③⑤、搕、磕②、咳、刻①、嗑、尅①②、啃、揩①②③、坑④、吭、控³①②、抠①②③、叩①、扣①②③④⑤、哭、夸¹①②、挎①②、跨①②、扠¹、扠²①②、框（kuàng）④、捆①、困②、扩、括③

L

拉（lā）¹①②③④⑤⑥⑦⑧⑨⑩⑪⑫⑬、拉（lā）²、拉（lá）、来¹①②③④⑤⑥⑦、赖¹③④⑤⑥、拦①、揽①②③④、缆③、罱②、捞①②、烙①②、耢②、勒¹②、勒（lēi）、垒①、睖、犁②、理⑤、立①②、敛③、练②②、炼①②、量①、亮⑥、凉、晾①②③、撩（liāo）①②、蹽（liāo）①②、聊²、撩、撂①②③、瞭、咧（liě）①、拎、临、淋②、淋（lìn）、领⑥⑧⑨、溜¹①②、熘、蹓（liū）、留①②③⑤⑥⑦、遛①②、馏、溜²、蹓（liù）、笼④、拢①②③④⑤、搂（lōu）①②③、搂（lǒu）①、撸①②③、录②、捋（lǔ）、滤、掠②、抡①②、轮④、捋（luō）、罗¹⑥、络④、落③、摞

M

抹①②③、码²、骂①②、埋①、买①、迈¹①、卖①②③、铆①②③、闷（mēn）②③⑤、焖、蒙¹①、眯①②、面¹②、灭②、抿¹、抿²①②、摸①②③④、磨①②③④⑥、抹（mǒ）①②③、抹（mò）①②、默②、磨（mò）②③

N

拿①②③④⑤⑥⑦、纳²、捺①②、奶④、攮、馕（nǎng）、挠①、闹

②③④⑥⑦、泥（nì）①、逆、溺①、拈、捻①、撵①、碾②、念²①②、酿①④、尿②、捏①②③④、蹑①②③、拧（níng）①②、拧（nǐng）①、扭①②③④⑤、弄①②③④、挪

O

呕、怄②③、沤、怄①②

P

趴①②、扒①③④、爬①②③、耙②、拍①④⑤⑥⑦、排¹①⑨、排²①②、排（pǎi）、派¹⑥⑦⑧、攀①③④、盘⑤⑥⑦⑧⑨、判③④、襻③、耪、抛①②④、刨（páo）①、炮（páo）①、跑①②③④⑤⑥、泡²①②、陪①、培①、赔①②③、佩①、配①③④⑤⑥⑦、喷、烹①②、捧①③、碰①②③、批¹①②、批²①②、批³②、披①②、劈（pī）①、劈（pǐ）①②、擗①、辟¹①、片④、骗①①②、骗²、剽（piāo）①、嫖、漂（piǎo）①②、瞟、撇（piē）¹、撇（piē）²、瞥、撇（piě）①③、拼¹①②、拼²①②、品⑥、平②⑧、评①②、泼¹、铍①、剖①、扑①②③、铺①、谱④

Q

沏、欺①②、缉、漆②、骑①、起①⑤、气⑨⑩⑪、砌①、掐①②、拤、卡①②③、扦③④、迁①、牵①、签¹①②、签²④、钳②、掮、潜①、欠¹②、嵌、呛、抢¹①②③、抢²、呛、戗③、炝①②、跷①②、鞘、敲①②、缲、瞧、翘（qiào）、撬、切（qiē）①、切（qiè）、亲⑪、擒、噙、清¹⑩、擎、庆①、囚、求①②③、泅、屈①④、焌①②、觑、取①③、娶、去①④⑧⑨、圈③④、劝①、瘸

R

燃①②、染①、嚷（rǎng）①②、让①②③④⑤⑥⑦、绕①②③④、热③、忍①、纫①、扔①②、揉①②、鞣、燸、入②

S

撒（sā）①②③、洒①、靸、撒①、塞①、搡、搔、缲、扫①②③、杀

①②③、刹①②、煞①、筛¹②③、筛²①、筛³、晒¹①②、晒²、删、扇①②、煽①②、闪①②③⑤⑥⑦、苫、骟、上¹⑤⑥⑦⑧⑨⑩⑪⑫⑬⑭⑮⑯、绱、捎、烧①②③④、赊、射①②③、摄¹②、伸①、审②、生¹⑨、施②④、拾¹①、食①、使①②、试①、收①②③④⑤⑥⑦⑧、梳②、输¹①、赎①、署²、数（shǔ）①、束①、树③、竖¹③、漱、刷¹②、耍②③④、刷（shuà）、摔①②③④⑤、甩①②③④、闩②、拴①②、涮①②③④、吮、顺①③、说①②④、撕、松²⑤、耸③、送①②③、搜②、擞、塑①、损④

T

跋、拓（tà）、踏①、抬①②③、摊①⑤、谈①、弹①②③④⑤、探②③⑥、耥、蹚①②、搪¹①、搪²、镗、躺、烫②④、掏①②、逃①②、淘¹①②、讨②③④、套②④⑨⑲、熥（tēng）、腾③、眷、剔①②③、踢、提①②③④⑤⑥⑦、题②、剃、填①③、舔、掭①、挑（tiāo）¹①②、挑（tiāo）²、调②、挑（tiǎo）①②③④、跳①、贴¹①②③、听¹①②、停¹①②③、挺②③④、梃①、通②⑤、捅①②③、捅①②、偷①③、投¹①②③④⑤⑥⑦、投²、透③、涂¹①②③、吐（tǔ）①②③、吐（tù）①、推①②③④⑤⑥⑧⑨⑩、退①②③④⑤⑥⑦、煺（tuì）、褪（tuì）、吞①②、囤、氽②、褪（tùn）、托¹①、托²①、拖①②③④、脱②、驮、唾②③

W

挖①、瓦（wà）、崴③、弯②、剜、玩¹①②③、顽¹、挽¹①③、绾、网⑤、往②、望¹①、偎、煨①②、围、喂①②、闻⑤、吻②、稳④、问①②③④、窝⑦⑨、踒（wō）、卧①、握①②、捂、舞③④⑥、误③④、焐

X

熄、洗①⑥⑦⑧、铣、系¹⑥、下⑥⑧⑨⑩⑪⑫⑬⑭⑮⑰⑲、吓、掀①②、挦（xián）、衔¹②、现⑤、献①②、相（xiāng）²、镶、降①②、享①、向¹②、相（xiàng）¹⑦、削①、消①②④、销¹②③、销²②、笑①②、啸①、歇①②、斜②、写①②、卸①②③④⑤、谢①、擤、修¹②③④⑤⑥⑦、绣①、嗅、嘘①、叙①、揎②③、悬①③、选①②、旋¹②、楦②③、

碹②、学①②、踅、熏②、寻²、训①、驯②

Y

压①②③④⑤⑥、押③④⑤、轧¹①、抙、砑、阉①、腌、研①、掩①②、罨②、演④、咽（yàn）、验①、扬¹①、仰①、养①②③⑤⑥⑨、吆、约（yāo）、摇、咬①②③④⑤⑥⑦、舀、药④、要²①、噎③、医③、依②③、移①、吟①、引②⑤⑥⑦、印③、饮（yìn）、迎①②、应②、拥②、用①⑤、邮①、油②、游①②、伛、拥②、阅①、跃①、匀②③、运②、熨

Z

扎（zhā）①、咂①②③、砸①、栽①②③、宰²①、载¹①、簪②、攒①、趱、錾①、葬①②、糟②、凿¹②、造¹①②、缯、赠、扎（zhā）①②③、揸①②、轧、炸（zhá）①②、铡②、拃（zhǎ）①、眨、炸（zhà）②、榨①、摘①②、宅②、择（zhái）①②、占①、粘（zhān）②、斩①②、搌、占①、战¹①②、战²、站¹①、站²①、蘸、张①、掌②③、招①②③④⑤、招²、找¹、找²、召¹①、照①②③、罩①、折（zhē）①②、遮①②③、折（zhé）¹①④、折（zhé）²①、斟、枕②、镇①①⑦、争①②、征²①②③④、睁、蒸②、整④⑤⑥、正⑬⑭、怔、挣¹、挣²、支¹①②③④⑤、知②、织①②、执①、直④、植①、止②、制①、治①④⑤、致¹①、掷、置③、种①②、诌、咒②、皱②、煮①、住①②、注²①、驻②、祝¹①、著②、铸①、筑¹①、抓①②③④⑤⑥、拽¹、转（zhuǎi）、拽、转（zhuǎn）①②、转（zhuàn）②、装¹①⑤、装²①②、壮¹③、撞①、追①②③、锥③、缀①、缒、捉②、镨、着²①、琢、纵²②③、走①③④⑤⑥⑦⑧⑨⑩、奏①、揍①、租①②、钻①②③④、蹲、攥、嘬、捽、坐①②④、庄、做①②③④⑤⑥⑦⑧

双音节（多音节）动作动词

A

哀悼、哀告、哀歌①、哀号、哀泣、哀求、哀叹、挨边①、挨近、挨板

子、挨批、挨宰、挨整、安插、安定②、安顿①、安放、安抚、安家①②、安检、安排、安设、安身、安慰①、安享、安歇①②、安营、安葬、安枕、安置、安装、按摩、按捺、按压①、暗藏、暗访、暗害、暗杀、暗示①②、暗算、昂首、熬煎、傲视

B

巴结①、扒车、扒带①、扒拉①②、扒皮、吧嗒①②、吧唧①②、拔除、拔高①②、拔河、拔脚、拔锚、拔取①②③、拔丝、拔腿①②、拔营、拔擢、跋涉、把持①②、把舵、把风、把关①②、把家、把酒、把揽、把牢①②、把脉①②、把门①②、把守、把玩、把握①②、把盏、把捉、罢笔、罢黜①②、罢工、罢官、罢教、罢考、罢课、罢练、罢免、罢赛、罢市、罢手、罢讼、罢诉、罢休、罢演、罢战、罢职、霸持、霸占、白话²①②、摆布①②、摆动、摆渡①②、摆放、摆功、摆好、摆划①②③、摆阔、摆擂、摆列、摆弄①②、摆拍、摆平①②、摆谱儿①②、摆设（bǎishè）、摆手①②、摆脱、摆治①②③、摆桌、拜别、拜忏、拜辞、拜倒、拜读、拜访、拜佛、拜服、拜贺、拜会、拜见、拜节、拜金、拜客、拜盟、拜年、拜票、拜认、拜扫、拜师、拜识、拜寿、拜堂、拜托、拜望、拜谢、拜谒①②、扳本（～儿）、扳倒①②、扳道、扳平、颁布、颁发①②、颁奖、颁授、颁行、颁赠、搬兵、搬家①②、搬弄①②③、搬迁、搬演、搬移①②、搬用、搬运、板书①、办案、办复、办公、办结、办理、办事、办学、办罪、扮酷、扮靓、扮饰①②、扮戏①②、扮演、扮装、伴唱、伴读、伴宿①②、伴随、伴同、伴舞①②、伴游①、伴奏、拌和、拌蒜、拌嘴、帮办①、帮补、帮衬①②、帮厨、帮凑、帮带、帮扶、帮工①、帮教、帮困、帮忙（～儿）、帮腔①②、帮贴、帮闲①、帮凶①、帮佣①、帮助、绑缚、绑架、绑票（～儿）、绑扎、包办①②、包保、包庇、包藏、包产、包场、包抄、包车①、包饭①、包房①、包费①、包干儿①②、包工、包管、包裹①、包伙①、包机①、包金¹、包揽、包赔、包围①②、包席①、包销①②、包养、包圆儿①②、包月、包扎、包装①③、包桌①、包租①②③、饱餐、饱尝①②、饱读、饱览、保藏、保持、保存、保护、保苗、保墒、保胎、保卫、保温、保修①②、报案、报仇、报导①、报到、报道①、报德、报读、报恩、报告

①、报关、报话①、报价①、报捷、报警、报名、报幕、报丧、报数、报送、报喜、报销①②③、报信、保修、报站、报账、抱拳、抱团儿、抱养、暴走、爆炒¹、爆炒²、爆粗、爆料、爆破、爆笑、背负①②、背债、悲歌①、悲号、悲泣、悲叹、悲咽、备耕、备荒、备货、备课、备料①、备汛、背剪、背离①、背叛、背气、背弃、背人①②、背书¹、背书²、背诵、背约、被覆③、焙烧、奔波、奔窜、奔赴、奔劳、奔忙、奔命、奔跑、奔丧、奔逃、奔突、奔袭、奔逐、奔走①②、奔命、绷劲（～儿）、绷脸、蹦跶、蹦迪、蹦高（～儿）、蹦跳、逼宫、逼供、逼婚、逼命①②、逼平、逼迫、逼视、逼问、逼债、鼻饲、比对、比画①②、比量①②、比拼、比赛①、比试①②、比武、比照①②、笔记①、笔录①、笔试、笔算、笔谈①②、笔战、闭关①、闭合、闭卷（～儿）、闭口、闭幕①②、闭气①②、闭市、闭锁①②、闭庭、闭眼①②、闭嘴、毙伤、避风①②、避让、避暑①②、避税、璧还、璧谢、编程、编创、编次①、编导①、编订、编队①②、编发、编号①、编绘、编辑①、编校、编结、编剧①、编列①、编录、编码①、编目①、编年、编排①、编派、编遣、编审①、编舞①、编写①②、编修①、编选、编演、编译①、编造①②③、编织、编制¹①②、鞭策、鞭笞、鞭打、鞭挞、变现、变易、变奏、便溺①、辩白、辩驳、辩护①②、辩解、辩论、辩难、标榜①②、标定①②、标记①、标价①、标明、标图、标志（标识）②、标注、表白、表达、表功①②、表决、表露、表明、表情①、表示①、表述、表态、表现①②、表演①②③、表扬、表彰、摽劲儿、屏气、屏息、并购、并肩①、并排、并行①、拨打、拨发、拨付、拨号、拨款①、拨拉、拨弄①②③、拨冗、播报、播发、播放①②、播讲、播弄①②、播迁、播撒、播送、播音、播映、播种（bōzhǒng）、播种（bōzhòng）、驳斥、驳倒、驳回、驳价（～儿）、驳论、驳难、驳运、搏斗①②、搏击、搏杀、搏战、补白②、补办、补报①②、补编¹①、补编²、补差①、补偿、补充①②、补过、补给、补救、补苴①②、补考、补课①②、补漏①②、补苗、补票、补气、补缺①②、补台、补贴①、补习、补休、补血、补养、补液①、补益②、补正、补助①、补妆、补缀、补足、捕获、捕捞、捕杀、捕捉、哺乳、哺养、哺育①②、布菜、布点、布防、布告②、布警、布局②、布控、布雷、布施、布网①②、布展、布阵、布置①②

C

擦拭、擦洗、擦澡、猜测、猜度、猜忌、猜料、猜谜①②、猜摸、猜拳、猜嫌、猜想、猜疑、裁编、裁并、裁撤、裁处、裁定①②、裁断、裁夺、裁缝、裁减、裁剪、裁决、裁判①②、裁汰、裁员、裁酌、采办、采编①、采伐、采访①②、采风①②、采购①、采光、采集、采景、采掘、采矿、采录①②、采买、采纳、采暖、采取①②、采认、采收、采撷、采写、采血、采信、采样、采用、采油、采择、采摘、采制①②、采种、踩道（~儿）、踩点（~儿）①②、踩水、参拜、参访、参观、参见[2]、参建、参校①、参拍[2]、参赛、参选①②、参战、餐叙、残虐②、残杀、惨杀、藏躲、藏匿、藏踪、操办、操持①②、操刀、操控、操劳、操练、操琴、操神、操心、操演、操纵①、操作、漕渡、侧耳、侧目、侧身、侧足①、测报、测查、测定、测度、测估、测绘、测控、测量、测评①②、测试①②、测算、测探①②、测验①②、测字、策动、策反、策划、策励、策勉、策应、层报、叉烧、叉腰、插班、插播[1]、插播[2]、插队①②、插花[1]①、插话①、插架①、插脚①②、插空、插口[1]、插入、插身①②、插手①②、插足①②、插嘴、喳喳（chā·cha）、茶歇、茶叙、查办、查抄、查处、查点、查堵、查对、查房、查访、查封、查岗①②、查核、查获、查缉①②、查检①②、查缴、查结、查截、查禁、查究、查勘、查看、查考、查控、查扣、查明、查铺、查哨、查实、查收①②、查问①②、查寻、查询、查验、查夜、查阅、查账、查找、查证、察看①、拆除、拆穿、拆分、拆封、拆毁、拆伙、拆建、拆解①②、拆借、拆零、拆卖、拆迁、拆散（chāisǎn）、拆散（chāisàn）、拆台、拆洗、拆卸、拆字、掺兑、掺和①②、掺假、掺杂、搀扶、缠绑、缠足、谄媚、谄笑、铲除、长驱、长谈、长叹、尝试、尝鲜、尝新、敞开①、敞露、畅谈、畅叙、畅饮、畅游、倡办、倡导、倡首、倡言、倡扬、唱付、唱和①②、唱名、唱票、唱收、唱衰①、唱戏、抄报、抄查、抄道①、抄获、抄家、超近儿、抄录、抄没、抄身、抄收、抄手[1]、抄送、抄袭[1]①②、抄袭[2]、抄写、抄用、吵吵（chāo·chao）、超车、超过①、嘲讽、嘲弄、嘲笑、嘲谑、吵架、吵闹①②、吵嚷、吵扰①、吵嘴、炒房、炒股、炒汇、炒作①②、车检、车裂、车削、扯谎、扯皮①②、扯平①②、扯腿、彻查、撤案、撤编、撤兵、撤并、撤除、撤防、撤换、撤回①②、撤军、撤离、撤诉、撤退、撤销、撤展①②、撤职、撤资、陈放、陈列、陈情、陈请、陈设①、陈述、陈说、陈诉、晨练、称霸、称兵、称贷、称绝、撑持、撑腰、瞠目、呈报、呈递、呈交、呈览、呈露、呈请、呈送、呈献、呈阅、呈正、诚聘、诚邀、承办、承包、承传、承担、承当①、承乏、承兑、承付、承购、承欢、承继、承建、承接①②③、承揽、承蒙、承命、承诺、承情、承认①②、承受①②、承望、承想、承销、承修、承印、承允、承运、承载、承转、承租、承做、乘凉、乘势、乘势②、乘载①②、乘坐、惩办、惩处、惩罚、惩戒、惩治、逞凶、骋目、吃饭、吃惊、吃苦、吃青、吃请、嗤笑、痴笑、痴醉、池浴、驰目、驰驱①②、驰书、驰突、驰援、彳亍、叱呵、叱喝、叱令、叱骂、叱问、叱责、叱咤、叱骂、斥卖、斥退②、斥责、斥逐、冲锋、冲服、冲击①②③、冲决②、冲扩、冲浪、冲破、冲杀、冲刷①②、冲突①②、冲洗①②、冲澡、冲撞①②、充电①②、充值、重播¹、重播²、重读、重返、重申、重温、重行、重修①②、重演、重译①②、重印、重组、冲压、抽测、抽查、抽成①、抽搐、抽打（chōudǎ）、抽打（chōu·da）、抽调、抽动、抽风¹、抽风²、抽检、抽奖、抽筋（～儿）、抽空（～儿）、抽泣、抽签（～儿）、抽取、抽身、抽逃、抽头（～儿）①②、抽闲、抽选、抽验、抽样、抽噎、抽咽、抽印、仇杀、酬报、酬宾、酬唱、酬对、酬和、酬劳①、酬谢、酬酢、筹办、筹备、筹措、筹划①②、筹集、筹建、筹借、筹谋、筹募、筹拍、筹商、筹算①②、筹资、筹组、出版、出榜①、出奔、出殡、出兵、出操、出差①、出厂、出场、出车、出乘、出丑、出处（chūchǔ）、出倒、出动①②③、出发①②、出访、出工、出恭、出轨①②、出国、出海、出航、出击①②、出价、出警、出境①②、出镜、出来①②、出力、出列、出猎、出马、出卖①②、出门（～儿）①②、出面、出没、出牌、出去、出让、出任、出赛、出山、出声（～儿）、出使、出示、出手①②③、出台①②③、出逃、出头①②③④、出外、出席、出行、出言、出演、出游、出语、出展①②、出诊①②、出阵、出征、出资、出走、出租、除尘、除垢、锄奸、处罚、处方、处决①②、处理①②③④、处死、处置①②、储备①、储藏①、储存、触摸、揣手儿、穿刺、穿戴①、穿孔①②、穿梭、穿线、穿行、穿窬、穿越、穿凿、传播、传布、传唱、传抄、传承、传达①②、传代①②、传递、传动、传告、传观、传呼①、传话、传唤①②、传看、传受、传授、传送、传诵①②、传颂、传写、传扬、传阅、传真③、喘气①②、喘息①②、串岗、串联①、串门（～儿）、串气、串烧①、串通①②、闯荡、闯关、闯练、创办、创刊、创立、创设①②、创始、创收、创优、创造、创制、吹吹打打、吹打①②、吹灯①、吹风①②③、吹擂、吹牛、吹拍、吹捧、吹嘘、吹奏、垂钓、垂手、捶打、锤打①②、锤炼①②、戳穿①②、啜泣、辞别、辞工①②、辞让、辞任、辞谢、辞行、刺激③、刺杀①②、刺探、刺绣①、刺字、凑集、凑近、凑拢、凑钱、凑趣①②、促膝、撺掇、撺弄、攒动、攒集、攒聚、攒射、窜改、窜扰、窜逃、篡夺、篡改、篡国、篡权、催办、催逼、催产①②、催眠、催奶、催熟①②、催讨、摧残、摧毁、摧折①②、萃取、淬火、搓麻、搓弄、搓洗、搓澡、撮火①、撮弄①②、撮要①、蹉跌、错金、错开、错银

D

搭车①②、搭乘、搭话、搭伙①②、搭建、搭救、搭理、搭配①②、搭腔①、搭桥①②③、搭手、搭台、搭线、搭载、打靶、打扮①、打包①②、打比①、打表、打叉（～儿）、打岔、打场、打车、打的、打点①②、打斗、打赌、打盹儿、打发①②③、打非、打嗝儿①②、打工、打钩（～儿）、打滚儿①②、打鼾、打夯、打黑、打横（～儿）①②、打滑、打晃儿、打击①②、打假、打架①②、打尖¹、打尖²（～儿）、打搅①、打劫、打卡、打开①②、打垮、打捞、打擂、打理①②、打量①、打猎、打磨、打闹①②、打炮①、打破、打气①②、打钎、打枪¹、打趣、打拳、打扰①②、打扫、打扇、打食²、打胎、打探、打铁、打听、打挺儿、打通、打头¹（～儿）、打头²（～儿）、打围、打响①②、打消、打压、打眼¹（～儿）、打印①②③、打油①、打援、打杂儿、打造①②、打战、打仗、打针、打住、打转（～儿）、打桩、打字、打嘴①、打坐、大解、大撒把、大扫除、大团圆①、大修、大战②、代驾、带班、带动①②、带话（～儿）、带领①②、带路、带头、戴孝、担保、担待①②、担当、担负、担纲、担名（～儿）、担任、担心、担忧、挡驾、荡除、荡涤①②、荡平、叨叨、叨唠、导购、导医①、导游①、导诊①、捣蛋、捣鬼、捣毁、捣乱①②、倒把、倒仓¹①②、倒车、

倒戈、倒阁、倒卖、倒票、倒手①②、倒腾①②③、倒运²①②、倒载、蹈海、蹈袭、倒车、倒立①②、倒数（dàoshǔ）、倒退、倒置、盗伐、盗掘、盗猎、盗卖、盗墓、盗印、盗用、盗运、登场、登程、登顶、登高①②、登记、登临、登陆①②、登录①②、登门、登攀、登山①②、登台①②、登载、蹬腿①②、等待、等候、瞪眼①②、低头①②、抵挡、抵还、抵换、抵交、抵缴、抵抗、抵赖、抵押、抵御、抵债、抵账、抵制、递交、递送、缔交①②、缔结、缔盟、缔约、缔造、掂掇①②③、掂量①②、典当①、典押、点拨、点播¹、点播²、点补、点穿、点窜、点氮、点火①②、点击、点饥、点将、点卯、点名①②、点明、点评①、点破、点燃、点染、点射、点收、点题、点头（～儿）、点穴①②、点验、点种、踮脚（～儿）、电陈、电传①、电告、电灌、电焊、电汇、电疗、垫底①②③、垫付、垫圈、雕版、雕花①、雕镌、雕刻①、雕砌、雕饰①③、雕塑①、雕琢①②、吊顶、吊祭、吊丧、吊线、吊销、吊装、调包（～儿）、调拨①②、调查、调档、调动①②、调度、调过儿、调换①②、调集、调卷、调离、调派、调配、调遣、调任、调研、调演、调用、调阅、调运、调职、调转①②、掉头①②、掉转、跌跤①②、跌足、蹀躞①、叮咛、叮问、叮嘱、盯防、盯梢、顶牛儿①、顶替、顶职、顶撞、顶嘴、订购、订婚、订货①、订交、订立、订位、订阅、订正、丢掉②、丢弃、冬泳、动笔、动兵、动粗、动工①②、动火（～儿）、动怒、动气、动迁、动身、动手①②③、动土、动问、动窝儿、动武、动刑、动摇②、动用、动员①②、动嘴、动作②、兜捕、兜抄、兜底（～儿）、兜风①②、兜揽①②、兜售①②、抖颤、抖动①②、抖搂①②③、抖擞、斗富、斗狠、斗鸡②、斗殴、斗气、斗争①②③、斗智、斗嘴（～儿）①②、逗哏①、逗乐儿、逗留、逗弄①②、逗趣（～儿）、逗笑儿、逗引、毒打、独霸、独唱、独处、独行①②、独奏、读书①、堵截、堵嘴、赌博、赌气、赌钱、杜撰、镀金①②、端详（duān·xiang）、端坐、断喝、断后²、断言①、锻炼①②③、锻压、锻造、堆放、堆积、堆砌①②、对唱、对答、对打、对调、对歌、对光①②、对话①②、对换、对火（～儿）、对焦、对局、对决、对抗①②、对擂、对照②、对着干①②、对阵、对证、对症、对质、对酌、蹲点（～儿）、蹲伏①②、蹲坑（～儿）①②、蹲守、夺杯、夺标①②、夺冠、夺魁、夺取①②、夺权、朵颐、躲避①②、躲藏、躲

懒（~儿）、躲让、躲闪、躲债、跺脚

E

讹传①、讹诈①②、扼杀①②、扼守、扼腕、扼制、恶补、恶炒、恶斗、恶搞、恶战①、恶作剧①、遏抑、遏止、遏制、遏阻、耳语

F

发榜、发包、发报、发标、发飙、发表①②、发兵、发布、发颤、发车、发出①②③、发电①②、发动①②③、发放①、发稿、发话①②、发还、发挥①②、发火①②⑤、发掘、发力、发令、发排、发球、发轫、发丧①②、发射、发誓、发售、发抒、发送、发帖、发泄、发言①、发音①、发运、发作②、伐木、翻唱、翻动、翻改、翻盖、翻滚①②、翻检、翻建、翻刻、翻脸、翻录、翻弄、翻拍①②、翻晒、翻新①②、翻修、翻译①、翻阅、翻越、翻造、翻转、反绑、反驳、反侧、反戈、反攻、反顾①②、反击、反剪、反抗、反扑、反身、反手①②、返场、返防、返岗、返工、仿建、仿造、仿照、访查、访古、访求、访谈、访问①、纺织、放步、放刁、放毒①②、放飞①②③、放歌、放话、放火①②、放空、放款①②、放牧、放炮①②③④、放青、放哨、放生、放手①②、放水、放送、放血①②③、放行、放羊①②、放养①②③、放样（~儿）、放映、放债、放账、放赈、放置、飞奔、飞播、飞车①、飞渡、飞跨、飞身、飞吻、飞眼（~儿）、分餐②、分发①②、分赴、分割、分开②、分身、分销、分诊、焚烧、焚香①②、粉饰、粉刷、粉碎②③、奋斗、奋进、奋袂、奋战、丰乳、封笔、封存①②、封堵①②、封口（~儿）①②、封门①②、封杀、封锁①②、封装、封嘴①②、缝补、缝合、缝纫、缝缀、讽诵①②、奉复、奉告、奉还、奉陪、奉劝、奉送、奉托、奉献、奉迎①②、奉赠、趺坐、敷设①②、扶病、扶持①②、扶乩、扶贫、扶正①、扶植、拂拭、拂袖、服毒、服丧、服侍、服务、服药、俘获、俘虏①、浮报、浮厝、浮记、浮水、抚摸、抚摩、抚弄①②、抚琴、抚恤、抚养、抚育①②、拊膺、拊掌、斧凿②、斧正、俯察①、俯伏、俯视、俯首①、俯卧、俯仰、付丙、付出、付排、付托、付现、付型、付印①②、付邮、付账、负重①②、赴敌、赴难①②、赴任、赴

死、赴宴、赴约、复查、复出、复检、复建①②、复垦、复评、复试、复述①②、复印、复诊、复制、复种①、傅粉

G

改扮、改编¹、改编²、改变②、改窜、改道①、改过、改革、改建、改口①②、改线、改写①②、改选、改造①②、改辙、改正、改装①②③、改组、盖销、干杯、干号、干咳、干洗、干谒、干预、干唠、干政、甘当①②、甘居、赶场（gǎn//cháng）、赶超、赶车、赶点①②、赶赴、赶工、赶集、赶脚、赶考、赶路、感化、感喟、擀毡①、干掉、干活儿、干架、干仗、高昂①、高歌、高就、高举、高攀①、高扬、搞掂、搞定、搞怪、搞鬼、搞活、搞笑①、告便、告状①②、搁笔、搁置、割爱、割除、割断、割裂、割腕、歌唱①②、歌颂、歌咏、革命①③、格斗、隔断、隔离①②、跟从、跟进①②、跟梢、跟随、跟帖①、跟踪、更改、更换、更衣①②、耕地①、耕读、耕耘①、耕种、耕作、工作①、公布、公出、公告①、公祭、公举、公募、公投、公推、公演、攻打、攻关、攻击①②、攻歼、攻坚①②、攻讦、攻克、攻擂、攻破、攻取、攻陷、攻心①、攻占、供给、供养、供应、恭贺、恭候、恭请、恭维、恭迎、恭祝、拱让、拱手、共话、共建、勾搭、勾兑、勾画、勾结、勾勒①②、勾连①②、勾脸（～儿）、勾描、勾芡、勾销、勾乙、勾引①、构建、构图、构造②、购置、构筑①②、购买、购置、咕叽、咕哝、孤行、鼓动②、鼓弄、鼓掌、故杀、顾盼、锢露、瓜分、呱嗒①②、刮宫、刮脸、刮痧、挂挡、挂钩①②、挂冠、挂号①②、挂机、挂拍①②、拐带、拐卖、拐骗、拐弯①②、关闭①、关机①②、关说、关押、观测①②、观察、观风、观光、观看、观望①②、观战①②、掼跤、盥漱、盥洗、灌肠、灌溉、灌篮、灌输①、灌水、灌制、灌注、灌装、逛荡、逛灯、归并①②、归还、归拢、归整、归置、归总、规避、规划②、规谏、规劝、规整②、鬼画符③、跪拜、跪射、滚蛋、滚开¹、裹脚、裹胁、裹扎、过磅、过场①、过秤、过访、过付、过关、过户、过继、过境、过录、过路、过目、过载②、过招

H

哈喇（hā·la）²、哈气、哈腰①②、哈巴（hà·ba）、海选、海运、海

葬、含服、函调、函告、函购、函授、函售、函索、喊话、喊价、喊叫、喊冤、焊接①②、撼动、夯实①②、航海、航空、航拍、航天、航行、号叫、号哭、号丧、号啕、豪赌、豪饮、号脉、呵斥、呵喝、呵护、呵责、合唱、合击、合拢、合谋、合围①、合眼①②、合演、合照①、合奏、核定、核对、核发、核计、核减、核批、核实①②、核收、核算、核销①②、核验、核准、喝彩、喝令、喝问、哼唧、横渡、横眉、横扫①②、横行、轰赶、轰击①②、轰炸、哄传、哄闹、哄抢、哄抬、哄笑、红烧、哄逗、哄弄、哄骗、吼叫、后顾①、候场、候车、候教、候审、候诊、呼喊、呼唤①②、呼叫①②、呼救、呼吸①、呼应、呼吁、胡扯、胡吹、胡搞、胡搅①②、胡来①②、胡闹、胡说、胡言①、胡诌、互访、互换、划拉①②③④、滑冰①②、滑草、滑熘、滑行①、滑雪①②、化缘、化斋、化妆、化装①②、划拨①②、划分①②、划价、画到、画符、画图①、画像①、话别、话旧、怀抱①、欢歌①、欢聚、欢闹①②、欢送、欢腾、欢笑、欢迎①②、还击、还价（～儿）、还口、还礼①、还手、还债、还账、还嘴、环顾、环视、环行、缓步、缓行①②、换班（～儿）、换乘、换防、换岗①②、换个儿、换工、换肩、换钱①②、换取、换手①、换洗、豢养、谎报、谎称、挥动、挥戈、挥毫、挥师、挥手、挥舞、回拜、回报①②③、回避①、回答、回访①、回放、回购、回顾①②、回锅、回话①、回火①、回击、回敬①②、回来、回礼①②、回炉①、回门、回眸、回迁、回请、回去、回身、回收①②、回手①②、回首①、回填、回头①②③、回信①、回赠、回转、回嘴、毁谤、毁害、毁坏、毁灭、毁弃、毁容、毁伤、毁损、毁誉、毁约、汇报、汇编①、汇兑、汇集、汇款①、汇拢、汇展、会餐、会操、会合、会集、会见、会聚、会客、会面、会签、会商、会师、会谈、会晤、会战①②、会账、会诊、绘画、绘染、绘图、绘制、贿赂①、贿选、浑说、混搭、混纺、混合①②、混迹、混事、混战、活动①②③、活检、活校、活埋、活跃②、活捉、火并、火化、火葬、伙耕、伙同

J

讥嘲、讥刺、讥讽、讥诮、讥笑、击败、击毙、击发、击毁、击节、击溃、击落、击破、击掌①②、叽咕、机耕、机洗、机织、积肥、积聚、积累

①、积攒、缉捕、缉查、缉毒、缉获、缉拿、缉私、缉凶、箕踞、激发①②、激将、激战、羁押、汲引、即景、即事、即席①②、即兴、疾驶、疾书、集合①②、集会①、集结、集聚、集录、集中①、挤兑、挤轧、挤占、计量（jìliàng）①②、计数（jìshǔ）、计算①②③、记录①、记述、记载、祭拜、祭扫、寄放、寄卖、寄售、寄托①②、加工①②、加固、加料①②、加密、加强、加热、加塞儿、加速①②、加温、加压、加油①②、加重、夹带①、夹道②、夹攻、夹击、假扮、假唱、假充、假寐、假造①②、假装、驾驶、驾驭①②、架空①③、架设、嫁接、监测、监场、监工①、监考①、监控①②、监票、监视、监听、拣选、拣择、检漏、检票、检修、减产、剪报①、剪裁①②、剪彩、剪辑①②、剪票、剪贴①②、剪影①、剪纸①、见礼、见面、间伐、间苗、建立①②、建模、建设、建议①、建造、建筑①、健身、健走、践踏①②、鉴定①③、键入、浆洗、讲话①②、讲价（～儿）、讲解、讲课、讲理①、讲评、讲演、奖惩、奖励、奖赏、奖售①②、奖掖、降旗、犟嘴、交办、交棒、交代①②③、交锋①②、交还、交换①、交火、交卷（～儿）①②、交手、交谈、交心、交验①②、交战、交账①②、交织②、郊游、浇灌①②、浇注、浇铸、浇筑、胶合、胶印、教授、教书、教学、嚼舌①②、狡辩、狡赖、绞脸、绞杀①②、铰接、矫形、矫正、矫治、搅拌、搅动①②、搅浑、搅混、搅和①②、搅局、搅乱、搅扰、剿除、剿灭、缴获、缴纳、缴销、缴械①②、叫板①②、叫喊、叫好（～儿）、叫唤①、叫魂（～儿）、叫价、叫绝、叫苦、叫骂、叫卖、叫门、叫屈、叫嚷、叫停①②、叫嚣、叫早、叫阵、校点、校订、校对①②、校改、校勘、校验、校正、校准、较劲（～儿）①②、较量①、教导、教练①、教唆、教训①、窖藏、接棒、接茬儿①、接触②、接待、接防、接访、接风、接骨、接火（～儿）①、接机①②、接见、接客①、接力、接腔、接亲、接生、接榫①、接谈、接听、接吻、接站、接诊、接踵、接种、接转、揭榜①②、揭穿、揭底（～儿）、揭短（～儿）、揭发、揭露、揭秘、揭幕①②、揭牌、揭破、揭示①②、揭晓、劫持、劫道（～儿）、劫夺、劫机、劫掠、劫狱、结案、结拜、结伴（～儿）、结彩、结合①②、结集[1]、结集[2]、结交、结盟、结算、结扎、结账、截断①②、截获、截击、截留、截取、截肢、解嘲、解除、解答、解冻②③、解放①②、解救、解决①②、解码①、解密①②、解

囊、解剖①②、解散①、解手（～儿）、诫勉、借火（～儿）、借款①、解送、进逼、进兵、进补、进餐、进出①、进发、进攻①②、进贡①②、进货①②、进击、进见、进来、进门（～儿）①、进去、进入、进退①、进献、进言、进占、进驻、浸种、浸渍、禁闭、禁毒、禁赌、禁放①②、禁毁、禁忌②、禁绝、禁赛、禁渔、禁欲、禁运、禁止、经办、经管、经纪①、经营①、精编①②、精读、精减、精简、精算、精选、精制、鲸吞、劲歌②、劲射、劲舞②、净手①②、竞标、竞猜、竞答、竞渡①②、竞岗、竞购、竞技、竞价、竞买、竞卖、竞拍①②、竞聘、竞赛、竞投、竞销、竞选、竞争、竞逐、敬告、敬贺、敬候①②、敬礼①、敬献、敬赠、敬祝、静观、静候、静默②、静坐①②、纠察①、纠缠、纠结②、揪扯①②③、揪斗、揪痧、救场、救护、救火、救命、救生、救市、救险、救灾①②、救治、就餐、就寝、就位、就学、就医、就诊、就职、就座、拘捕、拘传、拘禁、拘留、拘束①、拘押、拘役、咀嚼①②、局骗、焗油、咀嚼①、举办、举报、举兵、举步、举槌、举火①②、举荐、举目、举行、举债、举证、拒捕、拒贿、拒绝、拒载、据守、聚餐、聚赌、聚会①、聚积、聚集、聚谈、捐款①、捐献、捐赠、捐助、捐资、卷款、卷缩、卷逃、圈养、噘嘴、决定①、决斗①②、掘进、均摊

K

开拔、开办、开标、开播[1]、开播[2]①②、开采、开衩（～儿）①、开场、开车①②、开秤、开除、开锄、开创、开槌、开打①②、开刀①②、开道①②、开动①②、开发①②、开饭①②、开赴、开工①②、开河[2]、开荒、开会、开火（～儿）①②、开机①②、开讲、开掘①②、开垦、开口[1]①②、开快车、开矿、开镰、开脸①②、开列、开路①②、开锣、开门②、开拍[1]、开拍[2]、开拍[3]、开炮、开赛、开山①②、开摘、开哨、开始①②、开市①、开释、开涮、开膛、开拓①②、开演、开行、开凿、开战①②、开张①②③、揩拭、刊播、刊刻、刊印、看管①②、看护①、看家①、看青、看守①②、看摊（～儿）、看押、勘测、勘查、勘察、勘探、勘误、勘验、勘正、砍伐、砍价、看病①②、看穿、看淡①②、看顾、看见、看破、看齐①②、看轻、看透①②、看望、看中、抗暴、抗辩、抗法、抗旱、抗洪、抗婚、抗

击、抗拒、抗捐、抗涝、抗议、抗御、抗灾、抗战①、考查、考察①②、考评、考勤、考取、考试、考问、拷贝②、拷打、拷问、烤电、烤火、烤蓝、犒劳①、犒赏、靠边①、靠拢、磕打、磕碰②、磕头、瞌睡、咳嗽、克复、克扣、克制、刻板①、刻画①②、刻写、缂丝①、垦荒、垦殖、垦种、啃青①、坑害、坑蒙、坑骗、吭哧②③、吭气（～儿）、吭声（～儿）、空仓、空喊、空降、空驶、空手①②、空谈①、空投、空袭、空言①、空运、空载、空置、恐吓、控告、控购、控股、控盘、控诉、控制①②、抠搜①、口服²、口角、口授、口算、口译、口占①②、叩拜、叩打、叩见、叩首、叩头、叩谢、叩诊、扣除、扣发①②、扣缴①②、扣留、扣压、扣押、哭灵、哭泣、哭穷、哭丧、哭诉、苦笑、苦战、夸大、夸奖、夸口、夸示、夸饰、夸耀、夸赞、跨栏、宽衣、款步、匡算、狂奔、狂欢、狂笑、亏秤①、窥测、窥察、窥见、窥视、窥伺、窥探、喟叹、馈送、馈赠、溃败、溃乱、溃散、溃逃、溃退、溃围、捆绑、捆扎、困守、扩充、扩大、扩建、扩印、阔步

L

拉扯①②③④⑤⑥、拉钩（～儿）、拉架、拉锯、拉客①②、拉练、拉拢、拉皮²、拉票、拉纤①②、拉线、蜡疗、蜡染①、来犯、来访、来去①②、来往①②、来自、赖婚、赖账、拦挡、拦堵、拦击、拦劫、拦截、拦路、拦网、阑入①、朗读、朗诵、捞摸、捞取①②、唠扯、唠嗑（～儿）、烙花①、烙印②、勒令、勒派、勒索、勒抑①②、勒诈、冷藏、冷处理①②、冷冻、冷敷、冷烫、冷笑、愣神儿、愣怔①②、理发、理赔、理气、立等①②、立地①、立定①②、立候①②、立脚、立正、立字（～儿）、立足①②、连射、联办、联唱、联防①、联欢、联机、联建、联袂、联名、联手、联营、联运、敛步、敛财、敛迹①②、敛钱、敛衽①②、敛容、敛足、练笔①②、练兵①②、练队、练功、练手（～儿）、练摊（～儿）、练武①②、练习①、炼焦、炼油①②③、炼制、炼字、凉拌、凉快②、量度、亮底①②、亮相①②③、晾晒、踉跄、聊天儿、撩拨、撩动、撩逗、撩惹、撂地（～儿）、撂跤、撂手、瞭哨、瞭望①②、咧咧①②、咧嘴、猎奇、猎取①②、猎艳、趔趄、临摹、临帖、淋浴、凌驾、凌空、聆教、聆取、聆听、零花①、零售、零销、零用①、领唱①、领队①、领港①、领航①、领江①、

领军、领路、领情、领取、领头（～儿）、领位、领养、领奏①、溜边（～儿）①②、溜冰、溜达、溜号（～儿）、溜门、溜桌、浏览、留步、留宿①②、留题①、留言①、留驻、流窜、流荡②、流放^1、流放^2、流浪、流连、流露、流盼、流徙①②、镏金、遛马、遛鸟、遛弯儿、遛早儿、笼火、隆乳、隆胸、拢岸、垄作、搂抱、镂刻①②、镂空、漏题①②、漏网、露白、露丑、露底、露风、露脸（～儿）②、露面（～儿）、露怯、露头（～儿）①、露相（～儿）、露馅儿、胪陈、胪列①②、虏获、掳夺、掳掠、陆运、录播、录放、录供、录入、录像①、录音①、录影①、录用①②、录制、勠力、露宿、露营①②、旅行、旅游、缕陈、缕述、缕析、履任、履新、履行、履约、履职、滤波、滤尘、乱来、乱伦、掠夺、掠美、掠取、掠视、轮唱、轮岗、轮候、轮换、轮奸、轮流、轮训、论辩、论列、论战、论争、啰唆③、罗列①②、罗织、裸婚、裸视①、落笔、落槌①、落发、落户①②、落脚（～儿）、落墨、落实②、落账、落座

M

抹脸、摩挲（mā·sa）、麻醉①②、码放、骂架、骂街、骂娘、骂阵①②、埋藏①②③、埋伏①②、埋设、埋头、埋葬①②、埋置、买断、买官、买好（～儿）、买通、买醉、迈步、迈进、卖唱、卖呆（～儿）①②③、卖底、卖官、卖国、卖好（～儿）、卖老、卖命①、卖弄、卖俏、卖身①②、卖笑、卖艺、卖嘴、谩骂、漫步、漫话、漫骂、漫谈、漫游①②、慢走①②、盲打、盲动、盲干、猫腰、锚泊、铆接、铆劲儿、冒领、冒认①②、冒险、美餐②、美发、美化、美甲、美容、美体、美言①、门诊、扪心、蒙混、猛进、梦游①②、弥补、弥封、弭谤、弭兵、弭除、弭患、弭乱、觅求、觅取、密报①、密告①、密会①、密集①、密令①、密谋、密商、密谈、密语②、密召、蜜饯①、娩出、面壁①、面陈、面呈、面对、面访、面洽、面商、面谈、面谢、面叙、面议、描红①、描画、描绘、描金、描摹①、描图、乜斜①②、灭火、灭迹、灭口、灭杀、明火③、明抢、明说、鸣鞭①、鸣笛、鸣金、瞑目、命笔、命中、摸彩、摸高①、抹黑儿、摸奖、摸哨、摸索①②、摸营、摹绘、摹刻、摹写①②、摹印②、膜拜、摩擦①、摩挲（mósuō）、磨蹭①②③、抹脖子、默哀、默读、默念①②、默诵①②、

默算①②、默写、磨叨①②、目测、目验、目送、目验、沐浴①、募捐、墓祭

N

拿办、拿顶、拿获、拿龙①②、拿捏①、拿乔、拿问、挠秧、闹房、闹事、闹腾①②③、内服、内应①、逆流①、逆水、逆向、逆行、溺婴、拈阄、念书、念咒、酿造、鸟瞰①、捏脊、捏弄①②③④、捏造、蹑足①②、狞笑、凝目、凝视、凝望、牛饮、扭摆、扭搭、扭打、扭结②、扭捏①、扭送、扭头（～儿）①②、扭转①②、农作、哝哝、浓妆②、努嘴（～儿）、怒叱、怒斥、怒目①、怒视、虐待、虐俘、虐囚、虐杀、挪动、挪窝儿、挪用①②

O

殴打、殴斗、呕吐、呕血、怄气、怄人

P

扒拉、扒窃、爬灰、爬坡、爬升①、爬梳、拍案、拍板①②③、拍打①、拍发、拍花、拍卖①②、拍摄、拍手、拍戏、拍照、排版、排查、排斥、排毒、排队、排放①、排灌、排挤、排解①②、排涝、排雷、排列①、排摸、排位、排污、排演、排印、排障、排阵、排字、徘徊①、派发①、派送、攀登、攀附①②、攀爬、攀缘①②、攀越、攀折、盘查、盘存、盘点、盘店、盘货、盘库、盘腿、盘膝、盘旋①②、盘账、盘整①、判案、判别、判处、判定、判罚、判分（～儿）、判决①②、判刑、判阅、旁顾①②、旁观、旁听①②、抛光、抛锚①、抛洒、抛撒、抛射、抛售、抛掷①②、炮炼、炮烙、炮制①②、跑步、跑偏①②、跑腿（～儿）、跑外、泡吧、泡澡、炮轰、炮击、陪伴、陪餐、陪床、陪读、陪护、陪酒、陪练①、陪聊、陪同、陪住、培训、培养①②、培育①②、培植①②、赔偿、赔付、赔款①③、赔礼、赔钱①②、赔笑、赔账①、赔罪、佩带①、佩戴、配备①②、配菜、配餐①、配搭①②、配对（～儿）①、配发①②、配合①、配给、配色、配售、配送、配药、配音、配乐、配制①②、喷饭、喷灌、喷漆①、喷

洒、喷撒、喷射、喷涂、盆浴、抨击、抨弹①②、烹茶、烹饪、烹调、烹制、捧场、捧读、捧腹、捧杀、碰杯、碰瓷、碰头（~儿）、碰硬、批办、批驳、批捕、批点、批斗、批复、批改、批判①②、批评①②、批示①、批条（~儿）、批阅、批注①、批转、批准、批租、披挂①、披红、劈刺、劈杀、劈山、劈叉、劈腿①②、劈账、撇踢、辟谣、骗马、骗腿儿、剽窃、剽取、剽袭、嫖宿、漂白①②、漂染①②、漂洗、漂游①②、票汇、票决、票选、撇开、撇弃、瞥见、瞥视、撇嘴、拼版、拼搏、拼车、拼刺①②、拼凑、拼购、拼合、拼接、拼命①、拼抢、拼杀、拼图、拼争、拼装、姘居、颦蹙、品尝、品评、品赏、品玩、品味①②、平地②、平列、平视、平摊、平息②、平移、平整①、评比、评标、评点①、评分（~儿）①、评改、评估、评价①、评奖、评卷（~儿）、评理、评论①、评判、评审、评述、评说、评析、评选、评议、评阅、评注、凭吊、凭栏、凭眺、洴澼、泼洒、迫降（pòjiàng）①②、迫使、迫降（pòxiáng）、破坏①②、破门①②、破土①②、剖腹、剖视、扑打、扑打（pū·da）、扑救①②、扑空①②、扑灭①②、扑杀、铺床、铺垫①、铺盖（pūgài）、铺轨、铺路①②、铺砌、铺设、铺展、铺筑、谱曲、谱写

Q

欺负、欺哄、欺凌、欺瞒、欺蒙、欺骗、欺辱、欺侮、欺压、欺诈、齐唱、齐奏、奇袭、祈祷、祈求、畦灌、启程、启齿、启碇、启动①②③、启运、起岸、起爆、起笔③、起兵、起步①②、起场、起程、起床、起吊、起碇、起飞①②、起哄①②、起圈（qǐjuàn）、起来①②③、起立、起锚、起跑、起身①②③、起跳、起舞、起夜、起义①②、起运、气喘、气割、气焊、泣诉、掐算、洽购、洽商、洽谈、扦插、迁建、迁居、迁徙、迁移、牵手、牵线①②、牵制、铅印、谦辞[2]、谦让、签单①②、签到、签订、签发、签名①、签收、签售、签署、签证、签注①②③、签字①、前进、前来、前去、前往、前瞻①②、钳击、钳制、潜伏、潜航、潜入①②、潜水、潜逃、潜行①②、潜泳、潜踪、遣返、遣散①②、遣送、欠伸、欠身、枪毙①②、枪击、枪决、枪杀、枪战①、强暴③、强渡、强攻、强加、强奸、强身、强压、强占①②、强制、抢答、抢点[1]、抢点[2]①②、抢渡、抢夺、抢工、抢

攻、抢劫、抢救、抢拍¹、抢拍²、抢亲、抢收、抢险、抢行、抢修、抢占①②、抢种、抢嘴①②、强逼、强辩、强迫、强使、强颜、呛声、戗面①、敲打①②、敲击、敲诈、乔扮、乔迁、乔装、翘盼、翘企、翘首、翘望①②、诮呵、切除、切分、切割①②、切换、切汇、切片①、切削、切齿、切记、切脉、怯场、怯阵、窃夺、窃据、窃听、窃喜、窃笑、挈带、侵夺、侵害①②、侵略、侵扰、侵入①、侵蚀①②、侵吞①②、侵占①②、亲临②、亲热②、亲吻、亲征、亲嘴（～儿）、擒获、擒拿①、倾巢、倾倒(qīngdào)、倾谈、倾听、倾轧、清仓①②、清查、清场、清唱、清炒、清除、清道①、清点、清炖、清理、清零、清盘①②、清热、清算①②、清谈、清退、清污、清洗①②、清淤、清丈、清障、清蒸、庆功、庆贺、庆祝、秋收①、秋游、囚禁、求爱、求购、求婚、求见、求救、求情、求饶、求医、求援、求诊、求治、求助、泅渡、驱策、驱车、驱除、驱动①②、驱赶①②、驱遣①②③、驱散①②、驱使①②、驱邪、驱逐、屈从、屈服、屈节①②、屈膝、屈指、焌油、趋避、趋奉、趋附、取保、取代①、取景、取闹①②、取暖、取消、取样、取证、娶亲、去除、去火、去就、去留、去势¹、去暑、圈点、圈定、圈钱、圈阅、圈占、权衡、全陪①、劝导、劝告①、劝和、劝驾、劝架、劝解①②、劝诫、劝募、劝说、劝退、劝慰、劝降、劝诱、劝止、劝阻、却步、确诊、逡巡、群发②、群殴、群起

R

燃爆①、燃点¹、燃放、染色①②、染指、嚷嚷①②、攘臂、让路、让位、让贤、让座（～儿）①②、饶舌、扰动①②、扰乱、绕道（～儿）、绕弯儿①②、绕远儿①、热播、热炒²、热处理、热敷、热加工、热拍¹、热捧、热身、热吻、忍耐、忍受、忍痛、忍心、熔铸、蹂躏、鞣制、肉搏、如厕、蠕动、濡染①、辱骂、入场、入档、入伙①②、入境、入殓、入列、入席、入学①②、入住、入座、软磨、揉搓

S

撒村、撒刁、撒娇、撒赖、撒尿、撒泼、撒气②、撒手、撒腿、洒泪、洒扫、撒播、赛跑、赛艇①、散步、散发、骚扰、扫除①②、扫荡①②、扫

地①、扫毒、扫黄、扫货、扫雷、扫描、扫墓、扫平、扫射①②、扫视、扫榻、瑟缩、杀毒①②、杀伐①、杀害、杀价、杀戮、杀灭、杀青①②、杀伤、杀生、沙浴、刹车①②③、煞车[1]、傻笑、歃血、筛查、筛糠、筛选①②、晒垡、晒图①、芟除①②、芟秋、芟夷①②、删除、删改、删节、删略、删削、扇动、煽动、煽情、闪避、闪躲、闪击、闪让、闪身①②、苦背、缮发、缮写、商洽、商谈、上班（～儿）、上报[1]、上报[2]、上操、上场、上传、上床、上吊、上访、上纲、上岗①②、上告①、上工①、上供①②、上浆、上交、上缴、上课、上来（shàng·lái）、上路①②、上马、上门[1]①、上门[2]①②、上去、上任[1]、上色（shàngshǎi）、上山①、上手[2]①②、上书、上诉、上溯①②、上台①②、上膛、上调、上网、上下③、上线[1]①③、上刑、上学①②、上演、上载、上账、上阵、上装[1]、绱鞋、捎带①、捎脚（～儿）、烧化、烧荒、烧毁、烧火、烧香①②、烧纸、稍息、赊购、赊销、赊账、舌战、蛇行①、设卡①、设色、射击①②、射箭①②、射猎、射门、摄录、摄像、摄影①②、摄制、伸手①②、伸缩①②、伸腿①②、伸腰、伸展、呻吟、深呼吸、深加工、审查、审察①②、审改、审判、审视、审题、审讯、审验、审议、审阅、升旗、生产①、生存、生俘、生活②③、生火、生擒、生息[2]①②③、声讨、声援、声张、失措、失脚、失禁、失控、失声①②、失手①②、失态、失言、失足①②、施暴①②、施肥、施工、施加、施救、施礼、施舍、施压、施用、施与、施诊、石印、实测、实弹①、实拍、拾掇①②③、拾荒、拾取、拾趣、蚀刻、使绊儿①②、使唤①②、使劲（～儿）、示好、示警、示人、示威①②、示意、试表、试播[1]、试播[2]①②、试车、试飞①②、试看、试探（shìtàn）、试探（shì·tan）、试问、试销、试用、视察①②、视唱、舐痔、收报、收编、收兵①②、收藏、收操、收场①、收车、收发①、收复、收割、收工、收购、收回①②、收活儿①、收集、收缴①②、收敛、收看、收口（～儿）①、收拢①、收罗、收秋、收取、收审、收尸、收拾①②③④、收束①②③、收摊儿、收听、收押①②、收养、手洗、手淫、手植、首肯、狩猎、授奖、授权、授受、授衔、授勋、授意、书丹、梳理①②、梳头、梳洗、梳妆、疏导①②、疏剪、疏解①②、疏浚、疏理、疏散②、疏松②、疏通①②、输电、输送、输血①、输氧、输液、赎当、数落①②、数秒、数说①②、束身②、束手、束装、树葬、竖立、刷卡、刷洗、耍横、耍猴儿①②、耍滑、耍奸、耍赖、耍闹、耍弄①②、耍人、耍笑①②、摔打①②、摔跤①②、甩手①②、双抢、水发、水疗、水磨、水洗①②、水印[1]、水运、水葬、吮吸、吮咂、顺访、说穿、说服、说合①②③、说和、说话①②③、说教①②、说媒、说明①③、说破、说情（～儿）、说书、说戏、说笑、私奔、私访、私通①②、私语①、厮打、厮杀、厮守、撕扯、撕打、撕毁①②、撕票（～儿）、死记、死磕、死守①②、死战②、肆扰、肆行、松绑①②、松劲（～儿）、松口①②、松气、松手、耸动①、耸肩、耸身、送别、送殡、送检、送交、送礼、送气、送亲、送丧、送行①②、送信儿、送葬、送站、送终、诵读、搜捕、搜查、搜刮、搜获、搜集、搜剿、搜缴、搜救、搜括、搜罗、搜求、搜身、搜索、搜寻、塑身、塑像①、塑造①②、随访①②、随军、损坏、损毁、损人①②、损伤①②、唆使、锁定①

T

趿拉、挞伐、踏步①、踏春、踏访、踏勘①②、踏看、踏青、抬杠[1]、抬杠[2]、抬高、抬手、抬头①、太息、摊场、摊放、摊牌①②、摊派、谈话①、谈论、谈判、谈心、弹唱、弹射①、弹跳、弹压、弹指、弹奏[1]、探测、探查、探底（～儿）①、探访①、探风、探家、探监、探矿、探路、探秘、探亲、探伤、探听、探头①、探望①②、探问①②、探险、蹚道（～儿）、蹚路（～儿）、烫发、烫花、烫金、烫蜡、烫头、逃奔、逃避、逃窜、逃荒、逃婚、逃课、逃命、逃难、逃匿、逃跑、逃票、逃散、逃生、逃税、逃脱①②、逃亡、逃席、逃学、逃债、逃走、陶冶、陶铸①、淘金、讨伐、讨饭、讨好①、讨价、讨乞、讨饶、讨债、讨账①②、套版①、套裁、套车、套购、套红、套牌（～儿）、套取、套色、套问、套现、套印、套作、特制、腾挪①②③、腾退、腾越、誊录、誊清、誊写、剔除、踢蹬①②、提纯、提词、提高、提供、提灌、提花（～儿）、提炼、提取①②、提升①②、提示、提味儿、提携①、提醒（～儿）、啼哭、题词①、题额、题款①、题名①、题签①、题写、题字、体罚、体检、剃头、填报、填补①②、填方①、填塞、填鸭①、填筑、挑拣、挑脚、挑礼、挑食、挑剔、挑选、挑嘴、调和②③、调剂[1]、调剂[2]、调节、调酒、调侃、调控、调频①②、调情、调试、

附 录
现代汉语动作动词表

调唆、调味、调戏、调养、调匀①、调整、挑灯①②、挑花（～儿）、挑明、挑弄①②、挑战①②、眺望、跳槽②、跳高（～儿）、跳脚（～儿）、跳马②、跳伞、跳神①、跳绳（～儿）①、跳水①、跳舞①②、跳远（～儿）、跳跃、跳越、贴金、贴近①、听会、听讲、听课、听取、听写、听诊、停泊、停车①②③、停放、停靠、挺进、挺举、挺立、挺身、通报①④、通便、通电[1]、通电[2]①、通兑、通话①②、通缉、通奸、通气③、通信①②、通行①、通知①、同房[1]②、痛斥、痛打、痛击、痛哭、偷渡、偷窥、偷袭、偷嘴、投案、投奔、投标、投弹、投档、投递、投毒、投放①②③、投稿、投篮、投料、投票、投射①、投送、投诉、投宿、投药①②、投掷、投注[1]①、投注[2]、透风②、透气③、透视②、透析[2]②、突查①②、突击①②、突审、突袭、涂改、涂抹、涂饰①、涂写、涂鸦②③、屠城、屠戮、屠杀、屠宰、吐气[1]、吐气[2]、吐字、吐泻、团拜、团聚①、推倒①②、推动、推翻①②、推广、推荐、推介、推拿、推让、推搡、推头、推行、推选、退避、退步②、退场、退出、退还、退岗、退耕、退火②、退伙①、退货、退赔、退票、退勤、退却①②、退让①②、退市、退守、退缩、退席、退赃、退职、退走、吞服、吞金、吞声、吞食、吞噬①②、吞咽、屯兵、屯集、屯聚、屯垦、屯守、屯扎、囤积、囤聚、托底①、托孤、托故、托运、拖腔①、脱粒、脱贫、脱色①、脱胎①、脱脂、唾骂

W

挖补、挖方①、挖改、挖掘、挖苦、歪缠、外出、外访、外敷、外购、外卖①、外逃、湾泊、完婚、完税、玩火、玩乐、玩弄①②③、玩儿票、玩耍、玩笑①、顽抗、挽回①②、挽救、挽留、婉辞[2]、婉拒、婉谢、网购、网聊、往返、往来①②、妄称、妄动、妄取、妄说、妄为、妄言①、妄为、妄语①、望断、望风、威逼、威吓、威慑、威胁①、偎傍、偎依、微缩、微调①、微笑①、为力、围捕、围堵、围攻、围观、围击、围歼、围剿、围聚、围垦、围猎、围拢、伪造、伪装①③、尾随、尾追、委派、委身、委托、畏避、畏缩、喂食、喂养、慰劳、慰勉、慰问、温存①、温居、吻别、问安、问卜、问答、问好、问候、问话①、问津、问询、问诊、问罪、窝藏、窝赃、卧床、卧底、卧轨、卧果儿①、握别、握拳、握手、诬告、诬

害、诬赖、诬蔑、诬陷、诬栽、武装②、舞动、舞弄①、误场、误点、误岗、误工、误期、误事、误导、误传①、误读①②、误会①、误判、误杀、误伤、误诊①②、晤面、晤谈

X

吸毒、吸溜、吸取、吸食、吸收④⑤、吸吮、吸引、唏嘘、惜别、稀释、翕动、翕张、熄灯、熄火②、熄灭、嬉闹、嬉戏、嬉笑、习字、习作①、席地、席卷、袭击①②、袭警、袭取¹、袭取²、袭扰、袭用、袭占、洗车、洗尘、洗涤、洗劫、洗脑、洗牌①②、洗钱、洗手③、洗漱、洗刷①、洗印、洗澡、洗濯、铣削、戏弄、戏耍①②、戏说、戏谑、戏言②、瞎掰①②、瞎扯、瞎吹、瞎闹、瞎说、瞎抓、下班（～儿）、下笔、下场¹①、下船①、下达、下地①②、下碇、下饭①、下放①②、下浮、下岗①②、下工①、下海①②③⑤、下脚¹（～儿）、下酒①、下课①②、下来①、下令、下聘、下去、下市②、下手¹、下水¹①②、下榻、下台①②③、下调、下网¹、下线¹①、下乡、下药①②、下野、下狱、下载、下葬、下账、下种、下箸、掀起①②③、鲜销、闲扯、闲荡、闲逛、闲聊、闲谈、弦歌①、显影、现身、陷害、陷阵、献宝①②③、献策、献丑、献花、献计、献技、献媚、献身、献演、献艺、相顾、相看①②③、相亲①②、襄礼①、镶嵌、镶牙、降伏、降服、降顺、享福、享乐、享受、享用、响锣①、相面、消毒①、消防、消灭②、消纳、消声、消暑①②、消夏、消肿、销号、销毁、销赃①②、销账、小便①、小解、小睡、小憩、小修、小酌、小坐、哮喘、笑骂①②、笑纳、效法、效劳、效力¹、效命、效尤、效忠、啸傲、啸聚、歇笔、歇乏、歇肩、歇脚、歇气、歇手、歇腿（～儿）、协办、协查、协拍、协作、胁持、胁从、胁迫、挟持①②、挟带①、挟制、斜视②、携带①②、携手①、写景、写生、写真①、卸车、卸货、卸肩、卸载①②、卸妆、卸装、械斗、谢幕、信步、行车、行船、行刺、行动①②、行房、行劫、行进、行礼①、行猎、行乞、行窃、行使、行驶、行刑、行凶、行医、行走、省亲、省视①②、性交、性侵犯、性骚扰、凶杀、雄视、休会、休假、休牧、休市、休学、休渔、休战、休整、修补、修复、修改、修盖、修剪①②、修建、修脚、修浚、修理①②、修配、修葺、修缮、修饰①②③、修造①②、修整、

修筑、绣花（～儿）、虚报、虚造、嘘唏、叙别、叙旧、叙事、叙述、叙说、叙谈、畜养、酗酒、絮叨②、絮语①、蓄洪、宣布、宣称、宣传、宣读、宣告、宣讲、宣扬、宣战①②、喧哗②、喧闹②、喧嚷、喧扰、喧嚣②、喧笑、悬壶、悬梁、悬腕、选购、选辑①、选举、选矿、选煤、选美、选派、选取、选送、选种、炫弄、炫示、渲染①②、削发、削平、削职、学步、学好、学坏、学舌①、学习①②、踅摸、血检①、血拼、血洗、血战②、熏染、熏陶、熏制、寻查、寻访、寻根①②、寻机、寻觅、寻摸、寻求、寻事、寻思、寻死、寻隙①②、寻衅、寻找、寻租、巡查、巡察、巡访、巡风、巡回、巡讲、巡逻、巡视①②、巡行、巡演、巡夜、巡弋、巡游①②、巡展、巡诊、训斥、训话、训诫①②、训练、讯问①②、驯导、驯服②、驯养、徇私、殉国、殉节①、殉难、殉情

Y

压产、压场①②、压秤②、压低、压锭、压服、压价、压惊、压迫①②、压缩①②、压条、压抑、压榨①②、压制²、押车、押当①、押解①②、押送①②、押运、押账、睚眦①、雅教、雅正③、轧场、阉割①②、严办、严惩、严打①②、言传、言和、言欢、言教、言说、言笑、言状、研磨①②、掩鼻、掩盖①②、掩护①②、掩埋、掩泣、掩杀、掩饰、演播、演唱、演出、演练、演示、演说①、演算、演武、演戏①②、演奏、咽气、宴请、验查、验秤①②、验关、验光、验看、验尿、验尸、验收、验算、验血、验证、扬场、扬帆、扬水、阳刻、佯动、佯攻、佯狂、佯言、佯装、仰面、仰视、仰望①、仰卧、养护①②、养活①②、养家、养老①②、养路、养殖、吆喝、邀击、邀集、邀请、摇摆、摇动①②、摇号、摇奖、摇手①、摇头、遥测、遥感、遥控①②、遥望、咬舌儿①、咬牙①②、药检①②、要饭、冶金、冶炼、冶游、野餐、野炊、野营、野泳、夜战、一刀切、一锅端①②、一锅烩、一锅煮、一晃（yīhuǎng）、一览①②、一瞥①、医护、医疗、医治、依偎、揖让、移动、移防、移交①②、移解、移居、移民①、移师、移送、移栽、移植①②、遗弃①②、义捐、义卖、义拍、义赛、义演、义诊①②、议购、议销、易容、臆测、臆断、臆度、臆想、臆造、阴刻¹、吟唱、吟诵、吟味、吟咏、引爆、引产、引逗①②、引渡①②、引港①、引航、引

火、引见、引颈、引例①、引领¹、引领²、引流、引路、引水¹、引用、引证、引种（yǐnzhǒng）、引种（yǐnzhòng）、饮茶①②、饮泣、隐蔽①、隐避、隐藏、隐伏、隐居、隐身、印发、印花¹（～儿）、印染、印刷、印制、迎合、迎候、迎击、迎接①②、迎亲、迎新、迎战、营办、营建、营救、营运①、营造①②、影印、应酬①、应对①②、应和、应门、应拍、应诉、应战①②、应诊、硬拼①②、硬挺、拥抱、拥挤①、拥吻、踊跃①、用兵、用餐、用饭、用劲（～儿）、用力、用刑、用印、优选、幽会、幽期、邮递、邮购、邮汇、邮寄、油漆②、油饰、油印、游荡①②、游方¹、游逛、游击、游街、游览、游乐、游历、游牧、游憩、游水、游说、游玩①②、游戏②、游乡②、游行①②、游弋①②、游泳①②、游园、游走①、诱捕、诱供、诱拐、诱奸、诱杀、淤灌、鱼肉、渔猎①、育雏、育肥、育林、育苗、育秧、育种、预报①、预付、预告①、预购、预检、预考、预热、预赛、预演、预展、预支、御敌、御侮、御制、圆场、圆房、援建、援救、援手①、远航、远眺、远征、远足、阅兵、阅读、阅览、阅批、跃进①、越境、越野、越狱、云游、匀脸、耘耥、运动（yùndòng）④、运动（yùn·dong）、运气（yùnqì）、运输、运送、运载、熨烫

Z

扎染①、咂摸、咂舌、咂嘴（～儿）、砸锅、栽培①②、栽赃、栽植、栽种、宰割、宰客、宰人、宰杀、再植、载客、载送、载运、拶指、葬身、葬送、糟践、糟蹋①②、造册、造访、造假、造林、造神、造市、造势、造型①、造谣、造影、躁动①②、责备、责打、责令、责骂、责问、择交、择偶、择校、择业、择优、增补、增加、增容、增设、增添、增援、赠别、赠送、赠予、赠阅、扎堆（～儿）、扎营、扎针、咋呼①②、挓挲、扎挣、轧钢、眨眼①、诈唬、诈骗、诈尸①②、诈降、榨取①②、摘报、摘编、摘抄、摘除、摘挡、摘登、摘发、摘记①②、摘录、摘牌①②③、摘由、择菜、占卜、占卦、占课、占梦、占星、沾光、沾染①②、沾手①②、粘贴、瞻顾①、瞻望、瞻仰、斩首①②、展播、展卖、展出、展开①②、展宽、展览、展卖、展销、展演、辗转①②、占据、占领①②、战败①②、战抖、战斗②③、战栗、战胜、站队、站岗、站立、站台²、站住①②、张榜、张本①、张大、张挂、张口、

张罗①②③、张目①②、张贴、张望、张扬、张嘴①②、掌厨、掌灯①②、掌舵①②、掌控、掌勺儿、掌灶（～儿）、掌嘴、丈量、招标、招兵、招待、招工、招供、招呼①②③④、招集、招考、招揽、招领、招亲①②、招惹①②、招认、招手、招摇、招引①②、找补、找碴儿、找零（～儿）、找平、找齐①②、找钱、找事（～儿）①②、召唤、召回①②、召集、召见①、召开、照搬、照办、照抄①、照登、照发①②、照管、照护、照看、照料、照明、照排、照射、照相、照应（zhàoyìng）、照应（zhào·ying）、照料、折腾①②③④、遮藏、遮丑、遮挡①、遮盖①②、遮拦、遮羞①②、遮掩①②、遮阳①、遮阴、折叠、折返、折回、折磨、折算、折腰、折纸、针砭、针麻、侦办、侦查、侦察、侦获、侦缉、侦结、侦破、侦探①、侦讯、诊察、诊断、诊脉、诊治、枕藉、振臂、赈济、赈灾、震怒、镇守、镇压①②③、争辩、争吵、争斗①②、争夺、争论、争拗、争抢、争先、争战、争执、争嘴②、征兵、征地、征调、征服①、征集①、征收、征讨、征询、征战、征招①②、挣扎、蒸馏、整备、整编、整饬①、整地、整顿、整改、整合、整容、整形、整修、整枝、整治①②③、整装[1]、正法、正告、正骨、正视①②、诤谏、挣命①②、支撑①②、支承、支持①、支吾、支援、知会、知照、肢解①、织补、织造、执棒、执笔、执鞭、执罚、执法、执纪、执教、直拨、直播[1]、直播[2]、直飞①②、直击、直立、直视、值班（～儿）、值勤、值日、值星、值夜、植发、植苗、植皮、植入、植树、植牙、指斥、指导、指点①②③、指定①、指供、指画[1]、指挥①、指控、指令①、指名（～儿）、指派、指认、指引、指责、指摘、指正①②、制版、制备、制导、制伏、制服[1]、制衡、制黄、制假、制冷、制片①、制热、制售、制图、制造①②、制止、制作、质对、质问、质询、质押、质疑、质证、治保、治本、治标、治服、治假、治疗、治乱、治穷、治丧、治水、治印、治装、治罪、致哀、致辞、致电、致函、致力、致谢、致意、置办、置备、置辩、置喙、置身、中饱、中辍、中断、中耕、中立、中休、中止、中转①②、忠告①、踵武、仲裁、种地、种痘、种花①②③、种田、种牙、种植、重办、重创、重挫、重读、重奖①、重赏①、重用、重责[2]、周济、周旋②③、周游、咒骂、皱眉、诛戮、诛求、株守、逐鹿①②、主办、主编①、主唱①、主厨①、主打、主刀①、主伐、主攻①、主拍[1]、主拍[2]、主诉、主演、嘱咐、嘱托、助残、助产、助读、助攻①②、助跑、助威、助战①、助长、助阵、住口、住手、住嘴①②、注册①②、注解①、注目、注射、注视、注水、注塑、注销、注资、驻防、驻军①、驻守、驻扎、驻足、祝祷、祝福①、祝告、祝贺、祝捷、祝酒、祝寿、祝颂、祝愿、著录、著述①、著作①、铸就、铸造、铸字、抓捕、抓哏、抓获、抓紧、抓阄儿、抓举、抓挠①②③④⑤、抓拍、抓瞎、抓药①②、抓周（～儿）、抓总儿、专访①、专力、专卖①②、专修、转包、转播、转产、转车、转道、转达、转动、转发①②③④、转岗、转告、转行①②、转换、转会、转嫁、转交、转借①②、转科①②、转口、转脸①②、转录、转卖、转让、转身①②、转手、转瞬、转送①②、转托、转弯（～儿）①②、转文、转眼、转业、转移①②、转院、转运²、转赠、转战、转诊①、转租、转圈（～儿）、转悠①②、撰述①、撰写、撰著、装扮①②③、装裱、装点、装订、装裹①、装潢①、装假、装酷、装殓、装配、装饰①、装束②、装蒜、装相（～儿）、装卸①②、装修、装运、装载、装置①、壮行、壮阳、撞击、追逼①②、追捕、追查、追堵、追访、追肥①、追赶①②、追根、追击、追缉、追缴、追述、追溯、追逃、追问、追星、追赃、追逐①②、追踪、准备①、捉刀、捉对（～儿）、捉奸、捉拿、着力、着陆、着墨、着手、着装①、琢磨①②、咨询、滋扰、滋事、滋阴、自拔、自裁、自残、自沉、自筹、自焚、自驾、自驾游、自荐、自尽、自救、自决②、自控①②、自立、自虐、自杀、自伤、自述①、自诉、自卫、自慰②、自刎、自销、自缢、自由行、自助、自助游、总动员①②、总攻、纵步①、纵观、纵横③、纵酒、纵论、纵目、纵身、纵谈、走板①②、走笔、走避、走边、走镖、走道儿、走动①②、走读、走访、走风、走光、走火①②、走漏②、走路①②、走马、走偏、走人、走绳、走神儿、走失①②、走私、走台①②、走题、走味儿、走秀、走穴、走眼、走账、走嘴、奏乐、租借①②、租赁①②、租用、阻挡、阻击、阻截、阻拦、阻挠、阻止、钻探、钻营、纂修、醉驾、遵从、遵命、遵守、遵行、遵循、遵照、作案、作弊、作答、作恶、作梗、作假①②③、作乱、作声（～儿）、作势、作态、作伪、作息、作秀①②③、作业②、作揖、作乐①②、作战、坐班、坐待、坐等、坐视、坐台、坐堂③、坐夜、坐诊、坐镇①②、坐庄、做爱、做工¹、做活儿、做媒、做事①②、做寿、做戏①②

后　记

　　书稿付梓之际回望，多少感激萦绕心中。

　　感谢我的恩师苏州大学文学院朱景松教授。朱教授是一位严格慈爱的长辈，从求学到工作，一路走来，他都给予我无尽的鼓励与帮助。在研究中，朱教授一次次与我详谈，启发我，开导我，让我获益匪浅。朱教授高屋建瓴的治学精神、严谨求实的治学态度让我受益终身，工作和生活中的温暖鼓励和悉心关怀也使我终生难忘。

　　感谢苏州大学文学院的诸位领导。正是领导的关心与支持，让本书有幸列入"苏州大学文学院学术文库"，并能够顺利出版。

　　感谢苏州大学文学院汉语教研室曹炜教授、王建军教授、高永奇教授、江学旺副教授、王卫峰副教授等诸位老师多年来对我工作、研究的提携和帮助。在此我向诸位老师表达深深的敬意！

　　感谢周围同事和朋友们的关心和鼓励！感谢家人的理解和陪伴！这本书的出版离不开大家的支持和帮助。

　　感谢苏州大学出版社对本论著的出版给予的支持，使得这本书终能得以及时跟大家见面。

　　这本书的出版，可以看作是我的研究生涯的一个小结，也代表着新的学术探索的起步。由于学力有限，书稿中难免存在不当疏漏之处，还请各位老师和同人、学友批评指正。

何　薇

2020 年 9 月